U0035148

國際代工合約解析

International Sub-Manufacture Agreement Research

藉大陸代工合同立法　規範代工產業文化

林家亨・著

出版序

　　筆者在大陸中國人民大學經濟法專業先後進修碩士班與博士班，並以「國際代工合同之研究」（Research of International Sub-Manufacture Agreement）為題，撰寫了一份逾 26 萬字的博士論文，將日常工作實務所遇到的諸多疑問與困難，在學術殿堂裡思索、研討並尋求解決方案，這是筆者在代工製造業十多年的經驗與心得總成，希望能藉由明文立法，將代工製造業向來強凌弱、大欺小似無法治的陋習，導引到能兼顧供應鏈彼此最低利益的健康生態環境。

　　本論文於 2012 年通過校內外六位教授的匿名審查，再經過五位教授的口試並取得極高分數，讚許這是一篇結合實務經驗與法律規範建議的社會實踐科學實用論文，當時口試教授即勉勵我將此論文出書以供產官學界參考。但畢業當時正忙著服務的公司與國外設備供應商的驗收爭議案，接著在美國紐約提起仲裁，歷經近兩年時間最終打贏了仲裁，豈料該設備商竟然聲請破產保護，該筆債權才剛完成仲裁程序又轉進破產程序，筆者又多花了近半年時間將該債權出售轉讓給美商花旗銀行，於今年初離開了製造業轉入顧問服務業，時至今日才有閒暇心思把尚未付梓的出書工作完成，藉由本書將多年國際代工合約的經驗心得分享給更多人。

　　前述的紐約仲裁案，起因於一筆總價近七仟萬美元的生產設備買賣驗收爭議，勝負輸贏金額之鉅幾乎可以決定公司的存亡，而肇生爭議的關鍵在於買賣合約中關於驗收條件的相關約定，可見合約

條款內容良莠與否的潛在影響是至深且鉅，交易金額動輒逾億的國際代工製造買買合約更是如此。回顧本論文開題撰寫之際，恰經歷了 2008 年中旬至 2009 年底的全球性金融危機，金融危機期間兩岸的代工製造業供應鏈發生連鎖關廠潮，若干內外資企業紛紛停工、減薪、裁員造成社會問題，當全球輿論將金融危機的起因歸咎於經濟衰退景氣不佳的因素時，筆者於本書更指出是因為國際代工合約加速了中小型供應商關廠倒閉的命運。

再以韓國三星智慧型手機 Note 7 全球召修、停產事件為例，該款手機在全球各地發生無故冒煙、自燃與爆炸情事，三星解釋原因是鋰電池瑕疵，全球二次回收召修 250 萬支手機仍無法解決問題，最後宣布永久停產該款手機，此事件讓三星損失超過佰億美元，商譽及商機損失尚難估算。假設該瑕疵電池模組是三星發包給某電池廠家代工製造，為追究此重大瑕疵造成鉅額損失的責任歸屬，究竟是電池材料瑕疵、電路模組設計瑕疵、產品機構件瑕疵、程序軟體瑕疵、生產組裝瑕疵，或是其他多重原因牽連影響共同造成，是否牽涉再轉包的下游代工廠或材料供應商，除了須專業鑑定造成產品瑕疵的關鍵原因以釐清事實之外，代工製造合約內容如何約定，是否有約定非關鍵原因免責條款，或是賠償責任上限條款，都將決定相關供應商的賠償責任與興衰命運，則此次三星全球召修手機的災難，也將是其代工製造商的災難。且慶幸臺灣代工廠商未被牽連涉及這次三星手機重大瑕疵的經濟損失，但此三星事件實堪作為代工製造業者深自警惕的活教材。

自金融危機後迄今，大陸經濟發展成長的步伐並未停歇，依據中國國家統計局累計中國大陸國內生產總值（GDP）資料，2010 年大陸 GDP 是將近人民幣 40 萬億元，2015 年全年 GDP 已超過 67 萬億元，較五年前成長超過六成。其中值得特別注意的是，大陸的經濟發展結構近年來出現指標性的改變，2013 年大陸的第 3 產業

（以服務業為主）占 GDP 比重達 46.1%，首度超越了第 2 產業（以製造業為主）占 GDP 比重 43.9%，2015 年的第 3 產業占 GDP 比重已達到 50.47%，第 2 產業佔 GDP 比重 40.53%。服務業生產總值超越了製造業，且已經佔了大陸生產總值一半比重，代表大陸的經濟發展結構和消費結構已經轉型升級到了新的水準，也代表大陸的製造業已經從成長爆發期進入到穩定成熟的產業環境，依然佔有國內生產總值四成的比重，但有關代工製造業的相應立法規範卻仍然付之闕如。

筆者認為，當全球代工製造大國就國際代工合約的相關規範普遍呈現空白立法現狀下，連以從事國際代工起家的臺灣，代工立法條件亦先天不足，而大陸具有領先代工立法的先天條件，因為大陸從事代工製造業已逾二十餘年，如今的中國大陸不僅僅是全球消費性產品最大代工製造重心的世界工廠，中國大陸也是全球消費性產品最大的消費市場，大陸本地已有許多家製造業的發展已臻世界級規模，從昔日幫外商代工生產轉為發包委外代工生產，中國大陸代工市場自成一局，大陸本身已經儼然形成一個全球最大的代工製造供應鏈生態圈，不論屬於在供應鏈的哪一端，不論是賣方或買方，若是大陸就國際代工製造買賣業務立法制定規範，全球在大陸境內從事代工製造買賣交易的公司廠商都要受其規範拘束，等同是實質規範全球的代工製造買賣業務的遊戲規則。因此，在大陸進行國際代工製造買賣業務的成文立法具有指標性意義，大陸進行該項立法具有開創性、必要性、可行性，且只要以既有的《合同法》框架做為基礎，宏觀微調補充立法，於合同法分則增訂第 24 章「代工合同」此一有名合同類型及相關重要原則，即能以最經濟便利的修法方式，達到立竿見影的規範效果。

買買交易若發生爭議訴訟，正是檢視合約良窳的最好機會，也只有當發生爭議訴訟，須重拾合約解讀爭議內容時，才會知道當時

締約過程思慮不周之處。筆者在國際代工製造業十九年，習慣將處理過的諸多案例作成記錄，平日做為公司內部教育訓練教材之用，於籌劃本書付梓之際，有幸蒙全國中小企業總會企資中心主任王怡雯女士引薦，於工商時報闢建了「創業一點靈　法務長分享的十二堂課」專欄，共撰寫了一季十二篇的個案實例研討文章，一併收錄於本書各相關章節後，以方便讀者對照參閱。

筆者一直認為，越是佔有市場優勢地位的品牌大廠，較之相對弱勢的代工廠，應該更具有前瞻市場變化及承受意外風險的能力，更應該承擔較多的社會責任，也就不應該利用本身的優勢地位，制定過度自我保護的代工合約格式條款，將代工市場變化的風險成本強加於相對弱勢的代工廠。只要立法得當，導入公平合理且明確的遊戲規則，則所有在大陸從事代工製造買賣業務的廠商，包括在大陸設廠營運的臺灣企業與人民，都能雨露均霑同受其惠。待海峽兩岸的民生經濟水準隔閡問題不存在，甚至能攜手共創大中華經濟生活圈了，則海峽兩岸不論政治意識如何分合變化，至少民生經濟能持續和平交流發展，則兩岸分合的天下大事，將只是中華民族歷史洪流中另一個民心向背的時序循環爾！

末記，本著作雖是論述解析國際代工合約，惟因國際代工合約內容涵蓋面甚廣，就探究合約條款字裡行間之契約責任風險與應有之精神原則，其微言大義自可比照適用作為解讀其他合約之參考。而本著作全文以合約為主軸，惟「合約」與「合同」，只是臺灣與大陸兩地對契約、Contract 的不同習慣用語，所指相同，本著作為保留原論文完整性，故仍保留全文「合同」用詞，尚請讀者諸君各界賢達諒察海涵，其他疏漏不周之處，尚祈不吝雅正！

致謝

　　終於完成了我的博士學位論文,也終於因緣俱足將這份論文出書,對我而言,這是一件值得焚香祝禱感謝上蒼讓我光宗耀祖的大事!雖然中途曾因時間及體力之限幾乎放棄,但我終究突破了自己的極限克服一切,在不惑之年完成這份逾二十五萬字扎扎實實的法學博士學位論文,並且順利通過了校內外六位教授的匿名審查,以及五位教授的提問答辨,一致通過授與中國人民大學經濟法學博士學位!回想過往,這原本並不在我的人生規劃裡,但我何其有幸遇到多位人生旅途中的貴人,意外成就了我這一份榮耀!

　　1998 年我從外商銀行轉戰代工製造業,隨著臺灣產業西進的大趨勢,開啟了我赴大陸工作與求學的契機。因大陸業務之需,於 2002 年報考中國人民大學經濟法碩士班,四月份香港考試那兩天恰巧與公司臨時安排瑞典出差撞期,原本決定以公事為重打算放棄考試了,但後來看到書本中夾著一張關聖帝君諭示功名及第的籤詩,那是當年報考後到關聖帝君廟拜拜抽的籤,心念一轉,萬般皆下品,唯有讀書高,決定全力抱佛腳準備考試!還好當年做了正確的抉擇,沒有錯失到中國人民大學攻讀碩士及博士學位的機會,也開始了我與中國人大的不解之緣!

　　2002 年 9 月碩士新生入學後,當時正為光寶集團的四合一大合併案忙得沒日沒夜,2003 年初又暴發 SAAS 非典疫情,使得我一直沒能到學校好好上課修習學分,直到後來一個陰錯陽差的人事安排際遇,公司於 2004 年外派我到北京讓我安心修完碩士學分。

回台後到了光寶集團下的閎暉公司工作，利用工作之餘的時間完成
了碩士論文──「大陸投資優惠條件之適法性問題研究」，2005 年
取得碩士學位，同時也考取了博士班繼續學習。讀博期間，又遇到
2008-2009 年間的全球金融危機，金融危機卻帶給了我博士論文的
開題靈感，恰恰整合了我多年工作經驗之長與在人大研習的基礎，
文思泉湧一氣喝成完成本論文。

　　由衷感謝努力開創與維護兩岸和平開放政策的領導者，讓無數
台商與台生有從容往來於兩岸工作與學習的機會！感謝中國人民
大學及人大法學院提供完善的進修學習環境，以及人大法學院老師
們春風化雨般的教導薰陶，讓我在知識殿堂裡收穫盈滿！感謝我
的碩士暨博士導師史際春老師對我多年來的教導及鼓舞，讓我有
克服學習障礙堅持精進的動力！感謝法學院辦公室黃曉蓉老師、
郝曉明老師對我這台籍生學習上的諸多協助，讓我總是能適時趕
上學習進度與作業要求！感謝李業順班長幫我解決核心期刊發表
的緊張問題，及對我延畢期間不斷的關懷鼓勵！感謝吳長軍師弟在
我論文報名答辯及匿名審查與最後答辯過程諸多作業要求，如及時
雨般的大力協助！感謝閎暉公司吳聖揚總經理對我讀博期間的支
持，讓我工作與進修能得以兼顧！感謝光寶主管林行憲先生、黃夢
華女士及林秀焦女士當年的巧安排，讓我赴京進修得以成行！感謝
賴美瑛師姐當年熱心推薦我選擇報考中國人民大學！感謝我的家
人這麼多年來陪老爺讀書的諸多包容！

　　於今此書得以付梓，感謝沃客買創業聚落的創業夥伴們彼此鼓
舞打氣，感謝法瑪法律事務所所長蔡坤旺律師情義相挺。更衷心感
謝師父　三太老祖、天公老祖、太上道祖、關聖帝君及諸仙佛菩薩
慈悲護持，為我豐富了人生旅程的意外轉折、試煉與收穫，且總是
適時適地的為我穿插安排人生旅程中出現的貴人！

摘要

　　2008 年中旬至 2009 年底，全球發生了自二戰以來最嚴重的全球性金融危機，起自美國超過百年歷史的雷曼兄弟公司（Lehman Brothers Holdings Inc.）聲請破產保護，引起美國各大小銀行、投資信託金融單位及企業的連鎖反應，相繼暴發財務問題瀕臨破產，造成美國的金融危機。繼之因為國際金融業務的高度連動性，連帶影響到全球各國的金融單位及企業也相繼發生嚴重財務問題，終至演變成海嘯般衝擊全球經濟的金融海嘯、金融危機。同一時期，中國雖然也受到國際金融危機的影響，但中國憑藉著自 1978 年改革開放三十年來，已經奠下優異的經濟發展基礎，國家領導適時實施宏觀調控與擴大內需等靈活政策交叉運用，不但安然度過了這次的國際金融危機，且依然維持著全球第一的高度經濟增長率，2009 年中國吸收外資仍保持在 900 億美元的高位，已經連續 17 年位居發展中國家首位，而且中國至 2009 年 6 月底擁有的外匯儲備已經超過 2 萬億（23,992.0 億）美元，已經是外匯儲備全球第一的國家，也超越了日本成為世界第二大經濟體。

　　惟金融危機風暴過後至今，全球金融體質及經濟局勢並未真正好轉，至今依然暗潮洶湧，希臘債信危機、歐債危機、美國被調降信用評等、全球經濟恐發生二次衰退等等負面消息不斷，全球股市疲弱不振，全球各大小企業又再次面臨經濟面與市場面的雙重衰退困境，又再次看到企業臨危求生採取的各種因應對策，例如大陸台商龍頭富士康在今 2011 年初就預告將裁撤員工 10 萬人，裁員幅

度將達 20%；美國也因為經濟復甦乏力，企業裁員力度加大，2011
年 5 月美國公共和私營部門的僱主共裁員 178 萬人，是 2010 年 8
月以來的裁員人數新高紀錄；歐美各大銀行也因為經濟持續疲弱
不振，於 2011 年上半年已經裁員 6.5 萬人，預估至年底裁員人數
將逾 10 萬人。總總經濟疲弱的負面消息不斷，使得全球經濟衰退
的隱憂一直揮之不去，第二次全球性金融危機似有隨時一觸即發
之勢。

在這樣全球經濟局勢動盪不安的大環境下，中國依然維持著經
濟的穩定成長，依據中國國家統計局累計國內生產總值（GDP）資
料，2010 年大陸 GDP 將近人民幣 40 萬億（397,983.0 億）元，較
之 2000 年 GDP 不足 10 萬億（99,214.0 億）元，十年間整整翻了
四倍，國內生產總值增長速度連年高居世界第一。就在中國大陸為
改革開放 30 年締造前所未有經濟榮景，舉國歡騰、普天同慶之際，
雖然也關注到了金融危機期間某些地區發生連鎖關廠潮，若干內外
資企業紛紛停工、減薪、裁員造成社會問題，但大陸中央或地方主
管機關都只是把它當做全球性經濟環境驟變下，適者生存的商場法
則必然現象，對照大陸總體經濟跳躍式成長的傲人成績，瑕不掩瑜
爾。筆者無從苛責主管機關會有這樣的認知，因為從未聽聞這些在
金融危機期間停工、裁員及關廠倒閉的內外資企業，有任何人出面
指責或抱怨，除了經濟衰退景氣不佳的因素外，還有什麼其他原因
造成他們如此處境；更從未聽聞有任何人指責或抱怨，是因為國際
代工合同加速了他們關廠倒閉的命運。深思檢討這樣的事實現象，
反映曝露出來若干事實面與法律面的問題：

一、從事與國際經濟景氣息息相關的國際代工業者，本身不甚
瞭解國際代工產業，更不瞭解國際代工合同，甚至也不瞭解國際代
工產業和一般買賣業、製造業或加工業有什麼實質區別。再加上買
方市場優勢下，談判地位與籌碼的強弱懸殊，在簽署買方提供預先

擬定好的國際代工合同時，不論以中文或英文撰寫，代工廠幾乎都沒有表示異議要求修訂的能力與機會。

二、中國國家統計局、商務部或其他中央或地方主管機關，也從未正視國際代工產業的存在，只是將它當做一般買賣業或製造業視之。國家統計局公告的《中國國民經濟行業分類標準》，有買賣業、製造業、製品業、加工業、…等行業，獨缺「代工業」；而大陸現行《合同法》分則規範了 15 種有名合同類型，也沒有「國際代工合同」或「代工合同」。顯見行政機關對國民經濟行業的分類，以及現有的法律規範，都忽略了國際代工產業以及國際代工合同的現實存在，也似乎和從事國際代工業者一樣，對國際代工產業以及國際代工合同不甚瞭解。

三、因為國際代工業者及主管機關都對國際代工合同陌生與不瞭解，所以更無從去發現目前常見國際代工合同所存在的爭議性問題，特別是由買方所預先擬定的「格式條款」，既不事先與代工廠協商，又不接受代工廠事後閱讀合同時提出異議，於是造成買方片面制定的有失公平合理的國際代工合同格式條款，侵害了代工廠的許多基本權益。特別是在金融危機過後，國際代工的買方更變本加厲的利用格式條款，極盡轉嫁風險與成本給代工廠之能事，而代工廠也有樣學樣的抄襲格式條款，強硬要求其下游原物料、零元件供應商簽署，於是造成整個國際代工產業的供應鏈，都處在一個大欺小、強凌弱的殺戮環境中。而更奇特的現象是，這樣殘酷的國際代工產業殺戮環境，竟然有如化外之境，全然不受任何單位或法規的管理規範（請參閱本書第 4 章）。

四、除了前述的事實面問題外，也曝露出現行法律就國際代工合同規範不足的法律面問題。審視目前大陸現行所有的法律規範，並無特別針對國際代工合同的專屬立法，而目前常見的國際代工合同，特別是其中的格式條款，卻有許多是與《合同法》、《反壟斷法》

及《民法》等基本原則規定相抵觸的。再經筆者搜尋美國、韓國及德國的相關法律規定進行比較學習，意外發現這些國際代工產業盛行的國家，就國際代工合同的明文法律規範也是付之闕如。整個國際間對國際代工合同的成文法規範都是一片「空白立法」的現狀，分析其原因，許多既得利益者的現實因素所致（請參閱本書第5.3.1節），寄望國際立法有如緣木求魚，若由中國大陸率先立法，反而具有主客觀的需求與優勢條件（請參閱本書第5.3.3節）。

因此，筆者以「國際代工合同之研究」為題，除了著手搜集整理前述事實資料外，筆者構思如何落實本書之框架結構與內容，才能使得大陸相關主管機關理解與認同國際代工合同的立法需要。本書分成六大章，第一章「總論」，從國際代工產業現實面的存在與貢獻著手，論述代工製造業的多元概念、產生原因、業務範圍以及產業特性，說明代工業與一般買賣業、製造業或加工業的不同。再依據中國國家統計局公告的《中國國民經濟行業分類標準》，以及國務院第二次全國經濟普查成果報告，製造業（第二產業）占全國GDP幾近一半（47.5%）的比重，貢獻卓著，但因《中國國民經濟行業分類標準》並未將「製造業」更細分為「一般製造業」、「代工製造業」或「國際代工製造業」，而現行《合同法》分則規範的有名合同類型中，也沒有「國際代工合同」或「代工合同」，突顯現有法律規範與法律事實行為的落差，突顯出將「國際代工合同」明文立法的需求。

第二章「國際代工的類型與使用的合同」及第三章「典型國際代工合同的框架內容」，系依據筆者從事國際代工製造業多年，審閱各類型國際代工合同的實務經驗，將國際代工的常見類型與使用合同加以系統化歸納分析，再以其中的「設計代工製造買賣合同」（ODM Agreement）作為代表，針對目前常見的國際代工合同內容，按代工產品的「研發」、「量產」、「交貨」及「售後服務」實際

運作過程，加上「合同前言」與「其他約定事項」，個別論述說明各個作業階段的條約規範重點，讓讀者對國際代工合同能有整體性的理解。第四章「國際代工合同的格式條款」，特別論述常見的買方制定的格式條款內容，對賣方（代工廠）基本權益的嚴重影響與傷害，尤其是格式條款與現行《合同法》及《反壟斷法》既有規範的抵觸衝突，卻又無人聞問干預的奇特現象，主要肇因於代工廠及主管機關對國際代工產業以及國際代工合同的陌生。藉由說明現實國際代工合同的內容與缺失，以及相應的立法規範之不足，論證確實有將「國際代工合同」明文立法、修法，納入成文法律規範的必要性、正當性與適法性。

第五章「國際代工合同的宏觀定位與國際立法」，筆者分別就對外經濟貿易合作、對跨國公司活動的規制，以及對國內產業政策的影響，論述國際代工合同的立法需求，不僅僅是規範買賣雙方當事人間的權利義務而已，更具有宏觀的功能目的。再就美國、韓國及德國等國際代工製造業盛行的具代表性國家，進行有關國際代工合同法律規範的國際立法比較與學習，具體說明大陸具有率先國際進行國際代工合同立法的理由。最後，第六章「代工合同於合同法的完善立法」，具體提出最經濟便宜的立法、修法途徑建議，就是利用大陸現行《合同法》的基本框架基礎，針對國際代工合同的需求加以補充修訂，於總則篇增加若干原則性規範，特別是學習德國民法典標準條款（Standard Business Terms）之精華，大幅度增訂有關格式條款的相關規定，並且於合同法分則篇增訂第 24 章「代工合同」有名合同類型，在不與既有買賣合同或其他有名合同類型重複或衝突前提下，按國際代工業務實務運作前後過程，共劃分成「通則」、「研發」、「量產」、「交貨」、「售後服務」及「國際代工」等 6 小節，再於各節中個別制定各階段的規範重點，完成「國際代工合同」於現行《合同法》內的完善立法工程的建議。

13

　　越是占市場優勢地位的國際大廠，較之相對弱勢的代工廠，更具有前瞻市場變化及承受意外風險的能力，應該承擔較多的社會責任，更不應該利用本身優勢地位來制定過度自我保護的代工合同格式條款，將代工市場變化的風險成本強加於代工廠。倘若中國大陸能率先全球將國際代工合同納入明文法律規範，從法律面為國際代工業建構平衡雙方權益的機制，這不僅是對全球從事國際代工的國家起了領導作用，對在大陸境內從事代工業的內外資企業（包括台商）買賣雙方，更具有實質的規範、指導與保護作用，相對弱勢的國際代工業者基本權益及利潤因此得以確保，這將是國際代工業者及其廣大的從業勞工之福！

目　次

序言

1.寫作背景

　　本書寫作背景起自 2008-2009 年間全球「**金融危機**」（Financial Crisis）[1]期間，全球金融危機爆發所暴露的問題，不僅僅是金融監管體系與傳統資本市場制度失敗盤根錯結的金融問題而已，其直接連帶影響到企業營運與個人收入的民生經濟問題，使得民間消費能力與消費意願縮減，造成全球消費市場瞬間急凍萎縮，而全球消費市場的萎縮更直接衝擊到全球消費品牌大廠的生產意願，全球品牌大廠因為減產而營收銳減情況下，為了減少開支降低損失，其相應做法除了停產、停工外，減薪、裁員甚至直接歇業、關廠、宣告倒

---

[1] 起自 2008 年 9 月 15 日美國「雷曼兄弟」公司聲請破產保護事件，引起美國各金融單位及大企業連鎖反應，相繼發生財務問題瀕臨破產的金融危機，因為國際金融流通緊密，國與國之間的金融業務具有高度連動特性，任何一國的財政金融若發生任何損益風險，都會牽一髮而動全身的引起連鎖反應，而對國際間全球金融造成巨大的影響，使得美國爆發的金融危機，如同海嘯般快速襲擊全球各國的金融市場，造成美洲、亞洲及歐洲各國股市跟著連續重挫下跌，連帶受到嚴重衝擊影響的就是全球各國的大中小型企業，紛紛採取歇業、減產甚至關廠、裁員等因應措施，藉減少費用支出以減少損失，此舉除了給中下游供應商造成同樣困境的連鎖反應外，更影響到一般民眾的消費能力及消費意願，進而造成全球消費市場的大幅衰退停滯，更造成金融單位的壞帳激增，各國產銷結構與民生經濟都陷入嚴重的負面循環之中，被稱為一場全球性的「**金融海嘯**」（Financial Tsunami）、「**金融危機**」（Financial Crisis）。

閉，又造成更多因收入頓減而影響消費能力與消費意願的人口，使得消費市場又更加萎縮，全球消費市場與經濟景氣就這麼落入在一個負面循環之中。

而全球消費品牌大廠在此經濟不景氣局勢下，為了減少開支降低損失，另一個有效節省營運成本及費用支出的必然做法，就是對外停止各項採購，通知中下游所有的代工廠、供應商，要求取消已經正式發出的採購訂單，或是無期限的要求延後交貨，或是要求大幅度減價、要求延長付款期限或變更付款條件，或者假藉理由拖延驗收或驗收不通過而拒絕付款等等，資本不夠雄厚的代工廠、供應商，就難逃停產、停工、減薪、裁員、歇業甚至於關廠倒閉的命運，當時單是知名代工廠富士康（Foxconn）集團在大陸的裁員人數就超過 15 萬人[2]，更造成長江三角洲及珠江三角洲許多中小企業的關廠潮，因此牽連受害勞工難以計數。而這些國際品牌大廠對代工廠、供應商的要求，竟然大多數都沒有相應的違約賠償或補償義務，究其原因，各代工廠、供應商在沒有合同保護下，或是空有合同但盡是買方制定自我保護的格式條款，則代工廠、供應商也只能默默承受一切的損失，毫無異議抗辯餘地。

如此情形，正突顯出當下火熱的國際代工市場，竟然沒有任何國際代工合同明文規範的現實缺失，突顯出目前大多由國外買方擬定的代工合同格式條款，對廣大代工廠基本權益的巨大影響力與殺傷力，更突顯出國家立法制定國際代工合同明文且合理規範的迫切需要，此即本書選題的大環境背景。

---

[2] 據三星經濟研究院中國研究中心統計，2007 年富士康中國大陸員工達 75 萬人之多，而另一份截止日期為 2008 年 7 月 25 日的富士康內部統計檔表明，富士康十大事業群在中國大陸的員工為 65 萬人。一年之內，員工數量已經縮水 10 萬。中國新聞週刊 2008 年 10 月 29 日發佈，http://www.sina.com.cn。而實際上到 2009 年底金融危機結束前，保守估計裁員計畫 20%計算，單一富士康集團裁員人數逾 15 萬人。

2.選題意義

筆者以「國際代工合同之研究」為研究課題，有以下三大意義：

（1）歸納分析國際代工業務，首重國際代工的基礎教育。許多從事國際代工業者，甚至是國家主管機關，都對國際代工合同非常陌生，就當成是一般的製造業或買賣業，從中國國家統計局公告的《中國國民經濟行業分類標準》來看，製造業（第二產業）占全國 GDP 幾近一半（47.5%）的比重，其中細分有「製造業」、「製品業」及「加工業」，但是都與本書所論述的「代工業」的概念不同（請參閱第 1.2.2 節）；而大陸現行《合同法》分則規範的 15 種有名合同類型中，也沒有「國際代工合同」或「代工合同」，現有法律規範與法律事實行為顯然出現落差。一般從事國際代工業者，對國際代工合同的內容更是鮮少研究，對占市場優勢地位的買方制定的代工合同，幾乎是照單全收毫無爭論餘地。顯見國際大多數代工業者與國家主管機關，都對國際代工合同非常陌生。本書將眾多國際代工合同版本內容，按實務作業流程先後階段予以歸納分類，再邏輯性的予以逐項分析，並特別解說最讓代工業者頭痛與詬病的格式條款與現行法律的衝突問題，首要目的，就是要讓國際代工業者與國家主管機關，都能對國際代工業務與國際代工合同內容有全面性的理解，是以本書首重對國際代工進行基礎教育意義。

（2）代工合同明文立法規範，建立完善立法的代工產業環境。當國際代工業者與國家主管機關，對國際代工業務與國際代工合同內容有全面性的理解，而且能夠依照筆者建議，將國際代工合同於現行合同法內完善立法（請參閱第 6 章），讓國際代工業務買賣雙方及使用的代工合同，正式納入成文法律的規範與保障，透過平等

協商程序,訂定公平、合理的代工合同條款,將國際代工交易可能發生的額外成本、風險與損失公平分擔,建立起一個有完善立法規範的、健康的代工產業環境,當全球經濟景氣及消費市場再發生任何的衰退驟變時,國際代工買賣雙方都能秉持誠信原則,公平的共同分擔發生的額外成本、風險與損失,讓一邊倒的風險不當轉嫁行為不再發生,從法律制度上根本杜絕大欺小、強凌弱的代工業歪風,即使不能擴及全球,至少可以規範到大陸境內的內外資國際代工業者。

（3）**國際代工合同空白立法,大陸率先立法具開創性與領導性**。既已肯定國際代工合同明文立法規範的必要性,經筆者選擇美國、韓國及德國這三個在美洲、亞洲及歐洲的國際代工製造業盛行的具代表性國家,進行國際代工合同相關立法的比較與學習,意外發現國際間對國際代工合同竟然是一片"空白立法"的狀態（請參閱本書第 5.3.1 節）。反觀大陸既然是目前全球消費性產品最大的代工製造重心,對世界經濟的復甦與成長具有舉足輕重的影響力量,在可預見的未來即將成為世界經濟體的新霸主;而且,大陸具有多項先天優勢條件,有利於國際代工合同的立法。因此,就有關國際代工合同的立法問題,筆者認為大陸具有領先全球著手進行相關立法的主客觀條件,由中國大陸率先立法具有開創性、必要性與領導性,筆者認為有七大理由支持,詳細說明請參閱本書第 5.3.3 節。

3.研究現狀

本書選題之初,筆者即已知道國內幾乎無人研究國際代工合同的相關議題,在筆者所知資料搜尋方法範圍內,搜尋不到任何有關國際代工合同的專論,因為筆者本身從事國際代工製造業法務工作

十多年，多年來即一直關注產官學界有無相關的著作可供參考，卻一直搜尋不著。筆者自己於 2008 年著作出版了**《ODM 大破解—國際代工設計製造買賣合同實務操作指南》**[3]一書，介紹說明國際代工合同常見的基本內容，希望能有拋磚引玉之效，但至今尚未見有其他類似專著，似乎也印證了本書序言第 2.點選題意義所述，許多從事國際代工業者甚至是國家主管機關，都對國際代工合同非常陌生，而一般學術界學者若無參與國際代工業務的實務經驗，也難以窺出國際代工合同普遍存在的爭議問題，使得目前國內學術界對國際代工合同的研究著墨似乎不多。

筆者同時嘗試國際立法的比較與學習，除了透過網路搜尋國內外有無關於國際代工合同的相關資訊外，也直接向美國、韓國及德國的律師朋友請教詢問，並請友人協助提供相關法律規定，但意外的發現，即使是國際代工業務已經相當盛行的美國、韓國及德國，也沒有「國際代工合同」或「代工合同」的成文立法，只有在個自的基本立法例中，可以適用到買賣或合同的一般性規範，例如美國的《統一商法典》、《契約法》，韓國的《民法》、《壟斷條例》、《公平交易法》及《轉包合同公平交易法》，德國的《民法典》以及《商法典》，特別是《民法典》中有關「標準條款」(Standard Business Terms)有許多深入的相關規定值得參考(請參閱本書第 5.2 各節)。目前國際間對國際代工合同的專屬明文規範不足，相關的學術研究更付諸闕如，似乎是呈現一片"空白立法"的狀態，但究其原因也不難理解，詳細說明請參閱本書第 5.3.1 節。也因此，更突顯出本論文選題立論的原創價值，以及寫作過程可參考與引用資料的缺乏之

---

[3] 林家亨著《ODM 大破解—國際代工設計製造買賣合同實務操作指南》，中國法制出版社出版，2008 年 5 月初版；同年 10 月於臺灣以繁體字出版，內容略加補充，書名改為《ODM 大破解—國際代工設計製造買賣合約重點解析》，臺灣秀威資訊科技股份有限公司出版。

窘態。

4.研究方法

　　本書在國內外立法及學術研究都呈現空白狀態的前提下，筆者只能按實事求是的務實態度來進行研究，基本上是採取以下的四大步驟：

　　（1）發現及搜集國際代工業的事實問題，及國際代工合同的不利影響。基本上本書是先發現目前國際代工合同對代工廠的不利影響，特別是在全球金融危機期間，許多代工廠被迫接受取消訂單、延後交貨或付款等要求而受損害，許多代工廠因此發生資金周轉不靈，進而只好停工、停產、減薪、裁員，甚至於關廠倒閉，造成更多的從業勞工受害，但這些損失卻都無法向買方求償，關鍵原因即在於代工廠與買方所簽訂的國際代工合同，賦予了買方可以隨時無償解約，或要求無限期延後交貨等等權利，而這些不公平、不合理的合同條款，大多是出自買方制定的國際代工合同格式條款，而且在簽署合同的過程不接受代工廠提出任何異議，更遑論要求協商補充修訂格式條款內容。

　　（2）歸納分析國際代工合同，認知實際內容缺失與需求。發現前述國際代工合同造成的問題及影響之後，筆者直覺反應思索，何以這樣的國際代工合同能夠存在多年而不受規範？進而發現更嚴重的問題是，許多從事國際代工業者甚至是國家主管機關，都對國際代工合同非常陌生，中國國家統計局公告的《中國國民經濟行業分類標準》不存在「代工業」的概念（請參閱第 1.2.2 節），大陸現行《合同法》分則中也沒有「國際代工合同」此一有名合同類型，因此一般人更無從知道有國際代工合同，更不知國際代工合同問題

的存在，以及問題存在的原因。於是筆者認為非常有必要將國際代工合同加以推廣教育，在本書中將「代工」的基本概念，以及目前常見的「國際代工合同」內容，有系統的歸納分析（請參閱第 1 章至第 3 章），並將最具爭議性的「格式條款」逐一論述（請參閱第 4 章），藉此讓讀者知道國際代工合同的整體框架內容，才能進一步知道目前存在的問題、缺失，以及將「國際代工合同」明文立法的迫切需求。

（3）**國際立法比較研究，構思最經濟立法途徑。**瞭解國際代工合同目前存在的問題、缺失以及需求之後，筆者即著手搜集相關的法律規範，包括臺灣、大陸以及美國、韓國、德國等國際間國際代工業務盛行的國家，經比較研究之後意外發現，國際代工製造買賣業務盛行的國家，竟然都沒有「國際代工合同」的明文立法，只有利用散置於民法典、合同法、反壟斷法及公平交易法等現行法中與買賣有關的規範，特別是德國民法典中有關「標準條款」（Standard Business Terms）的相關規定（請參閱本書第 5.2 節）。既然目前國際間對國際代工合同呈現空白立法的狀態，而大陸現行的《合同法》已經提供了相對完善的框架基礎，筆者認為要將「國際代工合同」明文立法最經濟實惠的做法，就是直接利用現行《合同法》的框架基礎，予以補充修訂若干必要的基本原則性規定，然後直接於分則有名合同類型增訂「代工合同」一章（請參閱本書第 6.3 節），即可竟其功。

（4）**分析立法條件可行性，提出完善立法具體建議。**最經濟實惠的明文立法途徑確立之後，從各項主客觀條件分析確認明文立法的可行性（請參閱本書第 5.3.3 節），筆者著手落實有關「國際代工合同」於現行《合同法》內的補充立法工程，將「國際代工合同」的相關明文立法規範於《合同法》內具體實現，於合同法總則篇增訂協商原則等基本原則性條款，並且擴大補充格式條款的規範；於

分則篇增訂第 24 章「代工合同」有名合同類型，在不與既有買賣
合同或其他有名合同類型重複或衝突前提下，按國際代工業務實務
運作前後過程共區分成「通則」、「研發」、「量產」、「交貨」、「售後
服務」及「國際代工」等 6 小節，再於各節中個別制定各階段的規
範重點，完成「國際代工合同」於現行《合同法》內的完善立法工
程（請參閱本書第 6 章）。最後附上新舊條文對照表，方便讀者知
悉比較補充修訂之處。

5.創新與不足

　　本文創新之處在於：（1）創先關注國際代工產業的運作，以及
因缺乏對國際代工合同的明文規範，導致國際大廠肆無忌憚地制定
格式條款，對代工廠基本權益極盡剝削之能事。（2）創先研究國際
代工合同條款，將其有系統的歸納分析，並進一步批判常見格式條
款的缺失，有助讀者快速理解目前國際代工合同的爭議問題所在。
（3）創先提出針對國際代工合同的立法方案，並具體提出利用現
行《合同法》加以完善立法、修法的充分理由，及經濟有效的具體
方案，讓國際代工合同的明文立法工作更具有可行性。

　　唯本文的不足之處，在於：（1）由於產官學界對國際代工合同
的普遍陌生，至今在國際間鮮少學術研究成果論著，以及國際間相
關成文立法例的空白，筆者在本文寫作期間竭盡所能搜集相關資
料，但所獲相當有限，在無相同或相近學術或立法資料可供借鏡學
習下，筆者不諱言本文是筆者野人獻曝的一家之言，仍有賴各界先
進專家學者給予批評指正。（2）本文中的立法草案提議及編撰格式
內容，或許不盡成熟與規範，但筆者希望能藉此將「國際代工合同」
跨出成文法化的第一步，誠願能有拋磚引玉之效，將來能有更多專

家學者投入國際代工合同的研究，讓國際代工合同的成文法規範更加盡善盡美。

第1章　國際代工導論

　　代工是一項在製造業界非常普遍且已盛行多年的經濟行為，不但在國際間已經行之有年，在中國大陸進入 21 世紀後國內生產總值（GDP）倍數成長[1]的經濟發展過程，從事代工賺取外匯也是其中居功厥偉的一項重要經濟行業、經濟行為。但有關於「代工」的經濟行為，至目前卻不見有任何明文的法律規範，一般人對「代工」的概念也甚為模糊，在國家統計局核算 GDP 所依據的《中國國民經濟行業分類標準》所列的 95 個大類行業別中，也不見有「代工」行業，概念較相近者僅有「加工業」及「製造業」[2]，或許在統計學或經濟學上可以將代工業的經濟產值併入加工業或是製造業合併統計，但在經濟法學和民商法學的角度來看，代工業的實質內涵，特別是國際代工，與一般的加工業或製造業還是有所不同的。

---

[1] 依據中國國家統計局累計國內生產總值（GDP）資料，2010 年大陸 GDP 將近人民幣 40 萬億（397,983 億）元，2000 年 GDP 為 99,214 億，十年間整整翻了四倍，國內生產總值增長速度居世界之冠。而年度 GDP 核算，是參照中國國民經濟行業分類標準（GB/T4754-2002），按照 95 個行業分別計算。

[2] 中國國家統計局年度 GDP 核算，是參照中國國民經濟行業分類標準（GB/T4754-2002），分為門類、大類、中類和小類四個層次，共有 20 個門類、95 個大類、396 個中類和 913 個小類，按照 95 個大類行業分別計算，其中工業類有 39 個行業別，僅見有多項加工業、製造業，並無代工業；另農業包含 5 個行業，建築業和第三產業包含 50 個行業，參考中國國家統計局公佈《中國國民經濟核算中產業部門分類及與國際標準產業分類（ISIC）的比較》，http://www.oecd.org/dataoecd/32/25/33982328.pdf。

而國際代工業界普遍使用的「代工合同」，也不見於現行《合同法》規範的 15 種有名合同類型之中，《合同法》規範的 15 種有名合同類型中也沒有「加工」或是「製造」的相關合同類型。究竟何謂代工？目前國際代工與中國國內的代工產業發展現況如何？於本章中詳述如下。

1.1 何謂代工

代工是一項在製造業界已普遍盛行多年的經濟行為，但卻是現行國家法律、法令或行政規則中完全陌生的名詞及概念，那麼究竟何謂代工？代工業與一般的加工業、製造業又有何不同？代工的概念、業務內容與特性為何？詳述如下。

1.1.1 代工的多元概念

代工，從字面上解釋，就是代理加工，也就是代理某樣產品的生產製造工作，一般口語上常說的「**委外加工**」、「**委外代工**」，即委託人（或稱買方）將某產品的大批量生產製造委託給受託人（或稱賣方、代工廠、供應商）來執行，其原因系考慮到生產成本、專業技術、運輸成本、消費市場、環保限制，以及其他種種商業、法律及經濟效益等因素，不一而足。在一般消費產品的製造業界，代工是非常普遍也非常重要的一種經濟行為模式，可以說是委託人與受託人之間，在彼此的客觀條件能力上各取所長、互補有無，藉以獲取個自所需經濟利益的一種經濟行為。

而所謂的「國際代工」，更是考慮國際之間的前述各項商業、法律及經濟效益等因素綜合評估之後，在某一國家的委託人認為將

某產品的大批量生產製造工作，委託給另一國家的受託人來執行將更有利，於是將產品的原始設計圖稿、組合裝配的程序、步驟等生產作業流程，甚至於將產品生產製造所需的模具、儀器設備以及原物料、零元件，或者是所需原物料、零元件的供應商資料，都一併提供給受託人，委託受託人來代理進行產品的組裝生產工作。例如美國知名運動用品品牌「adidas」及「Nike」，其運動鞋、運動背包及運動休閒衣服等產品的設計幾乎都在美國，而發包給中國、馬來西亞及泰國等國家的代工廠進行生產，再外銷至全球各地。又例如手機大廠美國的蘋果「iPhone」、芬蘭的「NOKIA」、日本索尼和瑞典愛利信合併公司的「Sony Ericsson」，新款手機的研發設計主要仍在自己本國總公司內，包括為延攬海外人才而在海外設立分公司、子公司做為研發中心，而生產製造工作則外包給臺灣、大陸及馬來西亞等地的代工廠負責代工。又例如個人電腦，尤其是筆記型電腦，美國 Dell、HP、APPLE 等個人電腦大廠委託臺灣代工廠代工製造，使臺灣成為全球個人電腦主要代工及供應地區。

由上所述可知，代工是一種事實存在的經濟行為模式，那麼代工的性質究竟是什麼？代工雙方在法律上的權利義務關係是什麼？若以常見國際代工合同中兩造當事人的用語而論，委託代工的一方大多數都直接稱為買方（Buyer），而受託代工的一方常見名稱有賣方（Seller、Vendor）、供應商（Supplier）、製造廠（Manufacturer）或代工廠（Sub-Manufacturer），也經常可見直接冠上雙方的公司名稱來規範各項權利義務者，因此，若單純以國際代工合同上的當事人稱謂來看，尚難以判斷代工行為的法律性質，反而容易讓一般人直接認為代工就是一般的買賣交易行為。

實質上，代工具有多元化的法律性質，若僅就單一產品的訂購、交貨與保固服務的基本運作來看，代工與一般消費性產品的製造、買賣無異。但因為代工業務的實質內容並非如此單純，代工不

同於一次性的消費買賣，代工通常是跟隨著消費市場需求量的消漲變化，而常態性、重複性、持續性地進行中，而代工業務的實質內容更是多元而複雜（參閱本書第 1.1.3 節及第 3 章），除了單純的製造、買賣關係外，更包含了委任、承攬、授權等法律關係。若以合同類型來說，目前中國大陸《合同法》分則規範的有名合同類型，含「買賣合同」計有十五種類型，雖然有很多代工業者把代工合同簡而化之直接稱為「買賣合同」，但其實質內容卻遠遠超過合同法規範的「買賣合同」之外，其實質約定內容包含了更複雜的交易流程模式與交易條件，甚至可以說同時包含了買賣、承攬、運輸、技術、保管、倉儲等合同類型的內容。因此，代工不僅只是單純的買賣，更是具有多元概念的一種經濟活動類型。

1.1.2　代工產生的原因

　　承前說明，代工是委託人與受託人之間，在彼此的客觀條件能力上各取所長、互補有無，藉以獲取各自所需經濟利益的一種經濟行為。更深入的分析，代工的產生原因，除了受委託代工者本身須具備生產製造的代工能力外，尚有以下幾點主客觀的考慮因素：

　　1.低廉的生產成本因素：在代工製造業界的委託人立場，通常會委外代工的首要考慮因素是生產成本問題，認為將產品的組裝生產製造委託給他人代工，可以更節省生產成本，特別是建廠所需的土地成本及勞工人事成本。因此，位在大城市的企業將產品委託位在郊區鄉鎮的企業進行代工，經濟發達的已開發國家的企業，將產品委託給開發中國家的企業進行代工，無非都是為了生產成本考慮，降低生產成本藉以降低產品售價，使得產品在消費市場更具有競爭力。

2.原物料、零元件供應運輸成本因素：原物料、零元件的供應運輸也是成本因素考慮，往往為了就近取得關鍵原物料、零元件，避免長途運輸的成本，因而委託該關鍵原物料及零元件生產地或生產國的代工業者進行代工。例如盛產木材的東南亞國家常有國際訂單接受家具的代工，而有能力產制許多電子零元件的韓國、臺灣及中國，就有許多來自歐美國家的電子代工訂單。

3.法律法規限制因素：一般而言，經濟發達的已開發國家，其就環保及勞工保護的法律規定較為周延且嚴格執行，對需要大量勞工人力，且容易產生工業廢棄物的製造業而言，有許多法律規定上的限制，因此向環保及勞工保護法律規定或執行相對寬鬆的開發中國家尋求委託代工。為了迴避環保及勞工保護等法律的規定，其實也是成本考慮，因為可以節省許多廢棄物處理及能源再生等環保設備的投資，也相對節省了勞工的基本工資、各項福利金及退休金的提撥支出。

4.代工技術及產品製程分工因素：某些結構或製程較複雜的產品，或者是需要較高的組裝生產技術，為了縮短產品生產的時間並提高生產率，因此將原本一條鞭的生產線切割分工，將若干個可個別組裝的零元件委外代工，甚至於連整件產品的最後組裝生產，都可以同時委託給數家代工廠來同時進行，如此也相對節省了自己建廠雇工的成本。代工技術及產品製程分工所需，是除了成本因素考慮外，委外代工的另一個重要因素。

5.國家政策及獎勵因素：在以上各項因素綜合考慮下，自有品牌的產品業者委外代工勢在必行，但在代工物件的選擇上，除了必須考慮以上各項因素，有些國家為了鼓勵外商投資以應本國的經濟發展需求，會提出許多的投資優惠或國際貿易往來的優惠政策，例如進出口關稅及營業所得稅的扣抵減免，因此吸引自有品牌的產品業者到有優惠獎勵政策的國家進行委外代工，甚至在該國直接投資

設廠，將產品的局部或全部委外代工生產，成品外銷，享受更多重的優惠。

6.消費市場因素：產品代工生產完成之後，最終的目的仍是銷售到消費市場去，如果產品的生產與銷售能夠在同一個地區或國家，中間的運輸成本也就可以節省下來，同時代工生產業者也可以直接在當地提供產品保固維修的售後服務工作。因此，產品的消費市場所在地，往往也是自有品牌的產品業者委外代工的重要考慮因素，在相同的委外代工成本下，當然選擇至消費市場運輸距離較近的代工業者。中國大陸得天獨厚的各項優勢條件，成為全球最多的代工工廠集中地，現今也因為消費人口眾多且消費能力提升，逐漸成為全球最大的消費市場，也因此使得既有的代工產業更加蓬勃發展。

1.1.3　代工的業務範圍

代工的產品包羅萬象，舉凡日常生活中的消費性用品及家電產品，衣褲、鞋襪、桌椅、櫥櫃、電視機、電鍋、音響、電腦、冷氣、冰箱、手機、相機、……等，都是可以委外代工的產品，甚至於非消費性的、技術含量更高的昂貴產品，例如：汽車、輪船、飛機等，也許僅只是局部零元件的代工供應，或是整件產品的代工組裝，都是常見的代工產品內容。

至於代工的業務範圍，以最早期的代工業者而言，僅提供廠房、生產設備及人工，依照客人提出的產品規格設計，以及組裝生產流程要求，單純的進行代工、加工業務，其業務範圍從產品的原物料、零元件採購，組裝生產製造，到產品運輸交貨，然後提供保固期間內的售後服務工作，這樣內容範圍的國際代工模式，稱為「Original Equipment Manufacturing」，或是「Original Equipment

Manufacturer」，一般簡稱為「OEM」，按英文字意翻譯成中文為「**原始設備製造業**」或是「**原始設備代工廠**」之意[3]，也有人稱之為「**原廠製造代工**」[4]，著重在代工業者具有大批量生產的代工能力。

而當單純的原始設備代工廠累積相當豐富的代工經驗，也逐漸發展出對產品的改良與設計能力後，便可以在為客戶的產品代工量產之前，多提供客戶一項產品設計或改良（變更設計）的服務，這樣內容範圍的國際代工模式，稱為「Original Design Manufacturing」，或是「Original Design Manufacturer」，一般簡稱為「ODM」，按英文字意翻譯成中文為「**原始設計製造業**」或是「**原始設計代工廠**」之意，也有人稱之為「**原廠設計代工**」，著重在代工業者具有設計（Design）的能力，能夠依據客戶的要求設計多款新產品供客戶選擇，或者就客戶既有產品提出改良設計意見，為客戶節省下開發新產品的時間與費用。

「OEM」與「ODM」是最傳統、最典型的國際代工模式，還有專為電子產品代工的「EMS」（電子製造服務、專業電子代工），以及其他多種不同類型名稱的代工模式（請參閱第 2.1 節、2.2 節），但筆者認為 ODM 的業務範圍幾乎已經包含了所有不同代工型態的業務主軸，因此本書以 ODM 合同做為國際代工合同的代表加以分析研究。從以上的說明，可知 ODM 國際代工的整個業務範圍及作業流程，基本上可以分為四個階段：產品設計開發、產品量產製造、產品運輸交貨及產品售後服務，又因為國際代工是跟隨著全球消費市場需求量的消漲變化而常態性、重複性、持續性地進行中，因此在各個階段裡又有更多的作業細節（請參閱第 3 章），更突顯出國際代工與一般消費性買賣相較之下的差異性與複雜性。

---

[3] 林家亨著《ODM 大破解—國際代工設計製造買賣合約重點解析》，P.9~P.16，秀威資訊科技股份有限公司 2008 年 10 月出版。

[4] 伍忠賢著《鴻海藍圖》，P.33~P.45，五南圖書出版公司 2007 年 2 月出版。

1.1.4　代工的特性

　　承上所述,國際代工與一般消費性買賣相較之下的差異性與複雜性,筆者將國際代工業務歸納出以下幾點特性:

　　1.作業分工細,供應鏈龐雜。國際代工將產品的生產製造到組裝完工,分成數個作業環節,一樣產品可以透過數個委外代工廠來完成,而各個委外代工廠又有其配合的代工廠、供應商。以行動電話手機為例,一支手機的結構內容包括軟硬體,超過三百件零元件,由一百多家供應商所提供,而供應商中可再分為單一零元件供應商(普通供應商),及負責關鍵零元件組裝代工的供應商(核心供應商、Core Vendor),因此,分工龐雜的供應鏈系統管理,是國際代工的特性,也是國際代工所面臨的考驗。

　　2.供貨週期長,營運風險高。因為國際代工是跟隨著全球消費市場需求量的消漲變化而常態性、重複性、持續性地進行,因此代工產品的供貨週期是持續循環進行中,而中間因為全球消費市場的消漲變化,代工廠隨時面臨客戶要求延後交貨或取消訂單的風險壓力,成為國際代工的特性,因此,產銷計畫與存貨管理能力,也是代工廠的的另一項考驗。

　　3.勞力密集,講究成本效益。代工產業一般都是針對大批量生產的消費性產品,因此需要大量的勞動人力,而勞動人力成本占了代工成本極大的比重,因此代工業盛行的國家或地區,通常都是勞工薪資相對較低廉,及相關法定福利要求相對較寬鬆的地方。此外,由於消費市場的價格競爭,通常委外代工的委託人(客戶)都已經將委外代工的成本價格限定在一定的區間內,願意接受委託的代工業者通常都沒有太大的討價還價空間,只能儘量自勞力、物料、建廠及營運管理等方面自我壓縮一切的代工成本,以提高成本

使用效益來提高代工的利潤。因此，勞力密集、講究成本效益，也是代工業的特性。

4.技術性高低有別，但各有需求市場。由於代工產品的多樣性，可以委外代工的產品並非都是高科技產品，不同產品有不同的代工技術門檻要求，也各有其相應配合的代工廠，只是代工利潤多寡可能隨著代工技術高低而有不同。換言之，能夠接受委託代工的代工廠，除了代工技術外，主要因素還是在於能夠提供勞力、建廠以及營運管理等方面相對低廉的成本，也因此使得國際間的代工產業一直都能夠持續存在，甚至成為經濟發展中國家的主要經濟收入來源。

5.消費性產品，買方市場主導。代工雖然是委託人與受託人、買方與賣方雙方之間的業務，委外代工的雙方當事人立場原則上應該是相等的，有關代工條件權利義務的協商談判，原則上應該是立於公平、平等的基礎上。但是因為代工產品多為一般日常需用的消費性產品為主，在消費市場的供需調節上主要還是買方市場居優勢，使得代工條件內容不得不順應委託人（買方）的要求，甚至必須接受不合理的格式條款（請參閱本書第 4 章）。只有極少數供不應求的關鍵性零元件，受託人（賣方）才有比較強勢的籌碼去和委託人（買方）折衝談判代工條件。

6.大者恒大，全球佈局。由於消費性產品最終在全球銷售的目的，代工廠彼此間的激烈競爭情形更勝以往，代工廠逐漸發展出更周延的服務內容，不同於過去僅在某單一國家代工後出口外銷的模式，具有國際競爭力的代工廠，在全球各地廣設多功能的營運據點，配合委託人（客戶）全球消費市場的佈局，就近配合客戶設計開發新產品，進而就近代工生產、運輸供貨，並且就近提供售後維修服務，代工廠節省了產銷成本，使得產品售價更有競爭力，也因此取得更多的代工訂單，造成代工廠大者恒大的現象。此外，也有

為了擴大代工產品的範圍，或為了更充分掌控物料、零元件來源，有些大型代工廠直接併購了供應鏈上的其他代工廠，掌控資源優勢之後，也掌握了市場更多的訂單，這是另一種造成代工廠大者恒大的現象。

1.2 加工、製造與代工

　　承前所述，代工是一項在製造業界非常普遍且已盛行多年的經濟行為，不但在國際間已經行之有年，在中國大陸進入二十一世紀後國內生產總值（GDP）倍數成長的經濟發展過程，從事代工賺取外匯也是其中居功厥偉的一項重要經濟行業、經濟行為，但是在國家統計局核算 GDP 所依據的《中國國民經濟行業分類標準》所列的 95 個大類行業別中，卻不見有「代工」行業，概念較相近者僅有「**加工業**」及「**製造業**」，這是一個耐人尋味但顯然失真的現象。那麼加工業、製造業究竟和代工業有何差別？如何區別？區別實益為何？於本節討論如下。

1.2.1 中國國民經濟行業分類

　　依據中國國家統計局公告的《中國國民經濟行業分類標準》[5]，中國國民經濟行業分類共分為 20 門類，總計有 95 個大類、396 個

---

[5]　按照中國《國民經濟行業分類》（GB/T4754-2002）基本結構，中國《國民經濟行業分類》（GB/T4754-2002）分為門類、大類、中類和小類四個層次，共有 20 個門類、95 個大類、396 個中類和 913 個小類。參閱中國國家統計局發佈《中國國民經濟核算中產業部門分類及與國際標準產業分類（ISIC）的比較》，http://www.oecd.org/dataoecd/32/25/33982328.pdf。

中類和 913 個小類,其中工業類有 39 個大類行業別,農業有 5 個大類,建築業和第三產業[6]有 50 個大類。工業類的 39 個行業別中,包括了「採礦業」門類有 6 大類、「電力、燃氣及水的生產和供應業」門類有 3 大類,其餘屬於「**製造業**」門類者有 30 大類。單以「**製造業**」來深入分析,其中又區分有農副食品加工業、石油加工煉焦及核燃料加工業、黑色金屬冶煉及壓延加工業、有色金屬冶煉及壓延加工業、廢棄資源和廢舊材料回收加工業等 5 大類稱「**加工業**」,煙草製品業、皮革毛皮羽毛(絨)及其製品業、木材加工及木竹藤棕草製品業、造紙及紙製品業、橡膠製品業、塑膠製品業、非金屬礦物製品業、金屬製品業等 8 大類稱於「**製品業**」,另外還有紡織業 1 類,印刷業和記錄媒介的複製 1 類,稱為「**製造業**」者有食品製造業、飲料製造業、紡織服裝鞋帽製造業、家具製造業、文教體育用品製造業、化學原料及化學製品製造業、醫藥製造業、化學纖維製造業、通用設備製造業、專用設備製造業、交通運輸設備製造業、電氣機械及器材製造業、通信設備計算器及其他電子設備製造業、儀器儀錶及文化辦公用機械製造業、工藝品及其他製造業等 15 大類,但就是沒有「代工業」。

然而從上述國民經濟行業屬於「**製造業**」門類的 30 大類行業來看,某些行業的分類標準令人不解,例如「製造業」與「製品業」的區別標準為何?又例如「木材加工及木竹藤棕草製品業」究竟屬

6　第三產業包括了(一)農林牧漁服務業,(二)交通運輸、倉儲和郵政業、交通運輸和倉儲業、郵政業,(三)資訊傳輸、電腦服務和軟體業,(四)批發和零售業,(五)住宿和餐飲業,(六)金融業、銀行業、證券業、保險業、其他金融業,(七)房地產業,(八)租賃和商務服務業,(九)科學研究、技術服務和地質勘查業,(十)水利、環境和公共設施管理業,(十一)居民服務和其他服務業,(十二)教育,(十三)衛生、社會保障和社會福利業,(十四)文化、體育和娛樂業,(十五)公共管理和社會組織。

於加工業或是製品業、製造業？「化學原料及化學製品製造業」究竟屬於製品業或是製造業？再例如「橡膠製品業」、「塑膠製品業」及「金屬製品業」的製品（產品）是手機或個人電腦的重要零元件，供應組裝生產「通信設備計算器及其他電子設備製造業」的產品之用，性質上應該也可以歸屬於「製造業」。

　　若再深入檢視各大類的中小類行業類別，卻教人更加混淆行業分類的標準，例如第 19 大類「皮革、毛皮、羽毛（絨）及其製品業」，包含了「192 皮革製品製造」、「193 毛皮鞣制及製品加工」及「194 羽毛（絨）加工及製品製造」；例如第 29 大類「橡膠製品業」，包含了「2911 車輛、飛機及工程機械輪胎製造」、「2913 輪胎翻新加工」及「2950 日用及醫用橡膠製品製造」；又例如第 17 大類「紡織業」，包含了「1711 棉、化纖紡織加工」、「1751 棉及化纖製品製造」及「1759 其他紡織製成品製造」；再例如第 42 大類「工藝品及其他製造業」，包含了「4211 雕塑工藝品製造」、「4221 制鏡及類似品加工」及「4240 核輻射加工」。由各大類及其中小類行業類別的區分，製品業中也有製造類及加工類，製造業中也有加工類，而單獨「紡織業」一大類中就同時包含了加工類及製品製造類，明顯可見所謂「加工業」、「製品業」與「製造業」相互參雜包容，並非絕對獨立的行業類別。

　　另言之，單純以《中國國民經濟行業分類標準》中的「加工業」、「製品業」與「製造業」的行業類別，並無法忠實反映出該行業究竟是加工業、製品業或製造業的特質屬性，也就更無法判別何者是屬於「代工業」、「國際代工業」的行業了。唯若是從代工產品角度來看，以目前最典型的國際代工產品手機及個人筆記型電腦而言，不論是局部零元件（405 電子器件製造、4061 電子元件及元件製造）的代工生產，或是整機的代工組裝（401 通信設備製造、404 電子電腦製造），全部都屬於第 40 大類「通信設備、電腦及其他電子設

備製造業」，由此明顯可見《中國國民經濟行業分類標準》中不存在「代工業」的概念。

1.2.2 代工與加工、製造的區別

　　從上述國民經濟行業「製造業」門類的 30 大類行業分類的方式，以及個別大類內加工業、製品業與製造業彼此參雜出現的情況來看，不難窺知國家統計局就行業別的分類，是以各行業產出產品的名稱、性質或使用目的等產品特性來分類；換言之，「只問結果，不問過程」，對於各不同行業類別的產品所產出的過程、方式或供應來源，並不予考慮在分類的標準之內，或者僅占極輕微的考慮比重。無怪乎製造業占最多數，製品業、加工業通通屬於「製造業」此一大門類之內[7]，按此標準，假設若有代工業，恐怕也是歸類於「製造業」門下。

　　前述推論，參考國家統計局發佈的《國民經濟行業分類和代碼》中有關製造業的附註[8]說明：「本門類包括 13—43 大類。指經物理變化或化學變化後成為了新的產品，不論是動力機械製造，還是手工製做；也不論產品是批發銷售，還是零售，均視為製造。建築物中的各種製成品零部件的生產應視為製造。但在建築預製品工地，把主要部件組裝成橋樑、倉庫設備、鐵路與高架公路、升降機與電梯、管道設備、噴水設備、暖氣設備、通風設備與空調設備，照明與安裝電線等組裝活動，以及建築物的裝置，均列為建築活動。在主要從事產品製造的企業（單位）中，為產品銷售而進行的機械與設備的組裝與安裝活動，應按其主要活動歸類。」，即得以印證。

---

[7]　製造業所有 30 大類各行業別詳細內容，請參閱本文【附錄】。

[8]　請參閱中國國家統計局資訊網 http://www.stats.gov.cn/tjbz/hyflbz/P02006071389582037795.pdf。

更深入的銓釋就是：新的產品，不論是動力機械製造，還是手工製做，還是機械與手工混合製程的製做，更不論是否多階段製程分工組裝製造；也不論產品是批發銷售，還是零售，內銷或外銷，更不論製造業者是生產自有品牌產品，或是受委託代工製造，均視為製造。

　　同樣的，「建築物中的各種製成品零部件的生產應視為製造。但在建築預製品工地，把主要部件組裝成橋樑、倉庫設備、鐵路與高架公路、升降機與電梯、管道設備、噴水設備、暖氣設備、通風設備與空調設備，照明與安裝電線等組裝活動，以及建築物的裝置，均列為建築活動。」，比照此說明的思考邏輯，那麼通訊產品手機中的各種製成品零部件的生產也應視為製造，但在行動電話手機代工廠裡，把主要部件組裝成手機主機板、螢幕觸控系列、聲音收音發話系統、電源供應系統、機殼隔熱防水結構、各軟體系統整合等組裝活動，以及整支手機的組裝代工的裝置，均列為通訊活動；其他如個人電腦、筆記型電腦等代工產品，也可以做相同的解釋，所以都歸類於第 40 大類的「通信設備、電腦及其他電子設備製造業」，然而如此歸類結果只是再一次印證一樣事實，那就是國家統計局的《國民經濟行業分類和代碼》中完全不存在「代工業」的概念。

　　那麼加工業、製造業與代工業究竟有何差別？若依照前述中國國家統計局發佈的《國民經濟行業分類和代碼》有關製造業的附註說明，只要能製造出新的產品就是製造業，不論方法是機械、手工，產品供批發或零售，例如「3340 有色金屬合金製造，指以有色金屬為基體，加入一種或幾種其他元素所構成的合金生產活動。」，又例如「1922 皮革服裝製造，指全部或大部分用皮革、人造革、合成革為面料，製作各式服裝的活動。」；而所謂的加工業，只是就已製造出的產品再做其他應用的加工生產活動，例如「3351 常

用有色金屬壓延加工，指銅及銅合金、鋁及鋁合金等常用有色金屬及合金的壓延加工生產活動。」，又例如「1932 毛皮服裝加工，指用各種動物毛皮和人造毛皮為面料或裡料，加工製作毛皮服裝的生產活動。」依照此附註說明，可以說製造業是加工業的基礎，加工業是製造業產品的再變化提升，但二者差別似乎只是原產品與加工品，似乎只是注重最後呈現的產品結果。而本書所研究的「代工」、「代工業」，所注重的並不在產品本身，並不在於產品的性質或名稱，所以代工產品可以包含各類別；代工所注重的是在於產品的分工製造過程，以及製造業者本身是產品業主或僅是受託代工製造者，若製造業者製造的產品就是自有商標品牌的產品，則屬於製造業無疑，但若是受第三人委託代工製造，再將代工後的產品（成品或半成品）交貨給第三人，最終以第三人的商標品牌銷售，則是屬於「代工業」，或稱「代工製造業」。事實上許多有產品代工能力的製造廠，當然也有開發銷售自有品牌的能力，這就是在代工業界代工類型「ODM」（Original Design Manufacturing，原始設計製造業）與「OBM」（Own Brand Manufacturing，自有品牌製造業），也可以指「自有品牌代工廠」（Own Brand Manufacturer）的區別[9]。然而依過去至目前國際代工業界的實際運作內容來看，在「製造業」此一門類內所列的 15 大類「製造業」、8 大類「製品業」及「紡織業」的產品，其實大多數都是可以做為國際代工的產品、製品，都可以列為「代工業」；而這裡所列的農副食品加工業、石油加工煉焦及核燃料加工業、黑色金屬冶煉及壓延加工業、有色金屬冶煉及壓延加工業、廢棄資源和廢舊材料回收加工業等 5 大類稱「加工業」者，其「加工」的概念與實質內容，除了少數金屬冶煉及壓延加工

9　參閱林家亨著《ODM 大破解—國際代工設計製造買賣合約重點解析》，P.9~P.16，秀威資訊科技股份有限公司 2008 年 10 月出版。

（例如可供生產手機及筆記型電腦金屬機殼）外，大多數都與本書所欲探討國際代工製造業的「代工」概念不同。

　　總言之，前述「製造業」、「製品業」及「加工業」的行業分類都不是國際代工領域所指的「代工業」，但並不排除其中若干行業類別及相關統計數字，實質上正是國際代工的主體與客體，因缺乏更客觀而明確的分類依據資料，所以暫時難以明確切割論斷何者即是代工業。但重點在於，這其間行業分類標準的主要差異，並不在於產品、製品的性質或名稱，而是在於這一類產品、製品的產製過程，以及製造業者本身即是產品業主或僅是受託代工製造者，而這個關鍵的、冗長的、複雜的代工產品產製過程，卻正是政府主管機關所忽略的、不熟悉的，又未區別製造業者是產品業主或受託代工者身分屬性，以至於未能將「代工業」正式列入國家統計局的《中國國民經濟行業分類標準》的行業類別中，也未能將代工業所常用的「代工合同」正式列入《合同法》規範的合同類型中。

1.2.3 與國際標準產業分類（ISIC）的比較

　　承前分析，《中國國民經濟行業分類標準》未能將「代工業」正式列入行業類別中，而在**「製造業」**門類的 30 大類以及個別大類內，加工業、製品業與製造業彼此參雜出現看似亂無章法，如此的分類方式，是否為中國所特有的方式，與國際間的經濟行業分類有何異同？特別是本書所探討的國際代工，涉及與國外客戶的國際貿易行為，國際間的經濟行業分類標準就成為非常重要的參考與比較的對象。

　　隨著中國改革開放逐步深入，國際交往日趨頻繁，規模不斷擴大，特別是在加入世界貿易組織（WTO）後，不論是進行國際比較還是進行資訊交流，都要求我們按照國際分類標準加工統計資

訊，為此，中國《國民經濟行業分類》（GB/T4754-2002）在制定和修訂過程中，遵循的一個基本原則就是必須從中國現階段的行業發展情況出發，按照國際通行的經濟活動同質性原則劃分行業，並積極採用國際標準，同聯合國 1989 年制定的《**全部經濟活動的國際標準產業分類**》第三版，即「ISIC/Rev3」相銜接，強調分類原則和方法一致性，注重二者之間相互轉換。中國《國民經濟行業分類》與國際標準產業分類相銜接，突出表現在強調分類原則、分類方法的一致性，注重二者之間相互轉換。具體有以下方面[10]：

1.遵循國際通行的經濟活動同質性原則。中國《國民經濟行業分類》遵循國際通行的行業劃分原則，即採用經濟活動的同質性原則劃分國民經濟行業，每一個行業類別都按照同一種經濟活動的性質劃分，而不是依據編制、會計制度或部門劃分，打破了部門管理的界限。

2.採用了相同的分類體系。國際標準產業分類是聯合國制定並向各國政府推薦，用於進行統計資料國際間比較的統計分類標準，它已成為世界各國交流和對比統計資料的工具。中國《國民經濟行業分類》也採用了與之相同的分類體系，也就是在分類層次上包括了門類、大類、中類和小類。

3.在小類層次上可以相互轉換。中國《國民經濟行業分類》在研究和修訂過程中，參照了國際標準產業分類的有關規定，對存在差異的行業小類，在內容上進行了調整。在實際執行中，所有行業小類都建立了對應關係，並可以通過電腦軟體直接轉換為國際通行標準。

4.調整和增加一些行業類別，便於二者銜接。為了與國際標準

---

[10] 參閱中國國家統計局發佈《中國國民經濟核算中產業部門分類及與國際標準產業分類（ISIC）的比較》，國家統計局資訊網：http://www.oecd.org/ataoecd/32/25/33982328.pdf

產業分類相銜接，中國《國民經濟行業分類》調整和增加一些行業類別，例如：（1）將原來屬於採掘業門類中的木材及竹材採運業，調整到農、林、牧、漁業；（2）將原來製造業門類中的纖維原料初步加工業中類，全部調整到農、林、牧、漁業門類中的農、林、牧、漁服務業大類；（3）在製造業門類中增加了廢棄資源和廢舊材料回收加工業大類等。

中國《國民經濟行業分類》與國際標準產業分類，可以進行比較如下：

1.框架結構的總體比較。根據中國現階段行業發展情況，為滿足宏觀經濟管理的需要，中國《國民經濟行業分類》比聯合國國際標準產業分類更為詳細，分別多 3 個門類、35 個大類、239 個中類和 621 個小類。

2.內部結構的比較

中國《國民經濟行業分類》與國際標準產業分類內部結構的比較，見比較表【1】。**《國民經濟行業分類》（GB/T4754-2002）與國際標準產業分類（ISIC/Rev3）框架結構比較表【2】**（請參閱附錄 2）。

儘管中國《國民經濟行業分類》與國際標準產業分類層次相同，即使是在一些門類層次上，二者也可以簡單對應，但從大類、中類和小類層次看，各行業劃分的詳細程度存在差異。**由於製造業**

《國民經濟行業分類》（GB/T4754-2002）
與國際標準產業分類（ISIC/Rev3）框架結構比較表【1】

	GB/T4754-2002	ISIC/Rev3	差異
門類	20	17	3
大類	95	60	35
中類	396	157	239
小類	913	292	621

在中國國民經濟中處於主導地位，是拉動中國經濟增長的主要行業，從比較表（2）看，分類標準的差異主要表現在製造業。在中國《國民經濟行業分類》中，製造業分為 30 個大類、169 個中類、482 個小類，分別比國際標準產業分類多 7 個大類、108 個中類和 355 個小類。農林牧漁業，交通運輸、倉儲和郵政業，批發和零售業，公共管理和社會組織等行業在各個分類層次都有程度不同的差異。這些差異主要體現在各行業的主要產品分類上。

中國現行國民經濟核算產業部門分類，一方面因現行統計制度尤其是服務業統計制度不完善，資料基礎薄弱，分類較粗；另一方面，《國民經濟行業分類》從 2003 年開始在政府綜合統計和部門統計中實施，目前仍處於實施過渡階段，基礎統計資料難以滿足按《國民經濟行業分類》核算的需要，現行國民經濟核算產業部門分類仍採用《國民經濟行業分類與代碼》（GB/T4754-1994）。這些因素對中國國民經濟核算產業部門分類與聯合國標準產業分類的銜接產生一定影響。中國於 2004 年及 2008 年分別進行了兩次全國經濟普查，通過普查，瞭解中國產業組織、產業結構、產業技術的現狀以及各生產要素的構成，摸清中國各類企業和單位能源消耗的基本情況，建立健全覆蓋國民經濟各行業的基本單位名錄庫、基礎資訊資料庫和統計電子地理資訊系統。通過普查，進一步夯實統計基礎，完善國民經濟核算制度，為加強和改善宏觀調控，科學制定中長期發展規劃，提供科學準確的統計資訊支援。全國經濟普查提供詳細的國民經濟行業分類資料，為加強中國國民經濟核算產業部門分類，與聯合國標準產業分類的銜接提供基礎條件。

1.2.4 代工與加工、製造的區別實益

代工業已經是既存許久的行業，代工產品也涵括了許多產業類別，代工業的產值也為大陸過去這一二十年的經濟成長發展有卓著貢獻，但是在中國國家統計局的《國民經濟行業分類》，以及聯合國制定的《國際標準產業分類（ISIC）》中，卻都完全不存在「代工業」。不難理解在中國國家統計局統計業務的立場上，只要對全國各種生產物的經濟產值登錄統計沒有任何的遺漏缺失，能夠提供國家掌控經濟發展全域所需的資料，進行必要的宏觀或微觀調控，達成國家經濟永續發展的戰略目的足矣，行業別分類標準，甚至於是行業別分類項目與名稱的正確性與精準度，都是次要問題。因此，把「製品業」及「加工業」歸類於「製造業」，包括把國內許多受國外品牌大廠委託代工製造消費性產品的企業都歸類於製造業，從統計學的角度來看，或許並無遺漏，尚無可議。另外，必須瞭解代工業的一個客觀事實，許多的國際品牌大廠多為已開發國家的大企業，本身並不從事需要勞動大軍的製造，所以發包委託給在其他開發中國家有能力的代工業者，因此在這些已開發國家的產業分類中若沒有代工業，也是符合其國家現狀的產業分類結果。

但是在中國，代工業卻有不同的意義，從法律行為事實面來看，代工業是已經行之有年既存許久的行業，代工產品也涵括了許多產業類別，代工業產值也為大陸的經濟成長發展有卓著貢獻[11]，

---

[11]　依據國務院第二次全國經濟普查領導小組辦公室於 2009.12.25 發佈普查成果報告，國內生產總值（GDP）核算制度和第二次全國經濟普查結果，按照國際慣例對 2008 年全國 GDP 初步核算數進行了修訂，修訂後的 2008 年全國 GDP 總量為 314045 億元。其中，第一產業增加值為 33702 億元，占GDP 的比重為 10.7%；第二產業（製造業）增加值為 149003 億元，占 GDP 的比重為 47.5%。合理推論，製造業中的代工業產值占 GDP 的比重不輕。

代工業在中國是不容否認的事實。從法律角度來看，法律規範企業
及個人的行為方式，一但經濟行為模式改變了，法律也就有相應改
變調整的必要，才能發揮與時俱進的法規範功能。更具體言之，中
國經濟法調整的物件包括經濟管理關係、維護公平競爭關係、組織
管理性的流轉和協作關係等三類，這些關係之所以成為經濟法物
件，在於他們直接體現國家意志，「縱」、「橫」統一於經濟和國
家意志相結合，可謂意志經濟關係[12]。相應的經濟立法及經濟政
策，無不圍繞著這三類核心關係來制定及執行。有關國民經濟行業
分類作為中國國家標準於 1984 年首次發佈實施，之後進行了兩次
的修訂[13]，依然沒有將代工列入，因為中國大陸從農業立國快速
轉型為工業大國的過程，許多新的產業行業類別來不及即時更新分
類，也有些國際間新的產業運作模式並非國家統計局或其他主管機
關所熟悉，就例如國際代工，因此不知該如何明白、正確的自製造
業中再細分出代工產業。但既然代工業已經是市場經濟活動中的行
為模式，經濟行為模式改變了，在經濟法的立場，國民經濟行業的
分類，以及規範代工行為的相關法律，也就有相應改變調整的必

---

http://www.stats.gov.cn/tjdt/gjtjjdt/t20091225_402610100.htm。

[12] 參閱《論經濟法的調整物件》一文，搜錄於史際春著《探究經濟和法互動
的真諦》121，法律出版社，2002 年 6 月 1 版。

[13] 國民經濟行業分類作為中國國家標準於 1984 年首次發佈實施。隨著經濟的
飛速發展，新興行業不斷湧現，產業結構發生了巨大變化，中國對國民經
濟行業分類進行了兩次修訂，即 1994 年進行了第一次修訂，形成《國民經
濟行業分類與代碼》（GB/T4754-1994）；2002 年進行了第二次修訂，形
成了《國民經濟行業分類》（GB/T4754-2002），並於 2003 年起逐步應用
於計畫、統計、財政、稅務、工商行政管理等國家宏觀管理和部門管理活
動中。按照中國《國民經濟行業分類》（GB/T4754-2002）基本結構，中國
《國民經濟行業分類》（GB/T4754-2002）分為門類、大類、中類和小類四
個層次，共有 20 個門類、95 個大類、396 個中類和 913 個小類。參閱國家
統計局《中國國民經濟核算中產業部門分類及與國際標準產業分類（ISIC）
的比較》，http://www.oecd.org/dataoecd/32/25/33982328.pdf。

要，才能發揮與時俱進的法規範功能。

因此，筆者認為將代工業自製造業中獨立出來，並且與加工業區隔，至少有以下幾點實益：

一、經濟立法與時俱進的需要。代工業的內涵既然不同於製造業與加工業，且已經是在大陸行之多年的重要經濟活動，不僅應該明確承認代工業的存在，將代工業明確列入國民經濟行業的分類之中，個別予以統計，並且應該給予相應的立法，名正言順的納入法律規範之列，以符合經濟法與時俱進的基本精神與功能要求。

二、忠實反映行業類別，彰顯統計目的功能。中國國家統計局統計國民經濟行業各類產業經濟生產總值，代工業相較於加工業與製造業，不論內銷或出口，顯然都具有獨立立項統計的價值，不僅忠實反映出目前實際的行業類別，更可以明顯比較出代工業與一般的加工業、製造業在整個經濟生產總值的貢獻比例，彰顯出統計局針對各個行業別的生產總值的統計目的功能，為國家整體經濟發展策略與調控方向的確立，提供更符合實際現況且精準的產業情報資料。

三、確認代工法律事實，給予法律規範保障。代工既是重要的經濟活動，也是既存的法律事實行為，代工業一旦經國家統計局此一行政主管機關確認其地位後，便能夠名正言順的給予代工業必要的相應立法，讓代工業受到法律的明文規範管理，特別是對國際代工業提供的一些特殊優惠政策，才更能有依法行政的法律依據；相對地，也使得代工業者能受到實質的法律保障，特別是針對國際品牌大廠制定的有失公平合理的合同格式條款（參本書第 4 章），政府主管機關才能夠有法律依據適時適度的介入干預管理，保障代工業者的基本權益，至少在中國境內的代工活動能受到法律的規範與保護。

四、突破國際分類標準，工業大國領先指標。中國近十年來的

經濟發展成績全球有目共睹，在 2008—2009 年全球金融危機期間，中國不但不受影響，仍然維持全球第一的經濟增長率，而且還成為穩定全球金融秩序、拉動全球經濟反轉的重要力量，中國成為世界經濟大國、工業大國的霸主地位儼然成形，中國持續擴大內需發展出自己獨特的經濟模式，不但已經擺脫過去由歐美經濟強權國家所主導的經濟模式，更應該起而領導國際經濟朝更務實而公平的方向前進。而且如第 1.2.3 節所述，中國的《國民經濟行業分類》幾經補充修訂後，行業類別已經比《國際標準產業分類（ISIC）》多調整和增加一些行業類別，分類標準的差異主要表現在製造業，單是製造業就比國際標準產業分類多 7 個大類、108 個中類和 355 個小類。因此，行業分類並非不可修改調整，若再多增加「代工業」，只是反映出現實存在於國際間的重要行業類別，再一次領先突破國際分類標準，再一次成為全球工業大國的領先指標。

1.3 國際代工市場概況

1.3.1 代工市場發展緣由與現況

目前盛行於國際間的國際代工，可以說是全球的製造業自工業革命之後演變發展的結果，也是各個國家或地區之間經濟發達變遷的過程。回顧全球製造業發展歷史，自英國發明蒸汽機開啟工業革命元年[14]，動力機械設備加速了製造業的發展，使得英國在 18 世紀五十年代即成為世界各國工業品的主要供應者，世界各國也成了

---

[14] 1776 年第一台商業性的蒸汽機從英國索和工廠出廠，投入生產使用。蒸汽機在工業中的應用，結束了人類生產對畜力和人力的依賴，產生了真正的工業動力，使以農業為基礎的自然經濟轉變為工業為主導的動力經濟。

英國工業品的原料供應地，英國成為當時全球的世界工廠。之後的美國與日本，分別提出了發展製造業是強國的根本[15]，以及技術立國的政策，積極發展製造業，使得美國與日本也分別於 19 世紀初與 20 世紀初成為世界第一經濟強國，成為世界經濟史上的第二個及第三個世界工廠。

到了 20 世紀六十年代後期，美國製造業開始衰退，日本整體經濟也自 20 世紀九十年代開始低迷，而正因為美國製造業外移，使得六十年代以後形成的製造業向東南亞國家轉移的驅勢一直沒有改變，直到九十年代，這種產業轉移後形成的反出口外銷，直接與美、日國內相關產業形成強烈的競爭關係，迫使美國、日本發展技術含量更高的產業，而將一般技術含量低的產品委託給其他開發中國家去代工生產，特別是東南亞國家，亞洲「四小龍」[16]和東盟的經濟起飛，幾乎都是受惠於勞動密集型的代工製造業興起。

以臺灣為例，臺灣的海島經濟模式，早期以香蕉、蔗糖、稻米等農產品為外銷出口大宗，到了 20 世紀七十年代開始，紡織品取代了農產品成為外銷出口大宗，但是自八十年代開始，臺灣的電子科技產業開始蓬勃發展，電子、資訊與通訊等科技產品成為外銷訂單主流，九十年代達到高峰，在臺灣代工生產後再出口行銷全球的「MIT」（Made in Taiwan）產品幾乎遍佈全球，特別是在個人電腦、監視器、終端機、軟碟驅動器、印表機、鍵盤、滑鼠等電腦周

---

[15] 漢密爾頓在 1789 年 10 月就任美國財政部長時提出："聯邦政府的政策是儘快地引進製造業和促進國內商業，使美國成為工商業國家"。1790 年其提出的《關於製造業的報告》更把其長期以來主張的發展製造業的方針變成了政府的政策，強調製造業是強國的根本。

[16] 自 20 世紀 60 年代開始，亞洲的韓國、臺灣、新加坡以及香港四個國家或地區，藉由發展勞力密集型的國際加工出口產業，賺取外匯，在短時間內創造了經濟起飛的奇跡。所謂"東亞模式"引起全世界關注，它們也因此被稱為"亞洲四小龍"。

邊產品，為 IBM、HP、DELL、APPLE、COMPAQ 等世界主要電
腦品牌代工，是全球個人電腦主要供應地區，也創造了臺灣海島
經濟的經濟奇跡。至 21 世紀，行動電話、無線通訊、數碼相機等
「3C」[17]產品興起，臺灣的國際代工產品又邁入多元化的新紀元（參
閱附表一）。臺灣在電子科技產業方面保持高度的競爭力，除了持
續為國際大廠代工生產外，也開始以自有品牌商品與國際大廠競
爭，例如 Acer（宏碁）及 ASUS（華碩）的筆記型電腦、HTC（宏
達電）及 ASUS（華碩）的智慧型手機，至今仍是臺灣產業升級、
經濟轉型、保持對外競爭力的發展動力。

《附表一》臺灣代工廠商與國際品牌大廠一覽表

產業	國際廠商	臺灣代工廠
半導體	INTEL　英特爾	華通.鴻海.台積電.微星.華碩.華泰.華通.南亞.耀文.友訊.楠電.日月光
	MICRON　美光	茂德.華邦.力晶.南科.世界先進.茂矽
	AMD　超微	威盛.台積電.聯電
	RAMBUS	十美.華邦.華通
	BROADCOM	台積電.致福.合勤.亞旭.金寶
	聯想	技嘉.微星.精英
	捷威	微星
	IBM	宏電.環電.南亞.精英.技嘉.懷電.台積電.廣達.嘉鼎.華通.金像電.明碁楠梓電.源興.大同.達電光寶.英志.友訊.智邦.美格.旭麗
PC	HP　惠普	神達.大同.仁寶.廣達.倫飛.旺宏.明碁.達電.光寶.鴻海.英志.華碩.智邦.旭麗.金寶
	SUN　升陽	敦陽.神達.衛道.金像電
	COMPAQ　康柏	神達.大眾.英業達.廣達華宇.華通.源興.中強.耀華.耀文.誠洲.達電.光寶.智邦

[17] 所謂「3C」產品，就是指電腦（Computer）、通信（Communication）和消費類電子產品（Consumer Electronics）三大類電子產品，包括電腦、手機、電視、相機、數碼影音產品及其相關產業產品。

	DELL　戴爾	仁寶.廣達.宏電.源興.華通.耀華.金像電.欣興.中強.光寶.達電.皇旗.富驊.鴻海
	APPLE　蘋果	鴻海.國電.廣電.致福.精技
	GATEWAY　蓋特威	廣達.微星.耀華.美格.達電
軟體	MICROSOFT　微軟	聯強.宏科.普陽
	ORACLE　甲骨文	資通.敦陽
	RED HAT　紅帽	聯強.神達
網路通訊	AOL　YAHOO AMAZON　美國線上	精業.仲琦.友訊.智邦.
	CISCO　思科	智邦.欣興.光聯.鴻海.亞旭.英業達
	QUALCOM（CDMA）	精碟.廣達.金寶.大霸.奎康.明碁.致福.華宇.毅嘉.旭麗.博達.國聯.鼎元.大眾.正崴
	LUCENT　郎訊	達電.環科.精碟.台揚.合勤.亞旭
	3COM　網康	友訊.智邦.碧悠
	MOTORAOLA 摩托羅拉	台積電.聯電.日月光.楠電.耀華.九德.欣興.大霸.明碁.光寶.台達電.勝華.正崴
	SONY-ERRISSON 索尼愛利信	華宇.耀華.華通.毅嘉.旭麗
	NOKIA　諾基亞	金像電.華通.耀華.毅嘉.旭麗
日系代工	SONY　新力	廣達.華碩
	FUJITSU　富士通	台積電.漢磊.仁寶.技嘉
	TOSHJBA　東芝	台積電.華邦.華通.仁寶
	NEC　恩益喜	華宇.大眾.仁寶.光寶.技嘉.明電.美格.旭麗

　　臺灣一如美國及日本，當製造業發展帶動經濟快速增長到了一定的規模，將相對的面臨持續發展的瓶頸，包括勞工薪資成本高漲、勞工短缺、環保法令趨嚴、地價高漲擴廠土地取得不易，以及消費市場消漲變遷等因素，使得製造業在本地發展日益困難，不得不轉向其他國家或地區發展，也因此開展了國際代工製造業的契機。臺灣早期的國際代工策略是往菲律賓、馬來西亞及泰國等國發展，後來隨著臺灣與中國大陸兩岸三通的開放政策持續發展，臺灣的製造業開始西進到大陸投資設廠，陸陸續續將臺灣承接的國際代工訂單帶到大陸生產製造，結合大陸充沛的人力、物資先天優勢，

形成「臺灣接單，大陸生產，行銷全球」的新國際代工模式，有了大陸腹地的優勢支持，促使臺灣的國際代工製造業更上層樓更加蓬勃發展，不但為臺灣的代工製造業保持了高度競爭力，也將過去曾經創造臺灣經濟起飛奇蹟的所謂的「臺灣經驗」帶到大陸複製，直接或間接的為大陸的經濟發展注入新活力。

目前國際間的代工製造業在亞洲幾個經濟發展中國家特別興盛，除了臺灣及中國大陸之外，印度、馬來西亞、越南及泰國等，都在積極發展代工製造業，國際代工產業能夠成功發展的原因，除了充沛且相對廉價的人力及物資供應外，專業代工技術更是其中的必要條件，特別是要從事含有較高專業技術含量的電子通訊 3C 產品的代工，亞洲的台資或中資企業擁有這方面的優勢，在加上天生勤奮工作的民族特性，使得目前許多國際知名產品的代工製造生產國幾乎都集中在亞洲國家，尤其是中國大陸繼英、美、日之後，成為目前全球消費性產品代工生產製造的世界工廠。

1.3.2 大陸的國際代工市場

國際代工製造業在大陸的發展可以說是適得其所、正逢其時，大陸自 1978 年實施改革開放政策，開始對內改革、對外開放，開始對國際間招商引資，開放外資到大陸投資設廠，也學習資本主義國家的經濟發展模式，製造業更是其中重要的一個招商引資戰略專案，特別是為外資企業打工的代工製造業，不但藉此開發土地提升土地利用的經濟效益，也提供了許多的就業機會，也因此帶動了地方的繁榮發展，而代工產品的外銷出口，更為國家帶來龐大的外匯收益，為中國大陸脫貧致富經濟改革做出重大貢獻，更為未來的經濟發輾轉型提升奠下雄厚的基礎。依據中國國家統計局累計國內生產總值（GDP）資料，2000 年大陸 GDP 不足 10 億（99,214 億），

到了 2010 年大陸 GDP 將近人民幣 40 萬億（397,983 億）元，十年間整整翻了四倍，國內生產總值增長速度明顯快於世界主要國家或地區。甚至於在 2008 年至 2009 年間，全球發生了自二戰以來最嚴重的全球性金融危機，中國雖然難免受到國際金融危機的影響，但中國憑藉著已經奠下優異的經濟發展實力基礎，與國家領導適時實施宏觀調控與擴大內需等靈活政策交叉運用，不但安然度過了這次的國際金融危機，且依然維持著傲視全球的高度經濟增長率，顯見大陸經濟發展的硬實力已經得到驗證與肯定。

　　而大陸經濟發展的專案中，更以製造業扮演最為重要的角色，特別是其中從事國際代工製造業者，自八〇年代最早期的「三來一補」加工出口貿易開始了代工業，20 世紀九十年代中期，中國大陸在美國低端消費品市場已經超越臺灣成為最重要的供應商，到了 21 世紀，在中國代工製造的「MIC」（Made in China）產品幾乎充斥了全球所有的生活消費品市場。雖然依據中國國家統計局公告的《中國國民經濟行業分類標準》無法明確區別統計國際代工製造業的經濟產值（參閱本書第 1.2.1 節），但是依據國務院第二次全國經濟普查領導小組辦公室於 2009 年 12 月 25 日發佈普查成果報告，國內生產總值（GDP）核算制度和第二次全國經濟普查結果，按照國際慣例對 2008 年全國 GDP 初步核算進行了修訂，修訂後的 2008 年全國 GDP 總量為 314,045.0 億元，其中第二產業（製造業）增加值為 149,003.0 億元，占 GDP 的比重為 47.5%。雖然《中國國民經濟行業分類》並未將製造業進一步區別為一般製造業及代工製造業，但由大陸每年快速遞增已居世界第一的外匯儲備[18]金額來看，可以合理推論，製造業中為國家賺取外匯的國際代工製造業產

---

[18] 2009 年中國吸收外資仍保持在 900 億美元的高位，已經連續 17 年位居發展中國家首位，而且中國至 2009 年 6 月底擁有的外匯儲備已經超過 2 萬億（23,992 億）美元，已經是外匯儲備全球第一的國家。國家統計局資料。

值，對整體 GDP 表現佔有不輕的貢獻比重。

　　總部設在瑞士洛桑的「經營開發國際研究所（IMD）」，每年都發表《世界競爭力報告》，該報告針對有影響和有實力的 47 個國家和地區的 8 個領域、288 個評價項目的競爭力進行分析，中國大陸名列前茅，是全球最具有競爭力與影響力的國家之一，且目前看來尚無出其右者，可以合理預見，國際代工製造業在中國大陸仍然將持續興盛一段期間。

1.3.3 金融危機後的趨勢變化

　　2008 年下半年起至 2009 年間，全球發生了自二戰後經濟大蕭條以來，最嚴重的全球性「金融危機」（Financial Crisis）[19]，全球各地民間消費市場緊縮，經濟發展幾乎完全停滯，唯獨中國以異軍突起之勢，仍然連年創造傲視全球的高度經濟增長率，甚至更進一步肩負著拉動全球經濟的火車頭角色，這是中國實施改革開放政策的成功，是中國發展社會主義自由經濟以來所獲得實質的偉大成就。金融危機持續年餘，至 2009 年底雖然有暫緩跡象，但隨後

---

[19] 起自 2008 年 9 月 15 日美國「雷曼兄弟」公司聲請破產保護事件，引起美國各金融單位及大企業連鎖反應，相繼發生財務問題瀕臨破產的金融危機，因為國際金融流通緊密，國與國之間的金融業務具有高度連動特性，任何一國的財政金融若發生任何損益風險，都會牽一髮而動全身的引起連鎖反應，而對國際間全球金融造成巨大的影響，使得美國爆發的金融危機，如同海嘯般快速襲擊全球各國的金融市場，造成美洲、亞洲及歐洲各國股市跟著連續重挫下跌，連帶受到嚴重衝擊影響的就是全球各國的大中小型企業，紛紛採取歇業、減產甚至關廠、裁員等因應措施，藉減少費用支出以減少損失，此舉除了給中下游供應商造成同樣困境的連鎖反應外，更影響到一般民眾的消費能力及消費意願，進而造成全球消費市場的大幅衰退停滯，更造成金融單位的壞帳激增，各國產銷結構與民生經濟都陷入嚴重的負面循環之中，被稱為一場全球性的「**金融海嘯**」（Financial Tsunami）、「**金融危機**」（Financial Crisis）。

接連發生希臘債信危機、歐元區國家引起的「歐債危機」[20]，以及美國宣告倒閉的大小銀行仍然持續增加[21]，美國各大企業裁員關廠情形也仍持續進行中，美國不斷提高舉債上限以及信用降評等風波[22]，種種負面跡象令人懷疑這場金融危機是否已經確實解除，更不免擔憂下一場金融危機的來臨。

　　下一場金融危機何時暴發無法預料，但可以肯定的是，自金融危機發生後，國際間開始反思檢討國際金融危機的發生原因，以及當前解救之計與日後預防之道，海峽兩岸的財經法律學者普遍認為：全球金融危機的爆發既是金融監管體系的失敗，也是傳統資本市場制度的失敗。金融危機的爆發既宣佈了資本唯利是圖的營利模式的破產，揭開了強化公司社會責任運動的歷史序幕；也暴露出了公司自治和契約自由的失靈現象，指出了加大投資者和金融消費者保護力度的改革方向；更折射出商業倫理與信託義務的約束機制的

---

[20] 繼希臘債信危機之後，葡萄牙、義大利、愛爾蘭、希臘及西班牙等歐洲國家財政赤字也都遠超過警戒紅線，因擔心希臘危機可能擴散，進而引發對整個歐元市場的信心危機，致使歐元不斷貶值，甚至預言整個使用歐元的歐盟國家都將受此影響而瓦解，也因而擔心會不會拖累全球經濟造成第二次金融危機的爆發，這次歐元區主權債信危機，統稱為「歐債危機」。

[21] 2008 年美國金融危機爆發時，美國國內共有 25 家銀行倒閉，在 2009 年迅速擴大至 140 家，2010 年全年更高達 157 家，創下 1992 年以來美國年度銀行倒閉數量最高紀錄。不僅如此，許多銀行還處於被關閉的邊緣，截止 2010 年 9 月 30 日，美國聯邦存款保險公司（FDIC）已累列出 860 家"問題銀行"，顯示銀行財務惡化速度正在加快中。美國《華盛頓郵報》2010 年 12 月 28 日報導。

[22] 中央社倫敦 2011 年 8 月 5 日綜合外電報導，由於擔心再度爆發金融危機，在亞洲與華爾街股市暴跌後，歐洲股市今天開盤也重挫大跌，創 14 個月新低點。中央社 2011 年 8 月 8 日報導，在美國總統歐巴馬和國會議員日前達成協議，提高美國政府 14.3 兆美元舉債上限後，因標準普爾公司（Standard & Poor's）摘除美國頂級債信評等，調降美國 AAA 信評至 AA+，市場開始擔心這個全球最大原油消耗國的經濟放緩程度惡化，燃料需求也減少，不僅使得油價大跌，股市單日也大跌逾 500 點。

軟弱無力，凸顯了公權力適度干預市場活動的正當性、合法性與緊迫性。因此，在後金融危機時代，認真反思傳統的財經法律制度的設計漏洞及其背後的思維盲點，正確處理好自由與安全、創新與監管、自治與干預、公平與效率之間的辯證關係，對於預防和化解未來的世界性金融風險，推動全球經濟的持續和諧發展，具有重大的現實意義與理論價值。因此，亡羊補牢之計，各國紛紛重新檢視對境內金融機構的管控政策，甚至於重新制定必要的相應立法，始作俑者引起金融風暴的美國，就率先提出《2010 年重建美國金融安定法案》（Restoring American Financial Stability Act of 2010）[23]，於 2010 年 7 月 15 日經國會正式表決通過。美國金改法案的通過施行，代表美國政府對整個金融監管體制與自由市場機制進行結構性、全面性的改革決心，上自維持金融安定的原則性、政策性法案與主管機關的監督運作，下至對基金投資顧問、銀行、儲貸公司以及有收受存款業務等金融機構的監理改革，更旁及對廣大金融商品消費者的保護等，都針對過去沉苛已久以致於引起金融危機的弊端，經過一翻反省與檢討後，重新制定一套安定金融的改革法案，美國冀望藉此金改法案能夠將美國已經運行百年的金融體制徹底改變。

　　金融危機的發生，除了讓美國政府警覺到過去金融監管體制與

---

[23] 美國 2010 金融法案內容涉及金融業各個相關領域，實際上是由十項分別監管不同金融實務運作的改革法案組成，包括了：1.金融安定法案、2.促進金融機構穩健經營法案、3.私募基金投資顧問登記條例、4.全國保險總署組織條例、5.非立案保險公司及再保險法案、6.銀行及儲貸控股公司與收支存款機構監理改革法案、7.店頭衍生性商品法案、8.支付結算與清理監管法案、9.金融消費者保護法案、10.改善訪查大型金融機構法案。檢視美國金改法案的內容，明顯可見其對整個金融監管體制與自由市場機制進行結構性、全面性的立法改革。參東吳大學謝易宏教授著《浪子回頭？評析美國 2010 金融法制改革（初稿）》，2010 年 5 月 11 日發表於臺北東吳大學舉行的「2010 海峽兩岸財經法學術研討會—後金融危機時代兩岸財經法制新趨勢」。

自由市場機制的弊端，進而立即從立法面加以改革補救外，同時也讓在金融危機期間裁員、關廠的美國各大企業界警覺到，企業經營受到全球經濟連動影響之巨，特別是生產電視、冰箱、冷氣機等家電用品，筆電、手機、數碼相機等電子產品，這些大眾化消費性產品的製造業，在全球經濟衰退時所受到的衝擊影響更是劇烈且直接，業者從中得到經驗教訓，能夠降低自主生產、營運管理的投資，就能夠在金融危機發生期間降低損失。因此，在金融危機期間大幅裁員、關廠的許多美國大企業，在金融危機過後全球經濟逐漸復甦的今日，也未見其復工到原來的水準，但是整體的營運績效卻能維持不變，甚至超越了金融危機發生前的水準，其中重要的經營策略轉變，就是將產品的生產製造委外代工，或者提高了既有委外代工產品的比例。

　　大企業將產品生產製造委外代工的模式，不僅僅是美國境內的企業如此，歐洲的企業亦然，就連向來最忌技術輸出的日本，也不得不將若干消費性產品委外代工，因為就這些企業而言，委外代工是利多於弊，不但節省下大規模投資設廠招募員工的投資成本，也節省下後續自主生產製造的營運管銷成本，同時一併解決了日益嚴苛的工業廢棄物處理的環保問題，且萬一將來再發生類似的全球金融危機時，只要提早通知代工廠取消訂單即可，自己不會再有產品庫存損失問題，更不需要再度面臨裁員關廠的窘境。很明顯的，原本即已行之多年的國際代工製造業，在後金融危機時代將更加盛行。

　　承上所述，國際代工製造業於後金融危機時代將更加盛行，可以想見中國大陸將是最大的受益者之一，因為大陸主客觀的各項優勢條件，在後金融危機時代將吸引更多來自國際及國內的代工訂單。只是一則以喜，一則以憂，喜的是大陸為國際及國內大廠產品代工的代工製造業更加蓬勃發展，不但持續為國家賺取外匯，為大

陸的經濟發展加大力度，同時繼續提供更多的就業機會，改善基層勞工的薪資收入，也促進了大陸內需市場的消費成長，大陸的經濟發展規模成效將加快速度。但憂的是，有關代工製造業的相關法律規範不足，對廣大勞工權益的保障尚有勞動法、勞動合同法依據，對受託代工業者（代工廠）的代工收益，或委託者（買方）的產品銷售收益，尚有個別的稅法可依法課稅，但獨獨針對代工製造的交易行為內容未加規範管理，特別是針對代工製造業界常用的代工合同，現行法無一規範，勉強僅能依據民法及合同法的買賣合同做為基本規範要求。但實際上代工製造業的業務內容遠超過一般製造業（請參閱第 1.2 章），合同法的買賣合同內容也不足以完全規範代工合同。

因此，順應後金融危機時代國際代工業在大陸的發展趨勢，若是國家主管機關針對代工製造業再不加以管理，對代工製造業所需的代工合同再不加以干預，任由雙方自訂代工合同內容，或是任由居市場優勢地位的委託方（買方）擬定不利受託代工方（賣方）的各項格式條款（參閱第 4.1 章），單單以「買方簽發訂單後，有權隨時通知賣方取消訂單，且無須負任何賠償或補償責任。」此一條款，就足以令受託代工製造業者（代工廠）受損慘重，尤其是當經濟景氣反轉消費市場衰退時，買方可隨時取消訂單而無任何責任，則代工訂單接單越多者，損失將越慘重。如此情形，代工製造業者及主管機關豈可再漠視國際代工合同的存在，不僅必須關注現行國際代工合同中許多有違公平原則的格式條款，更必須比照 2008 年《勞動合同法》及 2011 年《社會保險法》的頒佈施行，藉由國家公權力適度的介入干預進行調控，才能建立起一個公平的、健康的代工環境，落實對代工業者基本權益的保障！

第 2 章　國際代工的類型與使用的合同

　　國際代工合同是一個概括性名詞，其中包含了許多不同的代工
交易型態、業務範圍及作業流程，因不同的代工交易型態、業務範
圍及作業流程，而各有不同的代工合同專有名稱，一般最常見的國
際代工製造業務，以 OEM、ODM、OBM 及 EMS 四種型態為主，
同時也有其他複合型態及新發展出來的代工型態，本章將歸納說
明這些常見的國際代工類型，以及常用的代工合同內容，個別說明
如下。

2.1 傳統典型的國際代工類型

　　國際代工製造業務，是由"OEM"開始，進而發展到"ODM"、
"OBM"，這三種代工型態可以說是最傳統、最典型的國際代工型
態，之後再逐漸發展出其他流程更加複雜，或服務內容更多元化的
代工型態，這些代工型態個別的意義及運作模式概要說明如下：

2.1.1 OEM（Original Equipment Manufacturing）

　　OEM 就字面文義翻譯，以代工製造業的客體來說是指「原
始設備製造業」（Original Equipment Manufacturing），以代工製
造業的主體來說是指「原始設備代工廠」（Original Equipment

Manufacturer），也就是只提供生產設備，只負責純代工的代工廠，產品的原型設計、細部規格，包括生產流程等都由客戶提供，有些客戶甚至連產品生產用的模具、應使用的檢測儀器設備、原物料供應商及其他協力廠商等，都具名指定要求代工廠採用，或者直接由客戶自行提供，僅僅單純委託有量產設備及能力的代工廠幫忙代工生產或組裝產品，且必須提供售後維修服務。

OEM 是最原始、最典型的國際代工類型，通常是利用代工廠充裕且相對廉價的人力資源，以及廉價的土地、水力、電力及原物料等天然物資，以較低的生產成本，來為客戶代工製造或組裝產品，大批量供應國際市場上所需的各類消費產品。OEM 代工業務是完全依照客戶提供的產品規格原型設計，以及其他生產配套指示來生產，OEM 代工廠只單純進行代工，不負責產品的設計或改良工作，但 OEM 代工廠必須擁有廠房、機器設備及大量勞工，而且必須有訓練精良的代工能力，才可以勝任單純的 OEM 國際代工業務。

OEM 代工類型是許多經濟開發中國家藉以帶動經濟成長的重要業務，早期的臺灣及中國大陸，可以說都是靠著 OEM 代工業務起家，例如在個人電腦及電腦周邊零部件產品的代工，在賺取外匯的同時，學習產品設計改良的技術能力，打下日後經濟進一步發展的基礎。

2.1.2 ODM（Original Design Manufacturing）

ODM 就字面文義翻譯，以代工製造業的客體來說是指「原始設計製造業」（Original Design Manufacturing），以代工製造業的主體來說是指「原始設計製造商」（Original Design Manufacturer），也就是設計者兼製造者的意思，ODM 與 OEM 的不同，在於增加了

「設計」（Design）的功能服務，已經不是單純的幫客戶代工製造或組裝產品而已。當 OEM 代工製造商從事代工業務日久，累積代工製造的技術、經驗與心得，逐漸成為兼有設計、改良及製造能力的製造商，有能力為客戶提供產品改良或設計的服務，客戶只要就某項開發中的新產品，提出功能、目的或預期的消費客戶層等實際需求或是框架想法，ODM 代工製造商就可以提供不同的產品設計供客戶選擇，從產品的外觀原型工業設計（Industrial Design），以及內部規格機構設計（Mechanical Design），提供不同款式與價格的產品設計供客戶選擇，待客戶確認滿意之後，再正式進行大批量生產製造，並提供交貨後的售後維修服務。

與 OEM 業務相較之下，ODM 的技術層次較高，在臺灣及大陸有許多公司不但有代工製造的量產能力，更有非常精良的產品設計及改良能力，能為客戶的產品需求提供多元化的建議，達到縮短製程、提高生產效率及產品良率、節省生產成本，提高產品品質穩定度，相對降低了售後維修成本等高附加價值，也因此使得產品代工製造的總價成本可以降低，ODM 與 OEM 相較之下，ODM 廠商在國際間接單有較大的議價空間及較高的市場競爭能力，同時也有能力進一步發展 OBM 業務，以自有品牌於國際市場行銷自己獨力開發設計的產品，這是國際代工製造業成熟發展的必然過程。

2.1.3 OBM（Own Brand Manufacturing）

OBM 就字面文義翻譯，以代工製造業的客體來說是指「自有品牌製造業」（Own Brand Manufacturing），以代工製造業的主體來說是指「自有品牌製造商」（Own Brand Manufacturer），有些 OEM、ODM 代工製造商從事代工業務日久，累積代工製造的技術、經驗與心得，逐漸成為兼有設計、改良及製造能力的製造商，不但有

能力為客戶提供產品改良或設計的服務，且更進一步擁有市場銷售能力，願意負擔龐大的廣告行銷成本來經營自有品牌的產品，便能以 OBM 模式自產自銷，直接從事市場的競爭與經營。臺灣有許多的 OEM、ODM 大廠，發展到最後都同時發展 OBM 業務，以自創品牌的商品行銷全球，例如宏碁（Acer）及華碩（ASUS）的筆記本電腦，光寶（LITEON）的光碟機，正新（MAXXIS）的橡膠輪胎，巨大（Giant、捷安特）的自行車等，HTC（宏達電）的智慧型手機，都是臺灣 OBM 大廠知名的代表，大陸的 BYD（比亞迪）亦同。

當 OBM 業務快速成長發展，同樣也可以採取 OEM 模式委託別人代工，以節省自己的生產成本，也可採 ODM 模式委託他人設計開發量產，打上自有品牌來銷售，更可節省自己研發產品的成本，同樣達到經營自有品牌產品的目的。

【案例研討 1】
做好公司內控，海外仲裁不吃虧

前言：臺灣富有創業能量，但因處於島國市場內需較小，便需力爭與國際市場接軌。然而臺灣企業常常因為語言以及對於合約條文的不瞭解，而在過去競逐全球的過程中，吃了許多大大小小的虧，本系列專欄即由此出發，邀請專業法務人士以案例方式進行說明，希望幫助解決實務困難並給予提點。

國內某製造業者向美國設備商採購生產設備發生驗收爭議，買賣雙方都禁不起驗收不通過的衍生損失，最後依合約約定在美國紐約進行仲裁。前後歷經 22 個月終於獲勝，設備商應返還未通過驗收機台的全數設備款，外加利息合計逾 7 億多台幣。未料設

備商僅償還部分款項，即向破產法院聲請破產保護，停止一切對外付款。

　　該業者鍥而不捨，最後透過債權出售轉讓方式提前取回設備款，這在臺灣業界是極罕見的海外追債成功案例，令許多原本不看好本案的同業、金融界及法界人士刮目相看、拍案叫好。業者取回的設備款雖不足以補償所有損失，但至少贏回了尊嚴！筆者回顧過程反思檢討，除了仲裁攻防的策略技巧之外，還有公司內控管理的基本課題，值得企業主參考借鏡。

　　一、**買賣合約審慎閱讀**：鉅額採購案簽署買賣合約是必要的，一份數十頁的外文買賣合約，內容暗藏風險處處玄機，識與不識影響可能天差地別。以設備買賣合約中常見的驗收條款為例，有驗收通過的條件約定，也有「視同驗收通過」的各種情形，而玄機就在「視同驗收通過」的條款裡。

　　二、**會簽各部共同檢視**：公司各部門常常只會分工不會合作，採購單位負責議價採購，設備使用單位只管使用，買賣合約就交給法務律師去審閱，使用單位沒看過買賣合約的驗收條款是常態，遑論知道「視同驗收通過」的各種情形，常使得原本驗收不過的設備，卻因「視同驗收通過」而仍須買單吃悶虧。

　　三、**變更合約提高警覺**：嗣後賣方若要求變更驗收條件，買方更應提高警覺，事出必有因，各單位務必再次審慎檢視變更條款內容。特別是變更條款的文義內容顯然不利買方，賣方述說變更條款目的卻輕描淡寫，一定要特別留意，且留下往返討論的郵件資料，以備日後發生爭議進行訴訟求償時舉證之需。

　　四、**爭議訴訟團隊作戰**：當訴訟或仲裁無可避免時，必須有一個基本觀念及共識，就是全公司要動員打團體戰，相關部門都要共同參與群策群力，至少要幫忙提供事證資料，光靠法務部門或外聘律師是不夠的也不負責任。若還有站在一旁事不關己潑冷水的人，

直接開除無妨。

五、**匯整資料清楚建檔**：彙整案件前後經過事實原因，並作成「事件時間表」，同時彙整所有資料檔記錄，能清楚對照事件發生前後時間及相關證物，方便委任律師儘快瞭解案件全貌及關鍵爭議點。節省律師的時間，就節省律師費支出，而蒐證、舉證功夫永遠都是訴訟勝出的基本條件。

六、**研討對策堅持原則**：在說服仲裁員之前，必須先說服自己的委任律師，律師不見得能完全瞭解或體會委託人的需求或想法，例如律師認為驗收未通過者應退款，驗收通過者就應該買單付款，但部分交機對買方無實益，這時就必須堅持全部解約退款，若律師無法理解並代為主張權益，必要時也只好撤換律師。

七、**和解取捨考驗智慧**：訴訟仲裁只是解決爭議的途徑，曠日費時又耗費不貲，若能和解減少損失，是可以考慮採行的方式。但在什麼時機、條件下和解，這真的要考驗企業主得失取捨的智慧。二鳥在林不如一鳥在手，若因堅持求償條件錯失和解契機而繼續纏訟，利弊變數難料。

八、**已盡人事再求天命**：仲裁程序結束，等待結果出爐是漫長而磨人的過程，各界關切緊盯結果，不但要知道勝負，還有時效上的壓力。當盡了一切人事努力，等待過程若無事可做，就拜拜禱告求神保佑吧。前述仲裁案奇蹟似的及時在會計師簽證年報最後期限當日收到獲勝結果，真是老天爺保佑！

爭議訴訟是檢視內控管理缺失最好的機會，該仲裁案殊值檢討學習者多矣，本文僅舉其要，供各業界賢達借鑒爾。

（本文登載於 2016.06.03　工商時報 D1　流通版）

2.2 國際代工類型的演進

隨著國際代工技術的日漸成熟，越來越多的代工廠競相投入國際代工製造業，也由於代工產品越來越科技化、精緻化，代工技術含量要求越來越高，代工廠能夠提供的服務範圍越廣，就越能夠爭取到國際代工訂單，使得國際代工的類型除了前述 OEM、ODM 及 OBM 三種最普遍常見的代工典型外，逐漸演變發展出其他的代工類型，說明如下：

2.2.1 EMS

EMS（Electronic Manufacturing Services）就字面文義解釋，以代工製造業的客體來說是指「**電子專業製造服務業**」，是專門為電子科技產品提供專業代工製造服務的代工廠，為全球各地具經濟規模生產的電子產品提供專業的代工製造服務，臺灣鴻海集團的富士康（FOXCONN）為其中最知名的代表。EMS 與 OEM、ODM 的不同，在於 EMS 為客戶提供了全球運籌通路與全球組裝工廠，以及在全球各地都可以提供在地維修快速送返的服務，EMS 有此全球化的服務優勢，不但可以減低自己生產運輸成本，也相對地加快了交貨速度，而且配合客戶需求，在客戶指定的地區內生產，沒有成品進出口的海關關稅問題，因此減少了稅務成本；同時經由全球佈局的組裝工廠，與全球的運籌通路系統，可以加快組裝與出貨的速度。也就是說，EMS 廠商可以在出貨速度與生產成本上達到最佳的狀態。

可以想見，EMS 廠商為了確保全球運籌通路的順暢，許多關鍵物料、零元件及模具的精準掌控就事關成敗，為達此目的，基於

與搭配的零元件廠商（衛星廠商）關係密切，通常會透過併購或是策略聯盟的方式，順向整合相關上游的物料、零元件及模具廠商，進一步將相關營運與採購成本壓縮到最低[1]。也因此，造成 EMS 代工廠「**大者恆大**」的現象，越是陣容龐大且主性強的 EMS 代工廠，能提供越多量大質優且價格低廉的代工服務，越能接獲國際大客戶的大訂單，其他規模較小的 EMS 代工廠難以與其競爭，通常也會淪為被大廠並購的對象。

　　EMS 與 ODM、OEM 另一個不同之處，在於強調的是「S」，即 Service、服務，強調「製造服務」的觀念，簡言之，「製造」已經不是單純的幫客戶把產品生產出來而已，更強調包套的製造服務（Package of manufacturing services），必須能同時提供客戶提高工廠產能效率、強化物料管理、節省製造成本，而且能配合客戶的消費市場所在地快速交貨的全套服務。EMS 代工製造服務，客戶只要提出產品需求，提出所需要的某項零元件產品預期具備的功能、規格或外觀的概念，EMS 廠就能為客戶「量身訂做」提供製造服務，從提供產品設計、制定產品規格、申請規格認證、生產所需模具、儀器設備及機器開發外，更於全球廣設生產線及維修據點，提供全球量產製造、快速交件及後續保固維修的整體服務。

　　EMS 提供給客戶的服務層面更廣，更具有市場競爭力。但相對的，EMS 比一般 ODM、OEM 廠負擔的成本及風險也更高，也因此唯有能夠成功整合全球上下游物料、零元件及模具等關鍵供應商的資源，具有相當經濟規模實力基礎的大廠，才能勝任提供 EMS 電子專業製造的全套服務，因此 EMS 廠大者恆大的現象仍將持續進行中。

---

[1]　參閱張殿文著《虎與狐：郭台銘的全球競爭策略》，2005 年 1 月初版，天下文化出版社出版；以及財團法人國家實驗研究院科技政策研究與資訊中心科技產業資訊室，http://cdnet.stpi.org.tw/techroom/analysis/pat055.htm。

2.2.2 CEM 與 DMS

　　CEM 與 EMS 的概念相近，就字面文義解釋，以代工製造業的客體來說是指「**電子專業製造服務業**」（Contract Electronic Manufacturing），也可以說是「**電子專業製造服務商**」（Contract Electronic Manufacturer），都是從事專業的電子製造服務。但 CEM 與 EMS 不同的是，EMS 強調主動的、包套的製造服務，而 CEM 則是依客戶在代工合同內明確列舉的內容範圍提供製造服務，性質上較類似 OEM，僅被動的接受客戶委託代工製造的產品，缺乏主動參與設計或改良的能力，這也是許多 CEM 廠無法進一步提升到 EMS 廠的瓶頸因素。

　　DMS（Design and Manufacture Services）是 ODM 與 EMS 的混合體，是新型態設計製造服務，給客戶提供的服務範圍又更廣了，從最前端的產品開發、規格設計，然後依據客戶全球消費市場佈局的要求，全球各地生產製造就近供應產品，並就近在地提供後續保固維修服務。DMS 不僅僅是包套服務，且必須比照 EMS 的全球運作模式，必須有能力提供客戶更廣的服務層面，才能具有市場競爭力。同樣的，DMS 比一般 ODM、OEM 或 EMS 廠負擔的成本及風險更高，也因此必須能夠整合上下游物料、零元件及模具等關鍵供應商的資源，有效掌控生產所需物料資源並壓低成本，才能勝任提供 DMS 專業代工的全套服務，DMS 如同 EMS 廠，也一樣有大者恒大的現象。

2.2.3 CMM、CMMS、eCMMS

　　「CMM」是「Component」（零元件）、「Module」（模組或元件）及「Move」（移動）三項服務概念的總稱，CMM 是臺灣鴻海

集團所獨創出來的新代工模式，也是鴻海集團在現有 EMS 規模的雄厚實力基礎上，以零元件和模組的設計為核心業務，以其全球化生產、交貨與售後服務能力做為配套服務，從產品的設計開發到生產線工程服務、小量生產、大量生產、關鍵零元件提供，再到全球製造、當地交貨、當地售後服務的整合能力。這種代工模式不但具備電子專業服務（EMS）模式在成本、品質和規模的三大優勢，不管在那一個組裝層級部位，都可以迅速模組化並進行量產，提供客戶產品兩地設計[2]、全球出貨及當地售後服務的附加價值。CMM 模式涵蓋所有的 3C 產品，並且把服務的範圍從零元件，延伸到機械模組、電子模組、系統組裝和測試等各個階段，客戶可以只向鴻海採購任一零元件或模組，也可以要求鴻海進行整個產品的成品組裝，是可以完全依照客戶的需求個別量身訂作的新代工服務模式。

「CMM」是鴻海在 2000 年以前的主要經營方式，之後發展出新的經營模式，包括 2001 年起的「CMMS」（Component Module Move Service），多了一項「Services」（服務）。CMMS 內涵包括兩部分，分別為「**共同設計開發製造**」（Joint Design & Development Manufacture，簡稱"JDVM"）與「**共同設計服務製造**」（Joint Design Manufacture，簡稱"JDSM"），CMMS 的「Services」主要是指共同設計服務，鴻海提供的這種設計服務是免費的服務，是「共同設計服務製造」（"JDSM"）的基本一環。鴻海自創的「CMMS」（JDVM 與 JDSM），既具備 EMS 的全球經濟規模，可降低整體生產成本，加快生產及交貨速度；同時又具備 ODM 廠商優勢，整合臺灣廠商優良的設計改良能力，更包下了產品相關售後服務的維修工作，也就是說，國際品牌廠商只需要提出產品的需求規格，鴻海即可利用

2　所謂兩地設計，指代工廠本身具有產品設計及改良能力，藉由電子網路、視訊等設備與提供產品原始設計或概念的客戶討論溝通，同步進行產品的設計或改良工作，這是 CMM 代工服務能力與效率的展現。

JDVM 與 JDSM 的能力，協助廠商由產品設計開發一路做到全球生產出貨，並且連售後服務所需要的零元件更換也涵蓋進來[3]，提供給客戶非常完整的代工服務，這是其他一般中小規模傳統 OEM、ODM 代工廠所無法與之競爭的。

　　自 2003 年以後，又發展成「eCMMS」，鴻海透過 e 化全球連線，把鴻海集團遍佈全球各地的研發中心 24 小時連線，接力賽似的進行新產品的設計開發，所以稱為「eCMMS」。這裡的「e」指的是「e 化」、「資訊化」、「網路化」，使得代工產品從設計、生產到出貨更加精確快速，且能被完全追蹤管理精確掌控現況，此時鴻海擁有全球行銷綜效，且已經達到全球行銷綜效的極致了，鴻海所能提供的產品從上到下垂直整合，「一條鞭」、「一條龍」的服務經營模式，在競爭激烈又充滿變數的國際代工市場，能滿足客戶一站一次購足（One-Stop Shopping）的需求，節省買賣雙方的交易成本，這是國際代工業者能夠吸引客戶保持長期競爭優勢地位的經營模式。[4]

　　以上所述目前國際代工製造市場常見的模式，不僅是因應國際代工市場的需求而演變，也是國際代工廠彼此競爭下逐漸發展出的不同代工模式，越是有能力提供越完整的全程包套代工服務，就越有機會爭取到國際品牌大廠的訂單，也就因此造成國際代工製造業界無可避免的「大者恒大」的現象，臺灣鴻海集團的富士康（Foxconn）、大陸的比亞迪（BYD）、新加坡的偉創力（Flextronics）都是具有代表性的代工大廠。至於採取那一種代工模式最為適合，

---

[3]　參閱張殿文著《虎與狐—郭台銘的全球競爭策略》，2005 年 1 月初版，天下文化出版社出版；以及財團法人國家實驗研究院科技政策研究與資訊中心科技產業資訊室，http://cdnet.stpi.org.tw/techroom/analysis/pat055.htm。

[4]　參閱伍忠賢著《鴻海藍圖—鴻海集團沒寫出來的功夫》，P.77~P.87，2007 年 2 月初版，五南圖書出版股份有限公司出版。

則無絕對的標準，應依據產品特性，以及買賣雙方的目的需求、技術能力、市場計畫、全球產銷作業流程、經濟成本，甚至是國際或當地的法令限制層面等，種種主客觀因素的綜合考慮下，來決定採取那一種模式最為適合。惟不論採取那一種模式，其核心運作代工本質是一樣的，只是周邊的配套服務範圍有所不同，買賣雙方各取所需，因地置宜。

2.3 國際代工使用的合同

在前一節中概要說明各種類型的國際代工模式，但不論是那一種代工模式，最重要的還是其中買賣雙方的權利義務如何規劃

約定，而有關買賣雙方權利義務的規劃約定，典型的國際代工合同都是按照代工作業的流程，有系統的、具邏輯性的編排約定，但是合同形式上有合一約定者，也有化整為零個別約定簽署者。國際代工是一種複合性、多元化的交易，從產品設計開發、接單量產、交貨到售後服務等前後過程，許多執行細節相關的權利與義務，都必須以書面合同來詳細記載約定，甚至必須分別以不同的合同來個別約定，因為在每一個作業環節過程，都有個別不同的專業性與複雜性，也因此造成一筆國際代工製造業務，買賣雙方當事人間簽署了好幾份不同性質的合同，這在國際代工製造業是非常普遍的現象。尤其是現在的國際代工製造買賣過程分工越來越細，個別合同義務與風險的切割轉嫁越來越明顯，國際代工製造買賣已經不純粹是買賣雙方當事人之間的事而已，而是整個上下游供應鏈結構關係，包括了指定供應商、代工廠及運輸、倉儲業者的介入，而與買方或賣方有個別不同的權利義務關係，特別是當賣方與買方簽署完成代工合同的時刻，其協力廠商便成為支持賣方履行代工合同義務的重要合作夥伴。因此，現在的國際代工製造業務，往往是一份買賣主合同之外，尚有許多個別的配套合同必須簽署，衍生出許多與國際代工製造有關的合同，代工廠必須個別去協商合同條件內容，這已經是個既成的趨勢了。本節中筆者以 ODM（國際代工設計製造業）合同為代表，從代工廠的立場，依據整個代工設計製造業務流程，與上下游協力廠商間的關係，概要說明如下。

2.3.1 國際代工合同的範圍

國際代工代工廠（賣方）與其客戶（買方），因為代工製造業務所需要簽署的合同，除了一份代工製造買賣主合同（Master

Purchase and Supply Agreement）之外，通常包括保密合同
（Confidential and Non-Disclosure Agreement, 簡稱"NDA"）、品質
保證合同（Quality Assurance Agreement）、環保有害物質禁用限用
協議書（Environmental Protection and Prohibition of Substances
Agreement）、倉儲管理合同（Warehouse Service Agreement、Just In
Time "JIT" Service Agreement、Inventory Management Agreement）、
售後服務合同（Maintenance Services Agreement、Repair Service
Agreement）等，這些常用的合同，可以歸類為國際代工合同的「配
套合同」，名稱或許因公司而異有不同的表述方式，但不論合同名
稱如何，重要的是其實質內容的約定。

按國際代工的前後階段作業過程來說，通常雙方合作之初先簽
署《保密合同》，先言明約定不論日後代工交易是否成立，雙方都
不得揭露有關產品或是雙方認為具機密性的機密資訊，然後買方才
正式將產品的相關資料交付給賣方，進入產品的設計開發階段。待
產品開發完成後，再進一步簽署正式的產品《代工製造買賣合同》，
而往往在這個階段也經常出現一種過渡現象，就是代工製造買賣合
同條件尚未達成共識，但買方為了搶得市場先機，已準備正式簽發
採購訂單（Purchase Order，簡稱"P/O"）給賣方了，於是先要求賣
方簽署《產品品質保證合同》、《環保有害物質禁用限用協議書》，
保證產品品質出現瑕疵時的處理方式與賠償責任，於是就先正式下
訂單開始進行生產了，同時繼續協商買賣主合同，以及後續需要的
倉儲管理合同、售後服務合同等。

2.3.2 化整為零的合同趨勢

前一節所述的各項配套合同，實際上也可以全部整合納入一份
代工合同之內，但因為現在的國際代工趨勢分工越來越繁瑣，每一

個代工環節要約定的作業細節及相關權利義務都非常多，如果要將全部環節都寫在一份合同裡，可能會讓合同厚如書本，既不方便雙方閱讀，更可能因此延長雙方談判合同達成共識的時間，往往因為某部分條款一時無法達成共識，而使得整份合同都延宕下來無法簽結。所以在現今國際代工業務按階段性分工的趨勢下，合同也逐漸化整為零按階段性個別簽署，於不同的代工作業階段，個別簽署不同性質與目的需求的合同。

　　至於這些在同一個代工買賣目的下，但因不同作業階段有不同權利義務需求，究竟是化整為零先後個別立約為宜，或是合而為一一次性簽訂完成較為有利，這很難一概而論，必須在對客戶的履約能力、信用記錄，以及對代工產品的成熟度都相當熟悉的前提下，才能客觀判斷。依筆者經驗，除了考慮代工產品的市場成熟度之外，若是初次交易合作的客戶，特別是透過國際徵信公司徵信調查之後，發現對方公司曾有不良信用記錄，或是公司註冊登記的資本額與採購金額顯不相當，履約能力顯有疑慮的公司，最好是把所有交易條件一次談清楚，書立一份代工合同，避免徒增日後不必要的爭議困擾。反之，如果是與已有良好合作經驗的客戶，或是國際信譽卓著的大客戶，則配合客戶要求於不同代工階段簽署不同合同，再個別折衝談判掌握合同內容，其風險相對較低，倒也並無不可。

2.3.3 e 化的合同與文件

　　由於國際代工業務分工越來越細，個別條件要求也衍生個別合同的多樣性，許多國際品牌大廠已經把前述經常需用的代工配套合同給標準化、制式化，而且 e 化、網路化，放在公司的網站裡，要求代工廠必須自行上網進入客戶公司的網站裡，依照網站內容指示，點閱、下載相關的合同，完成簽署後再寄回給客戶。有些公司

甚至連合同簽署都直接在網路上進行，只要輸入該公司授權給供應商的代碼（Vendor Code），在網路上所點閱的各類合同末端點選「同意」或「接受」，即完成了合同簽署。

更有甚者，有些國際品牌大廠制定的代工合同及各項配套合同，已經不是「合同」的名稱及形式了，直接成為該公司的制式作業規範或要求標準，如同對國際標準組織 ISO 各項標準認證的基本要求一樣，常見的例如：產品標準規格、產品保證責任、交貨與倉庫庫存管理作業、環保有害物質禁用限用標準，甚至於是有關訂單與交貨流程的相關規定、售價自動定期定額降價（Cost Down）標準，都轉化成公司的標準作業規定，然後只要求代工廠簽署一頁簡單的「承諾書」、「確認書」、「同意書」、「切結書」、「Declaration」或「Commimtment」，不論這單張文件叫什麼名目，內容就是簡單敘明要求代工廠依指示上網點閱相關要求文件的內容，閱讀完之後簽署這份單張文件並寄回給客戶，就表示同意了客戶的所有要求。

這種 e 化合同已漸成趨勢，對買賣業務龐雜的國際品牌大廠來說，確實需要借助這樣的標準化、e 化系統來管理其全球的供應商、代工廠。但相對的，對供應商、代工廠而言，面對 e 化系統，等於失去了與客戶面對面溝通討論協商合同的機會，如果 e 化檔內容只是一般的作業配合程序規定便罷，但如果其中也包括了若干較重要的條件，不見得能接受客戶單方面要求的，就例如交貨與倉庫庫存管理作業，那麼代工廠就不能輕易的簽回那僅僅一頁看似簡單，但暗藏許多玄機的 e 化文件，仍然必須比照一般書面合同簽核程序的審慎態度，確實地上網點閱，審慎檢視所有的條文規定，如果有任何不合理、不可行的要求，仍然必須個別提出來與客戶討論協商，即使不能變更客戶 e 化系統裡的文件，也可以另外以書面補充變更約定，待一切內容都確認合理、可行之後，再簽回那一頁文件給客戶。

2.3.4　代工廠的轉包合同

　　代工廠（賣方）與其上游客戶（買方）簽訂合同完成後，也開始與其下游的協力廠商交涉發包事宜，包括原物料、模具、機器設備的採購，產品委外設計、改良或代工，而這些過程同樣的也必須與各個不同協力廠商，按照不同的作業發展階段，分別簽署保密合同、代工製造主合同、品質保證合同、環保有害物質禁用限用協議書、倉儲管理合同及售後服務合同等，分工與管理作業之繁雜程度，較之與上游客戶簽訂之合同有過之而無不及。

　　代工廠在此必須注意一個基本的觀念與原則——「**責任分攤、風險轉嫁**」、「**Back-to-Back**」，在國際代工買賣交易中的客戶，往往是世界知名品牌大廠，對代工廠的許多要求是非常嚴格的，當代工廠簽署合同接下訂單之後，必須以客戶同樣的標準，甚至是更嚴格的標準，轉向要求協力廠商比照辦理。例如，客戶要求代工廠提供自交貨驗收通過日起算三年的保固期，產品在保固期內發生任何非人為破壞的瑕疵時，代工廠都必須負責免費維修，據此要求，代工廠至少必須同樣要求其協力廠商提供至少三年的保固期，若將產品製造及成品運輸等時間加計在內，則通常必須要求協力廠商提供自協力廠商交貨驗收通過日起算，較三年更長的保固期。反之，於前例中之協力廠商若只提供一年免費維修的保固期，那麼表示產品交付給客戶超過一年後，若發生瑕疵時的一切維修費用，就必須由代工廠自己吸收承擔，代工廠成為上游客戶與協力廠之間承擔保固責任與義務的夾心餅乾。

　　保固期間的責任分攤、風險轉嫁原則，一樣適用於其他的轉包合同條件，特別是產品發生重大瑕疵（Epidemic Failure、Systematic

Failure）[5]或侵害第三人智慧財產權時的賠償責任等重大責任條款，更必須依據「Back-to-Back」的原則，藉由在合同中將責任分攤、風險轉嫁給協力廠商的機制，來降低代工廠自己獨力承受損失的風險，這是國際代工製造業的從業人員都必須具備的基本概念。這樣的概念，並不是消極的將代工廠的責任與風險，分攤、轉嫁給各協力廠商而已，更是積極的對客戶承諾的保障，若是協力廠商不能全力配合代工廠來共同履行客戶的各項條件要求，代工廠對客戶各項條件要求的承諾，豈不是成了沒有實質履約能力基礎的檯面話而已，同時也埋下了日後違約的高度風險。

【案例研討 2】
合約，先小人後君子的文字遊戲

　　國內某手機零元件供應商在報紙上登了半版廣告，控訴、痛批某全球知名手機大廠向他採購零元件產品，但簽署的買賣合約裡充斥諸多不公平、不合理條款，聲稱可能造成他公司驟遭周轉不靈倒閉危機，為此登報公開譴責該手機大廠合約的不平等條款。該廠商的沉痛告白令人同情，但無濟於事且適得其反，對合約的知覺反應太慢了！

　　從這則廣告揭露訊息來反思檢討，廠商指控合約的若干條款顯失公平合理，為何在簽約之前沒事先發現？若有發現，為何不事先

---

[5]　有關重大瑕疵（Epidemic Failure、Systematic Failure）的定義，就是有關重大瑕疵的瑕疵率計算公式，不同客戶往往有不同的定義及要求標準，按電子代工製造業一般而言，以產品總出貨量中，出現相同的（same）、重複的（repeatedly）產品瑕疵，超過一定的比率時，才算構成重大瑕疵，而各家公司要求的瑕疵率不同，一般普遍較被接受的比率在 1.5%~3% 之間。詳請參閱本文第 3.5.3 節重大瑕疵說明。

向客戶反映要求修訂？若向客戶反映無效，為何還要簽署顯失公平合理的合約？合約簽署生效後才發現窒礙難行，造成營運上的風險與損失，此時再登報訴諸輿論為時已晚，且已明顯違反一般買賣合約最基本的保密義務，非常不智！

《孫子兵法》始計篇：「兵者，國之大事，死生之地，存亡之道，不可不察也。故經之以五事，校之以計，以索其情：一曰道，二曰天，三曰地，四曰將，五曰法。……凡此五者，將莫不聞，知之者勝，不知者不勝。」意指戰爭是國家的大事，攸關國家人民的生死存亡，不能不慎重觀察理解，故以道、天、地、將、法這五項事實，來評估敵我雙方強弱虛實，當將領的沒有不知道這五大事的，知之者勝，不知者敗。

商場如戰場，將孫子兵法運用於商場上時，商場交易造成公司盈虧損益，決定公司永續經營或關門大吉，直接影響到全體員工的福利，甚至是裁員失業的生計問題，必須慎重視之。而負責執行買賣交易的公司主管，如同孫子兵法裡的「將」，將帥主管必須能事先洞悉買賣交易的各項主客觀條件，評估交易的盈虧損益風險。最直接而基本的評估依據就是合約，若評估結果預知利多風險少，就能賺錢勝出；若不知，則不勝，則可能面臨前揭登報者相同窘境。

商場上的合約，如戰場上的兵法，必先洞悉敵我之合約兵法虛實，知己知彼適時進退，方能趨吉避凶、化險為夷。合約是先小人後君子的文字遊戲，買賣雙方都先以小人之心度君子之腹，預先設想交易過程中可能發生的最壞狀況，以及可以承擔損失的程度，再就合約條款字裡行間去思考如何藏拙揚善。特別是和國外客戶簽合約做生意，國際大廠無不挾其談判地位之優勢，竭盡轉嫁風險與成本給對方之能事。至於合約文字是開門見山、直言不諱，還是明修棧道、暗渡陳倉，這就考驗合約雙方八仙過海的功力了。

　　筆者以「人、事、時、地、物」解讀一份合約的基本元素，如同孫子兵法以「道、天、地、將、法」做為決勝於廟算的評估依據，須特別強調的是，這五大要素只是為了方便記憶及掌握檢驗要點，在不同目的需求之合約中，這五大要素在不同階段有各自角色與意義，好比太極生兩儀，兩儀分四象，四象化八卦，由此推衍出整份合約的框架骨肉，而合約個別條款內容有無凶險，就要逐條逐字研讀推敲了。

　　而研讀合約的工作，絕對不是只有法務人員或律師的事，必須會簽各個相關部門共同檢視，例如代工買買合約中常見的年度採購數量預估（Forecast）、交期變更（Reschedule）及訂單變更取消（Change & Cancellation）條款等，都是金融海嘯期間整垮一連串供應鏈的罪魁禍首，因其涉及備料、生產、交貨及收付款因應作業，至少須會簽業務、採購、製造、財務等部門表示意見以承擔交易風險，這是企業主管必須有的基本觀念。

　　「雲長長長長長長長消、霧朝朝朝朝朝朝朝散」，這是形容雲霧聚散消長的一幅對聯，騷人墨客用字之妙令人莞爾，但若是商場合約爾虞我詐的文字遊戲，試問君自信能看懂幾分？

　　　　　（本文登載於 2016.06.10　工商時報 D1　流通版）

第3章　典型國際代工合同的框架內容

在第 2 章中概要說明各種類型的國際代工模式,以及國際代工使用的各項合同,無論那一種國際代工模式,使用那一種代工合同,都是建構在最基本的設計代工製造基礎之上,《國際代工設計製造買賣合同》,也就是所謂的《ODM 合同》,可以說是代工合同中最具代表性的,具有最基本、最完整的代工合同基礎框架結構。因此,本章將以《ODM 合同》做為解讀國際代工合同的代表,當讀者熟悉《ODM 合同》的主要框架結構內容之後,自然能觸類旁通輕易理解其他類型的國際代工合同。惟無論那一種合同,最重要的還是在於代工交易買賣雙方的權利義務如何規劃約定,特別是產品在各個不同的代工作業階段,有個別必須注意的權利義務約定,這些都是代工合同約定與談判實務上必須面對的重要問題,潛在的責任風險影響差異很大。本章將按照最典型的國際代工《ODM 合同》的前後各個作業階段,有系統的逐一介紹說明國際代工合同的主要內容。

3.1　合同前言

國際代工合同的內容,大多都會有一小節的前言或前提(Premise)說明,其內容不外有關合同當事人、合同性質、合同目的,以及一些合同名詞或簡寫的定義說明或約定,但大多數負責

代工合同的從業人員，常常認為這只是無關緊要的一般例行性說明而已，而疏於仔細閱讀，輕忽了其潛在的舉足輕重的影響性。有關這前言部分的合同重點，僅舉其要點說明如下：

3.1.1 當事人（Parties）

合同雙方當事人（"Parties"，僅單指任一方當事人稱"Party"）是合同構成要素中最重要的主體，一份合同中權利與義務的約定，無非都是圍繞著雙方當事人，確認合同雙方當事人的身分資格，也就是所謂的「當事人適格」問題，有其必要性與重要性。國際代工合同亦然，而且必須特別注意的是，有關國際代工合同中買賣兩造當事人的範圍定義，在一般情形下，簽約的兩家公司即是買方及賣方兩造當事人，但有些大集團公司往往會以「買方」（Buyer、Purchaser、Customer）及「賣方」（Seller、Supplier、Vendor）來代表雙方立場，而在定義「買方」或「賣方」時，將所屬同集團的母公司（Parents Company）、分公司（Affiliate）、子公司（Subsidiary）及關係企業（Related Company），全都列入買方或賣方的範圍。如此擴大買賣雙方的定義範圍，也就是擴大了在代工合同中得行使權利及履行義務的買賣雙方當事人的範圍，這對買賣雙方有何影響？對買賣雙方究竟是好是壞？這個問題不是單純的是非題，必須先檢視合同全盤條件的利弊得失，綜合考慮後才能評斷取捨。

舉例說明之，如果一家 ODM 代工廠（賣方）爭取到與某國際手機大廠 A 公司簽署代工合同的機會，合同中有關買方的定義，A公司及其母公司、子公司或關係企業全部都屬於買方，統稱為「買方」，都可以向賣方（代工廠）下採購訂單（Purchase Order，簡稱"P/O"），並且都適用合同中買方之一切權利及義務，ODM 代工廠若認為這樣的買方範圍定義是"一家烤肉萬家香"，與一家 A 公司簽

約，全球 A 公司集團就都成為客戶，表面上確實是成功開發了一家大客戶。但問題是，大客戶並不當然等同是大訂單、大生意或大獲利的同義詞，大客戶並不當然等於是會賺大錢的交易保障，假設合同中其他條件的約定是，買方每月提出一年期未來十二個月的採購數量預估（預估、Forecasts）給賣方，供賣方做備料生產準備之用，但買方並無依據所提出的預估向賣方採購產品的絕對義務，而是以買方另外正式簽發的採購訂單為準，但買方於採購訂單記載之交貨日期前，有隨時取消全部或部分採購訂單數量，或要求變更交貨日期（延後交貨）之權利；若賣方交貨短少或延遲交貨，仍必須對買方負違約責任，包括造成買方因此所受損失的損害賠償責任。於此條件下，設若 A 公司全球的分公司、子公司及關係企業都依約每月向賣方提出採購數量預估，特別是為了耶誕節與新年期間市場需求，隨時增加調整年底前幾個月的預估數量，賣方也因為這些來自全球各地 A 公司集團買方來的預估開始擴廠、備料準備生產，甚至已經先開始生產屯積成品，隨後買方亦正式簽發採購訂單給賣方，但嗣後因為市場供需失調，年底前的市場需求量不如預期，於是買方於交貨日期前突然緊急通知賣方，取消若干採購訂單的全部或部分數量，且不須對賣方負任何補償或賠償責任。如此一來，賣方的損失是難以想像的，而且無法向買方請求賠償或補償。

再從賣方言之，如果前述相同合同條件下的不同例子，賣方因擔心買方可能訂單不會如預估這麼多，所以只備了五成的物料，結果市場需求大好，來自全球 A 公司集團的訂單果真如預估數量，反而是賣方因備料不足導致交貨不及，緊急購料生產仍然延誤了交期，不但造成自己違約，也致使買方錯失了年底前的市場商機與利潤，甚至也造成買方對其全球各地經銷商、通路商交貨遲延的違約賠償責任。於此情形，A 公司代表全 A 公司集團向賣方請求違約損

害賠償，此時，若是合同中有關賣方的定義，包括了賣方及其母公司、分公司、子公司或關係企業全部都屬於賣方，統稱為「賣方」，都適用合同中賣方之一切權利及義務，那麼賣方所屬集團公司全部都將成為買方求償的對象，賣方所屬集團公司的全部資產，也都將成為買方執行債權求償的範圍，這對賣方將是全面性的影響與風險。

　　除前述影響面考慮外，再從實質的法律效力而言，針對當事人的範圍定義若只是從身份關係來要求，而不要求實際的持股比例及董監事席次所占比例多寡，若只是形式上為母公司、分公司、子公司或關係企業，而彼此實際的持股比例及董監事席次比例不足50%，實質上根本沒有管控能力，更無代表承諾合同義務的法律效力。因此，即使決定同意將買賣雙方的母公司、分公司、子公司或關係企業全部都列入買賣雙方當事人的範圍內，也必須特別要求至少彼此持股或被持股比例超過50%以上，有代為承諾合同義務的實質能力，並且最好由該母公司、分公司、子公司或關係企業的法定代表人都直接在合同上簽字用印，以確保具有法律上的效力，但實務上個自獨立營運的公司是不太會同意配合的。

　　簡言之，有關當事人買賣雙方的範圍廣狹定義，好則雨露均霑普天同慶，壞則連誅九族牽連甚廣，代工廠對當事人範圍的定義不得輕忽，必須連同其他合同條件綜合分析審慎斟酌，才能決定雙方當事人的範圍廣狹的定義，並且須注意實質代表性及發生法律效力的基本要件要求。倘若代工廠綜合分析結果，認為其他合同條件並不利於代工廠，擴大買賣雙方當事人的範圍定義，只是更擴大面對不利條款的風險，於是向客戶反映要求變更修訂，但客戶表示此為公司制定的標準化、e化的合同格式條款，拒絕做任何修訂變更，此即為國際代工合同中常見的，由強勢的客戶所擬定的許多不公平、不合理的合同格式條款之一，至於如何完善格式條款的相關問題，請參閱本書第 4 章及第 6 章。

3.1.2　目的（Purpose）

在一般合同中，合同的目的似乎只是例行性、摘要性的說明或介紹，但在國際代工合同中經常會看到單獨的「目的」、「Purpose」條款，除了摘要說明合同目的外，更有其他特殊的用意與功能。在合同其他權利義務條款中往往會提到，有關某項權利的行使，例如使用對方所揭露的機密資訊，必須在符合本合同目的前提下才可行使，不可使用於與本代工合同目的無關的其他用途；又例如雙方將專利權相互授權使用，但僅限對方於符合代工合同的目的範圍內使用；或者約定某項合同義務的履行，例如代工廠交付產品給客戶後，必須提供免費的技術支援服務予客戶，但僅以達到本代工合同目的為範圍，客戶不得要求代工廠技術支援服務至其他與本代工合同目的無關的其他產品上。

從另一個角度言，當合同雙方權利行使或義務履行發生爭議而涉訟時，法官裁判雙方主張權利行使或義務履行的範圍有無理由時，合同約定的「目的」、「Purpose」條款即成為重要的裁判依據之一，必將先釐清確認合同約定的「目的」、「Purpose」為何，進一步裁判是否符合目的性、正當性，才能據以公正裁判雙方的主張。

3.1.3　定義（Definition）

在國際代工合同中經常會出現許多專有名詞，或是專有名詞的簡稱、縮寫，所以代工合同的前言內通常會有「Definition」或「Glossary」條款，來明確定義說明這些專有名詞、簡稱或縮寫的內容。許多代工業從業人員都略而不看這些定義條款，認為這些定義只是合同的例行公事，認為從業人員應該都理解這些專有名

詞、簡稱或縮寫了，所以就略而不讀。事實上，定義條款的重點不在於合同雙方當事人是否理解這些名詞、簡稱或縮寫，而在於確認對方是如何給這些專有名詞、簡稱或縮寫下定義，是否明確地（specifically）且合理地（reasonably）定義其內容範圍，是否符合買賣雙方一致的認知與理解，這對合同雙方行使權利、履行義務都將有立即或潛在的實質影響。

定義條款中被定義的項目沒有一定的限制或標準，只要是代工合同中會出現的專有名詞、簡稱或縮寫，都可以在定義條款中先給予明確的定義。依筆者經驗，在定義條款中較重要的，須特別注意的，但也經常被忽略掉的定義名詞如下：

1.**買方**（Buyer、Purchaser、Customer）、**賣方**（Seller、Supplier、Vendor）。如前述對合同「當事人」的說明，合同最重要的「當事人」就是「買方」和「賣方」兩造，而買方和賣方究竟是指簽署合同的兩家公司而已，還是將買賣雙方的母公司、子公司或關係企業全部都包含在內而統稱為「買方」和「賣方」，甚至於符合母公司、子公司或關係企業的條件定義問題，潛在影響就如同在前述「當事人」（第 3.1.1 節）的說明，在此不再重述。

2.**母公司**（Parents Company）、**分公司**（Affiliate）、**子公司**（Subsidiary）**及關係企業**（Related Company）。這也是與買方、賣方有關的定義，如前述，若是買方、賣方的定義包含了母公司、分公司、子公司或關係企業在內，那麼所指的母公司、分公司、子公司或關係企業本身的範圍定義又是什麼？是否只要能證明在同屬集團中組織架構或從屬關係即屬之？或者在彼此的持股關係比例上必須有更嚴格的要求？如此擴大買賣雙方的定義範圍，在產品全球行銷的國際代工產業確實有其必要，也就是買賣雙方各由一家公司代表簽署合同後，則買方全球各地的關係企業公司，都可以就近向賣方在全球各地的關係企業公司下訂單，代工買賣條件都適用同

一份國際代工合同約定，個自依據訂單及主合同行使權利履行義務，而不必個別重複協商談判合同條件，藉以爭取商場時效，並且有相同一致的買賣交易條件，避免不必要的爭議。

但問題在於，居市場優勢地位的買方制定代工合同格式條款，往往不採取公平對等的原則，往往僅單向要求賣方（代工廠）整個公司集團都必須為履行合同義務負連帶責任，包括萬一發生品質瑕疵或專利侵權的賠償責任時，買方可以向賣方的任一關係企業公司或整個公司集團求償；但買方整個集團公司卻是個自獨立依代工合同行使權利、履行義務，互相之間不負連帶責任，若有任一買方公司集團未付貨款，賣方不得向其他買方集團公司請求付款。如果再加上其他的代工合同條件不利於賣方，則賣方整個集團公司都將處於不利益的代工合同格式條款風險之下。也就是說，常見強勢買方制定的格式條款的主要目的，並不在於為爭取時效，於事前讓公司集團適用相同一致的買賣條件，而是著眼於事後萬一發生爭議糾紛賠償責任時，可以要求賣方（製造商）必須傾集團之力共同負連帶賠償責任，卻不論該集團各公司是否有實質參與買賣交易供貨往來，更不管被列入賣方暨賣方連帶保證人範圍的集團其他公司，是否有合法授權同意擔任其保證人，或者該代表簽署代工合同的公司對其他集團公司是否有實質的管理約束權力，若是沒有，則即使強迫賣方（製造商）簽署了買方制定的合同格式條款，對同集團內其他公司是否發生法律上的約束效力，也是大有疑問的。

有鑑於此，筆者建議在代工合同中就有關買賣雙方當事人（暨共同連帶保證人）範圍的定義上，必須合理的限縮其範圍，代表簽署代工合同者，必須符合以下條件：**（1）持有其他集團公司 50% 以上股權或者董監事席次，而對該公司營運管理有實質監管能力或代表權者；或（2）有實質收發訂單參與買賣交易者**，才能視同同意自動適用這份代工合同，才受這份代工合同內容的約束，包括彼

此擔當連帶保證人的責任。若否，代表簽署代工合同者就同集團內其他公司持股不足 50%以上，或者董監事席次也未過半，則對其他集團公司根本沒有實質管理能力，更不具有代表權，其在代工合同中代表承諾做為當事人之一方，且做為共同連帶保證人，這樣片面的承諾根本不具合法的代表性，不發生法律上的效力。

　　一般會要求必須是持股或被持股比例達 50%以上，或是對公司的營運管理享有決定權或被決定之權利者，才屬於這裡所指的母公司、分公司、子公司或關係企業。這兩種定義方式都經常出現在國際代工合同中，其定義將直接影響到合同中買方及賣方的定義範圍，而潛在影響如同就合同前言中「當事人」（第 3.1.1 節）的說明，在此不再重述。

　　3.**產品**（Products、Goods）。有關產品的定義，其影響性與當事人的定義有異曲同工之妙，假設一家代工廠同時擁有電腦、手機、遊戲機等等許多不同產品的設計製造能力，當他與某客戶簽署代工合同時，有關產品的定義，若只是很概括籠統地約定，舉凡賣方（代工廠）所生產製造的產品，都屬於本合同所稱之「產品」，買方都有權向賣方下單採購，賣方都有供應買方之義務。乍看如此定義，如同擴大買賣雙方當事人範圍的定義一樣，往往給代工廠"一家烤肉萬家香"的美好錯覺，實際上對代工廠是福是禍，是否絕對有利，這單看產品的定義條款是不夠的，必須要將合同全部條款綜合考慮，才能評斷利弊得失。舉例說明，代工合同中的買方往往為了獨佔市場，會要求代工廠只能將產品獨家銷售給買方，只能為買方獨家設計及生產製造產品，不得將產品供應給其他第三人，甚至是代工廠本身也禁止直接或間接銷售該產品；且產品中所包含的智慧財產權都必須單獨歸買方所有，或必須獨家授權給買方使用，不得再授權給其他任何第三人。買方取得產品的獨家銷售權利，也就是對代工廠禁止競業的要求，買方這樣的要求固然是無可厚非可以

理解的，但這必須是買賣雙方彼此相對的要求與承諾，也是代工廠必須審慎綜合考慮所有合同條件，再決定產品範圍定義的理由，切莫因為模糊籠統、包山包海的產品定義條款，斷送了代工廠所有產品的銷售商機。有關產品定義範圍的廣狹，也與「競業禁止」的問題相關連，相關重點留待於討論「競業禁止」（第 3.2.10 節）時再深入說明。

　　此外，針對零元件的代工廠，若是代工廠只有獨賣單一規格的零元件，或是在市場上是獨佔、寡占市場的零元件供應商，比較不容易因為產品與客戶發生爭議。但若代工廠同時也是提供多樣化零元件選擇的供應商，為了避免與客戶發生爭議，可以在買賣合同的附錄或附件中，針對為客戶量身訂作設計的零元件產品，特別記載產品的料號、規格承認書等相關資料，以避免日後不論在生產中或者是產品出貨銷售到市場後，發生產品品質瑕疵事件或是消費者客訴事件時，可以很快的確認系爭產品是否為代工廠所供應，有效減少不必要的產品認定爭議，或者縮短雙方舉證判定責任歸屬的時間。

　　4.**標準品**（Standard Goods）、**非標準品**（Non-Standard Goods）。常見代工合同中買方要求於下訂單後交貨前，仍然有權利可以全部或部分取消訂單，而當買方要求取消訂單時，至少對賣方（代工廠）應該負責補償其成品、半成品及為了生產而採購備料的成本損失，這時候買方即使願意補償，其補償的範圍並非照單全收，而是對其下單採購的產品分「標準品」或「非標準品」而有差別待遇，買方通常提出的補償方案是「標準品」不予補償，只針對「非標準品」（或稱「客製品」）的成品、半成品，以及已經採購又無法退貨處理的原物料做補償。因此，暫且不論買方補償方案的合理性問題，「標準品」或「非標準品」的定義即有其重要性，必須確認是否符合買賣雙方的認知。

　　一般言之，所謂「標準品」是指業界通用統一規格的單一產品，

不論那一家客戶來購買，供應的都是相同規格的產品。換言之，因為是標準品，買方臨時取消訂單時，代工廠仍然可以轉賣給其他客戶，對代工廠不至於造成太大損失，因此主張取消訂單就標準品部分不予補償。而所謂「非標準品」，指非統一規格的產品，是依照買方所制定的特殊規格而生產製造的產品，甚至於產品外觀都已經打上買方的公司名稱或商標，這種非標準品是不能再轉售給其他客戶的，因此，若買方取消的訂單是非標準品時，針對已經生產完成的成品、半成品，以及賣方已經採購的原物料且無法退還給供應商者，買方仍應予以補償。

有關標準品及非標準品的定義，較會發生爭議者，在於買方採購的是標準品，但要求賣方要在標準品上列印上指定的公司名稱、商標、服務標章或是其他註記說明文字，這些產品已經不可能將已經列印上去的商標、標章圖案或文字予以塗銷、清除後轉售給第三人，例如手機上的鍵盤按鍵，已有特定字體的英文字母、阿拉伯數字、注音符號或是功能代表圖騰，按鍵代工廠一般是不會二次加工予以塗銷、重製再轉售。即使有些產品可以回收並且重工使用，但這種重工流程是非常耗費時間、人力及費用成本，卻又不一定能夠恢復到標準品、新品一般的品質標準，至多只能將其歸屬於「**類標準品**」（as standard）、「**類新品**」（as new），而且必須明白告知買方。如果有買方願意接受這一類的產品，代工廠在簽署合同時，可以針對此部分加以特別附註約定，或是以附錄方式特別約定之，約定好可以接受的「類標準品」、「類新品」數量上限或是比例。又或者買方採購的產品，是將標準品變更局部規格，這樣變更局部規格的標準品，通常也不太可能再加工變更回標準品來銷售，而且變更局部規格的產品與原本之標準品的交易條件是否不同，也有待買賣雙方特別約定。因此，這些產品都等同是非標準品，在合同裡必須特別加以約定載明。

5.**規格**（Specifications）。若說產品是代工合同中的主角，那麼產品規格就是這主角的身份證明，不但產品的生產製造及驗收標準都要依據這些基本規格，產品功能能否順利發揮而不出現瑕疵，或者萬一產品出現瑕疵時的違約賠償責任歸屬，也必須檢視產品本身是否完全符合原始規格設計而定。另外，在發生智慧財產權侵權的情形時，通常也必須先釐清，該侵權部位的規格設計是由買方或賣方所提出，以確認侵權責任的歸屬問題。因此，產品規格的約定必須明確，每一項規格的原始設計者、提供者也必須清楚記載，規格的內容通常是很多樣而繁瑣的，例如產品的外觀、尺寸、圖形、測試標準、組裝標準、檢驗標準、第三公正單位的測試報告、保存倉儲條件、包裝方式與可靠度數據等等，所以大多都是以單獨附件形式來補充約定。

必須特別注意的是，在產品開發或生產的過程中，產品規格的修改變更是經常發生的事，例如：公差增減、訊號增減、轉數增減等原始標準值的變更，一般稱為「工程變更」（Engineering Change），為了明確責任歸屬，在代工合同中會特別約定，不論是買方或是賣方提出變更規格設計的要求，也不論是在研發初期或是已經開始量產之後，都必須事前以書面通知（工程變更通知書，Engineering Change Notice，簡稱"ECN"）他方，經取得他方的書面回覆表示同意後，始得變更產品規格。而在實務運作上，這些變更設計的相關資料，例如：通知書、會議記錄、往返信函或電子郵件等，都必須妥善保存，以備日後萬一需要追究責任歸屬時舉證之用。

6.**重大瑕疵**（Epidemic Failure、Systematic Defects）。當產品出現瑕疵，特別是重大的瑕疵時，相關損害賠償責任條款，是國際代工合同裡一個非常嚴肅的條款，在約定賠償責任之前，必須先定義何謂「重大瑕疵」。代工合同中常看到的用詞有「Epidemic Failure」或是「Systematic Defects」，就字面解釋為流行性、有傳染性的瑕

疵，或系統性的瑕疵，意指產品大規模出現的相同瑕疵，以中文法律概念來理解，就是指重大瑕疵，暫且不論重大瑕疵的賠償方式如何，必須先將「重大瑕疵」定義清楚。

這個重大瑕疵的定義，也就是重大瑕疵的瑕疵率的計算公式如何定訂的問題，國際代工的買方對這個公式的定訂並沒有一定的標準，**對代工廠最有利的瑕疵率計算原則，應該是儘量擴大分母，儘量縮小分子，而約定的瑕疵率（Defect Ratio）越高越好**，也就是說，以某單一相同產品的總出貨量來做這計算公式中的分母，或者退而求其次，以一年全年度的總出貨量，或半年內的總出貨量，或每一季內的總出貨量，也有以任何前後連續三個月內的出貨量，也有以每一次交貨的批量單位，做為分母者。

要特別注意的是分子的部分，也就是瑕疵品的數量認定，分子數越小，得出的瑕疵率數字就越低，因此必須盡可能限縮瑕疵品的認定範圍。就這部分，常見的是買方把「相同」的瑕疵（the same defect）和「相似」的瑕疵（the similar defect），都認定屬於重大瑕疵的定義範圍內。但就代工廠言，「相同」和「相似」的瑕疵畢竟是不同的，只能接受同一產品裡出現相同的瑕疵，也就是按照產品規格約定項目裡，某一項規格重複性的出現瑕疵。若是相似的瑕疵，只是相似、近似而已，畢竟仍然是屬於不同規格專案的瑕疵，相似、近似的瑕疵就是另外一項獨立存在的瑕疵，可以另外獨立計算是否達到「重大瑕疵」的瑕疵率，但就是不應與相同的瑕疵混為一談。這一點必須非常堅持，以免擴大了計算公式的分子瑕疵品數目，而導致提高了瑕疵率，增加重大瑕疵的成立機率，及善後處理和賠償的風險。

同樣的，在分母的部分，分母數越大，得出的瑕疵率數字就越低，因此必須儘量擴大出貨量的認定範圍。就這部分，將有出現相同瑕疵的「相同」和「相似」的產品，都認定屬於計算重大瑕疵的

總出貨量範圍內，對代工廠是較為有利的。但是在實際協商談判「重大瑕疵」的瑕疵率計算方式時，代工廠很難採雙重標準，只接受相同產品及「相似的產品」出現相同的瑕疵，而拒絕「相似的瑕疵」出現在相同及相似的產品裡，但至少能與客戶談判爭取採取相同的認定標準，同時接受相同及相似的產品總出貨量裡，出現相同及相似的瑕疵，綜合計算「重大瑕疵」的瑕疵率。

　　代工廠在實際談判決定「重大瑕疵」的瑕疵率計算方式時，不能僅憑主觀直覺來斟酌加減決定，而必須有基本的品質可靠度（穩定度）實驗測試得出的資料做基礎，在產品研發初期時就得非常嚴謹地建立可靠度模式與實驗設計，在試產階段時，就分別針對試產與實驗所得資料，將所有可能影響品質的問題找出來，並且將焦點放在瑕疵的試產產品上，尋求一切解決品質問題的方法與資源。在量產前的相關實驗資料中，若是品質合格率未能達到95%以上的水準，就算事後在出貨檢驗站中再來加強檢驗，也是於事無補，因為有些產品的瑕疵問題，是在產品的原始規格設計中就已經存在的，這是無法事後利用抽樣檢驗被找出來，產品出貨後必然會發生某些單一瑕疵造成不良品大量退貨的現象，事後再來補救，事倍功半矣，甚至也無法從根本解決問題。所以，代工廠必須事前充分準備，參考實驗室中反復實驗後的可靠度預估，與平均十數次以上小批量試產的資料1資料，以及該產品以往出貨的品質記錄歷史資料，綜合評估考慮之後，得出產品品質的可靠度數據，也就是代工廠對產品品質的信心程度，也據以決定可以接受的「重大瑕疵」的瑕疵率

---

[1]　進行小批量試產，若是良率或直通率都能達到 95%以上，則通常試產 2 至 3 次就足夠了，但有時候小批量試產需要進行十餘次甚至更多次，需要試產這麼多次的原因，通常是因為設計階段的系統整合測試做的不好，還遺留一些問題沒有解決或者是沒有解決徹底，因此需要反覆多次進行小批量試產，藉由不斷的試誤（Try & Error）過程來找出問題，並找出解決問題的方法。

的上限。

7.**智慧財產權**（Intellectual Property Rights, "IPR"）。智慧財產權，或稱「知識產權」，指的是專利權、著作權、商標權、Know How 等以個人智慧創作出來，而享有法律上財產權利者，智慧財產權其實並不是個陌生的名詞，但在一般代工合同的定義條款裡，常常會將智慧財產權列入須特別定義的項目之一，其主要目的有二個層面，一來是代工產品若發生智慧財產權侵權情形時，代工廠有防護責任及賠償義務，因此先把智慧財產權意義內容及範圍先定義清楚；二來是為了產品內所含的智慧財產權權利的歸屬問題，代工產品的生產製造通常包含了買方及賣方各自原有的智慧財產權（"Original IPR"或"Background IPR"），也包含了新設計開發出來的智慧財產權（"New IPR"或"Foreground IPR"），這樣的智慧財產權權利究竟應該歸屬於誰？ 萬一日後發生侵權糾紛時，又應該由誰負責出面處理？這是實務上經常發生的問題，因此必須在合同裡先定義清楚。但究竟應該如何定義對代工廠最有利，並無絕對的標準，只有相對的利弊得失取捨考量，這也是要看合同其他條件綜合評估考慮後才能做決定，這部分留待於後續產品開發階段討論智慧財產權（參閱第 3.2.4 節）時再深入說明。

【案例研討 3】
時過境遷日已遠，合約義務會擴大

　　A 公司原本只是臺灣一家電腦主機小型製造商，15 年前為開拓美洲市場，在美國和一家小型電腦通路商 B 公司合資成立 C 公司，A 持有 30% 股權。當年除簽訂合資合約外，也同時簽訂了一份產品經銷合約，約定 C 是 A 在美洲唯一且獨家的經銷商，A 生產

製造的所有產品欲銷售到美洲各地，都必須透過 C 銷售，若未透過 C 經銷也必須支付售價的 1.5% 權利金給 C。當年 A 認為只要透過 C，既可借力使力將產品銷售到全美洲的市場，就 C 公司的獲利又有 30% 的股東分潤，這是一魚兩吃、穩賺不賠的投資。

A 多元發展且成長快速，15 年後已是一家上市大集團公司，集團產品線涵蓋電腦周邊主要商品，且跨足手機及能源產業。其中，電腦主機產品自成一個事業部，一直都是透過 C 暢銷主要且唯一產品至美洲各國。今 A 決議處分出售所有集團轉投資事業，包括原持有 C 公司的 30% 股權，B 有意願洽購，以完整持有 C 公司股權，經委任律師研讀合約資料後始發現，A 公司產品線今昔已大不同，各類暢銷產品中有很大比例已賣到美洲市場，且未依合約透過 C 經銷，亦未依合約支付權利金，為此先向 A 請求支付一筆天文數字的權利金，A 始知大事不妙。

本案例結果是業主當年始料未及的，但反映出許多中小型企業在簽訂合約時妄自菲薄的心態，簽約當下認為某些條款並沒有什麼實質影響，但時過境遷後且主客觀條件改變時，可能的影響是可大可小、難以預料，謹舉一般最常被忽視的條款說明如下：

一、**當事人範圍**：買方與賣方的範圍定義，「包括其母公司、子公司及其他持股或被持股超過 50% 的關係企業均屬之」，賣方容易產生一家烤肉萬家香的錯覺，以為其代表簽約後即可拿下買方集團公司所有的訂單，但如果買賣條件不利賣方呢？例如買方下了訂單後，仍可隨時取消訂單或要求無限期延後交貨，衝擊影響將使賣方集團公司同受其害。

二、**產品範圍**：合約寫道「賣方生產製造的所有產品，均適用本合約之約定」，乍看是雙方便宜行事的默契，可省卻日後有新產品時須重新簽約的麻煩，事實上可能的影響即如本案例所示。

三、**智慧財產權歸屬**：合約寫道「本產品內所含專利技術之智

慧財產權利，屬於買方所有」，未明確定義區分買賣雙方各自原始
取得之專利權，或簽約後新開發取得之專利權，依此條款將全部歸
屬於買方所有。倘若賣方的定義還包括其母公司、子公司及其他持
股或被持股超過50%的關係企業，則一家簽約即有可能將賣方整個
集團公司的智慧財產權利都一併賣斷了。

四、**獨家、非獨家**：中小企業較無資金與實力擴展海外市場，
權宜方式就是透過當地適合的經銷商、代理商來銷售商品，但是否
要授權獨家經銷、獨家代理則有待商榷。建議採非獨家經銷代理為
宜，保留日後可以視情況再授權其他經銷商、代理商的權利，甚至
自己到當地設立子公司自行銷售，以維持良性競爭關係。

五、**賠償責任上限**：買方要求賣方必須對產品的品質瑕疵造成
消費者損害負賠償責任，且無賠償金額上限，但對資本額有限的中
小企業而言，於合約裡設定賠償責任上限是有絕對必要的，即便是
高額的上限，也可透過購買產品責任險的方式分擔風險。

產品製造買賣合約內的條款何其多，上述幾項僅是較常見且潛
在影響較大的條款，其他條款也都有同樣的思慮盲點，在簽約當下
的取捨考量，除了合理性與可行性之外，應該放眼公司未來發展前
景從長計議，審視主客觀條件，適度限縮，而最簡易的應對原則，
就是在合約中保留權利，待日後再由買賣雙方個別確認。

（本文登載於 2016.08.12　工商時報 D1　流通版）

3.2 產品研發階段

以"ODM"（國際代工設計製造業）做為國際代工業務的代表，
第一個階段是產品的研究開發（Product Development），不論是買

賣雙方共同研發（Joint Development），或者是全權委託代工廠獨立設計研發，在這研發階段要注意的合同重點摘要說明如下：

3.2.1　產品（Products）

　　代工合同的核心重點是圍繞在產品開發、製造、銷售及售後服務的相關約定，產品本身就是必須先約定清楚的重點，除了前述有關產品的定義必須注意的事項外，在代工合同中的產品開發階段，必須將產品的名稱、規格、圖樣設計、使用材料、製造方式、功能強度測試標準、包裝方式、……等細節，一一清楚約定，有些甚至於連生產設備、生產環境、生產地點及人工專業年資等與產品生產有關的事項，都巨細靡遺的逐一列表要求，通常買方（客戶）會提供詳細的要求內容，賣方（代工廠）必須仔細研讀確認，若有任何疑慮或建議，立即提出與買方討論並加以修訂，雙方都確認無疑後再據以執行。

3.2.2　機密資訊保密義務（Confidential and Non-Disclosure）

　　產品及交易條件相關內容，都是具有機密性（confidentiality）的商業機密資料，在代工合同裡通常都會有保密條款約定保密義務，或者另外單獨簽署內容更詳細的保密合同，無論採取那一種方式約定保密義務，都應該注意以下幾點重要的基本原則：

　　1.平等互負保密義務。因為在代工業務中，雙方都會相互揭露提供一些機密資訊，因此保密義務應該是買賣雙方平等互負的義務，在保密條款裡通常以「揭露方」（Disclosing Party）及「接受方」（Receiving Party）來表述雙方互負保密義務的平等地位，而不是單方面要求他方負保密義務而已，這是保密條款裡最基本的原

則。若買方提出的保密合同是僅單方面要求代工廠負保密義務的約定者，則代工廠應該另外提供一份保密合同，要求買方也必須以同等標準就代工廠揭露提供的機密資訊負保密義務。

2.機密資訊的定義範圍。雙方自認為具有機密性之資料，要求對方必須保密者，必須於合同中明確約定，舉例來說，通常會將產品的圖樣、原型、製程、概念、KNOW-HOW、設計原件、操作手冊、產品規格、銷售資料、客戶與協力廠商資料、財務資料、市場計畫、經營資料、營業祕密，以及其他以書面或口頭表示具機密性之資訊，都列入機密資訊的範圍，同時以列舉及概括方式來約定機密資訊。

此外，再以反面表述方式排除不受保密義務拘束的機密資訊，例如：（1）於提供或揭露後，非因揭露方之過失已成為眾所周知者；（2）於揭露方揭露前，已為接受方所知悉且有書面可以證明者；（3）接受方自行研發所得之資訊，並有書面可茲證明者；（4）接受方從第三人所合法取得，且未受保密義務限制者；（5）於揭露方提供或揭露後，經揭露方正式宣告或通知解除機密性者。不受保密義務拘束的除外情況，在買方提出的保密合同中經常是刻意略而不提，代工廠應該主動反映意見提出補充修訂，以降低日後違反保密義務的機會風險。

3.保密期間。有些買方會要求無限期的永久保密，或者只提到在代工合同終止後仍不影響保密義務的效力，意圖讓代工廠永久負保密義務，但為了避免違反保密義務的違約責任，代工廠一般都會要求有明確且合理的保密期限，而保密期限長短的決定，應該評估產品在市場上銷售的生命週期，運用技術是否已經是成熟的技術，產品的改良發展成長期間，綜合評估後酌量增減，一般是在三年至五年之間，少數特殊情形會要求長達十年甚至更長的保密期間者，例如買方認為產品是應用全新開發出來的新技術的科技產品，產品銷售前景仍大有發展空間，但若是要求無限期的永久保密則又太過

矣，代工廠可酌量要求縮短保密期限。

4.機密資料的返還或銷毀。自整個產品開發銷售的前後過程裡，一般情況下雙方都會相互揭露提供許多的機密資料，為避免對方故意或非故意的將機密資料外泄的風險，通常會在合同保密條款中要求，任一方都可以「隨時」要求對方返還所有的機密資料，不一定要等到整個代工合同關係終止才可要求返還。此外，考慮所揭露提供給對方的機密資料數量較多，在返還過程可能徒增遺失外泄的風險，因此也可以要求對方就地銷毀所有的機密資料，但必須在對方的高階主管親自監督見證之下進行銷毀，並以書面切結回覆表示已完成機密資料的銷毀工作。

3.2.3 開發時程（Development Schedule）

為了搶得市場先機，產品開發的完成時間都訂有時間表，除了確認買方所提出的各階段完成期限（milestone、schedule）的可行性外，應特別注意約定以下事項：

1.因規格設計變更而延後開發時程時，不論是買方或是代工廠要求變更設計，代工廠可免除違約責任；而且，如果因為變更設計而增加額外的費用時，費用如何分攤，或者是變更產品售價，代工廠有權提出要求。但規格設計的變更要求也必須符合一定的程序，通常約定是要求變更設計的一方必須事前以書面通知他方，並取得他方書面回覆表示同意變更。

2.如果沒有特殊原因，單純因可歸責於代工廠之事由導致延誤開發時程時，買方多半也會以違約處理，輕者按日計付違約金，重者解除合同並請求損害賠償，在代工廠立場可以試著提出宛轉說明及補救的做法，在相互合作共謀利益的合同目的前提下，不應動輒以違約論處，而是應該多以溝通、協助方式來共同解決、排除一切

的障礙，產品開發時程落後亦然。但是當代工廠發現自己已經明顯會落後延誤預定的完成進度時，也應該立即通知買方，並告知原因，以便買方能事先採取因應措施，減少可能帶來的損失，且能夠參與代工廠共同檢討進度落後的原因，提供解決或改善問題的意見，讓雙方的損失都能減至最低程度。

3.2.4 智慧財產權（Intellectual Property Rights, "IPR"）

代工業務除了以銷售代工產品為主外，有時候也銷售技術，也就是生產製造產品所需的智慧財產權，智慧財產權的重要性甚至於更大於產品本身，因為沒有了技術就不可能產出產品，擁有了技術就可以變化創新生產出許多不同的產品。因此，智慧財產權是代工合同裡另一個兵家必爭之地，幾個必須注意的重點如下：

（一）所有權歸屬（Ownership of IPR）

在代工合同中，常常會見到買方所提出的合同文字表述，「凡產品中所含的智慧財產權，都屬於買方所有」，代工廠稍不注意就賣斷了賴以生存的智慧財產權，智慧財產權的歸屬必須分兩部分個別討論：

1.原始所有權、既有所有權

也就是買賣雙方各自原本即擁有的智慧財產權，有業者稱其為"Original IPR"或"Background IPR"，這是雙方各自原始取得的智慧財產權，原則上應該是各自擁有。代工廠必須堅持此原則，不能將自己原有的智慧財產權隨同產品賣斷給買方，因為產品的生產技術、專利權等智慧財產權，是代工廠賴以生產各種不同規格產品的根本技術命脈，相同的專利技術可以運用來生產製造許多不同規格

的產品，因此代工廠原則上是「賣酒不賣身」，也就是「只賣產品，不賣技術」。除非代工廠擁有許多的智慧財產權，而隨同產品轉讓給客戶的智慧財產權，也與代工廠用以生產製造其他產品的智慧財產權無關，特別是已經生產銷售給其他客戶的產品中所包含的智慧財產權，以避免造成客戶之間的智慧財產權侵權衝突爭議，且產品的售價裡已經反映了智慧財產權的成本費用，則另當別論矣！

　　除此之外，為了合法使用產品所含的智慧財產權，授權便是最好的方式，但必須是在符合代工合同目的之下，雙方為履行義務而無償（Free）、非獨家的（Non-Exclusive）、非永久性的（Non-Permanent）相互授權、交叉授權（Cross License）給對方。至於各自所有的原始智慧財產權內容為何，通常是以附件方式另外表列提供詳細內容。

2.新開發的智慧財產權

　　因代工業務新開發出來的智慧財產權，有業者稱其為"New IPR"、"Developed IPR"或"Foreground IPR"，新產出的智慧財產權所有權歸屬問題也是一大爭奪重點，買方（客戶）通常都會要求歸屬客戶所有，但代工廠可以從以下幾方面來思考回應：

　　（1）如果該新產出的智慧財產權是基於雙方原始智慧財產權的基礎之上，共同合作研發取得者，則當然是由雙方共同持有。

　　（2）如果是代工廠單方面獨力開發出來者，則代工廠原則上應該堅持主張單獨所有，但是可以考慮與買方共同持有，或者是授權買方使用，代工廠就此部分必須評估的是，除了買方的要求與談判地位強弱外，更必須考慮該新開發出來的智慧財產權對生產其他產品的影響程度，是否會運用到其他不同規格產品的生產製造？如果絲毫不受影響，當然可以考慮依買方要求歸買方單獨取得；反之，若其他產品的生產製造仍然必須運用到該新開發出來的智慧財

產權，則代工廠就必須全力爭取該新開發出來的智慧財產權，即使談判籌碼不足以抗衡爭取單獨取得所有權，至少也必須爭取到被買方授權使用的權利，以避免妨礙了其他產品的生產銷售，或因此導致日後發生智慧財產權侵權的爭議糾紛。

（3）至於在談授權使用的情形時，不論是智慧財產權歸代工廠所有而授權給買方使用，或者是智慧財產權歸買方所有而授權代工廠使用，是有條件限制的，通常只限於在使用或銷售產品這樣的授權目的下，一般雖然不至於要求支付授權金（Royalty Fee），但必須考慮以下幾項重點：是否是全球性（worldwide）、永久性的（perpetual）、不可撤回的（irrevocable）的授權？且是否可以再轉授權（sublicense）？是否允許被授權人去變更（change、amend）或改善（improve、develop）該智慧財產權？以及是否負責智慧財產權被控侵權時的處理及賠償責任？或是有條件的負擔智慧財產權侵權責任？這些都是代工廠站在授權者或被授權者不同立場，要個別做不同考慮去談判爭取的授權條件。

（二）不侵權保證（Non-Infringement Warranty）及損害賠償（Indemnification）責任

如前所述，生產製造產品所需的智慧財產權所含技術是產業的根本命脈，不但買賣雙方之間必須清楚釐清所有權歸屬問題，萬一產品上市後與第三人發生智慧財產權侵權爭議糾紛時，責任又應該如何歸屬？這又成為買賣雙方就智慧財產權歸屬問題外，另一個必須事先約定清楚的重點，從以下幾點討論：

1.一般言之，代工廠應該為自己所設計、使用於產品中的智慧財產權負保證責任，保證是自己所研發取得，或者已經取得合法授權，保證就自己所能合理認知的範圍內，並無侵害第三人智慧財產權之情形，一旦發生侵權爭議時，將由代工廠出面負責排除爭議糾

紛，並負擔日後最後判決結果所應負之損害賠償責任。代工廠必須審慎考慮發生智慧財產權侵權的風險程度，以及萬一發生時，承擔應訴處理及賠償的能力，代工廠若只是為了短期的訂單業績考慮，而輕忽智慧財產權侵權責任風險，其後果是難以估量的。舉例言之，國內 LED 製造業者只是因為發生專利侵權的傳聞而已，股市就接連幾天的跌停板，光是股價跌價造成公司市值的損失就非常慘重，後來也在於專利侵權的傳聞疑慮澄清後，這些 LED 製造業的公司股價才又得以止跌回升。在國內的其他產業發生與 LED 業者相似情況者甚多，可見智慧財產權發生侵權爭議糾紛時對代工廠影響之大，代工廠不得不審慎協商有關產品智慧財產權的相關條款。

2.發生智慧財產權侵權爭議時，如果不能很快取得和解，而必須訴諸司法途徑時，往往需要經過一段冗長的舉證攻防程序，在終局判決結果確定之前，雙方又應如何處理生產中或已經銷售上市的產品？時常可見客戶於合同中即以代工廠違約處理，買方可立即解除合同，並且由代工廠承擔一切費用及損害賠償責任。但在代工廠的立場，代工廠雖然應該承擔解決侵權爭議及損失的責任，但除非是代工廠怠忽處理，否則客戶不應立即以違約處理，而應該是積極與代工廠合作，採取必要的方法來減輕雙方的損失。代工廠可採取的方法包括（但不侷限於）以下幾項：（1）由代工廠獨立承擔責任與費用以取得合法之授權；（2）參與買方共同抗辯第三人之主張，並負擔一切費用；（3）提供買方所有必要之產品資料以協助抗辯第三人；（4）由代工廠負擔費用來修改產品的相關設計以迴避侵權結果。這是代工廠對客戶負責，同時也尊重智慧財產權權利人的回應處理做法，更是減輕自己損失的積極做法。

3.**免責條款**：代工廠原則上固然是要為產品侵害他人的智慧財產權負責，但是若產品發生侵權係因為買方提供指定的設計所致，或是因為買方變更了代工廠的原始設計所致，或是因為買方自己所

提供之零元件所致，或是因為買方所指定之零元件供應商所供應之零元件所致者，則產品侵害他人智慧財產權不應該歸責於代工廠，應該免除代工廠之賠償責任，而由買方自行負責。但是代工廠提出這樣的免責條款，其主張與買方的要求往往是完全對立的，往往會被客戶拒絕，客戶當然希望由代工廠負擔全部的責任，這也是買方為了轉移風險、降低成本，而釋出訂單委託設計代工的理由，買方認為即使是因買方的設計或變更設計等原因所致，專業的代工廠仍然要為產品負全部責任。客戶這樣的說詞是過於牽強，因為全球各地的專利技術並非代工廠所能完全知悉，特別是新規格設計的新產品，因此代工廠才必須有保護自己的免責條款。如果買方非常強勢且堅持，則退而求其次，至少必須要求，若買方提出之設計或變更設計有侵害他人智慧財產權之虞，代工廠已事先提出警告通知，但客戶仍堅持委託生產製造，則代工廠不負侵權責任。當產品發生智慧財產權侵權時，其抗辯程序所花費用及損害賠償額通常都不會是小數字，代工廠必須有此風險意識，對提出合理的「免責條款」必須非常堅持。

【案例研討 4】
智財權歸屬與侵權責任的合理分擔

    A 公司是知名品牌手機大廠，B 公司是手機組裝生產代工廠，代工合約內約定產品內所含專利技術智慧財產權利均屬於買方 A 所有，但若發生專利侵權爭議時，應由賣方 B 負責出面協調處理，並負一切侵權賠償責任。嗣後，A 接獲某專利權人寄發律師函，表示其手機內某項功能已侵害其發明專利，要求洽談授權金，或將逕予提告求償。A 將律師函轉發給 B，責令 B 負責處理，B 自認係僅

依 A 設計規格進行代工製造，卻要背負專利侵權賠償責任，甚感委屈，但合約白紙黑字約定無從反駁。

　　本文就合約中有關專利技術智慧財產權相關之約定重點，摘要說明如下：

　　一、原始智財權利各自擁有，可以授權但不能轉讓：設計代工製造（ODM）新產品，這新產品中包含了雙方各自既有的技術，及新開發完成的技術，若買方意圖獨佔權利，於合約內記載「本產品內所含專利技術智慧財產權利屬於買方所有」，即將賣方製造產品的專利技術一併買斷了。因此，一般合約內會明白約定雙方各自擁有所提出原始技術的智財權，賣方僅於本合約目的範圍內，授權買方使用。

　　二、新開發完成之技術，明確約定權利歸屬原則：新開發完成之技術，其權利歸屬有幾種約定方式：（一）由雙方共同所有，雙方都有權利各自使用於其他產品；（二）視買方訂單採購數量多寡而定，若達約定數量即由買方所有，若未達則由賣方所有。但實際上仍需視雙方投入貢獻度而定，若係雙方協力合作完成，不論採購量多寡均應由雙方共同所有；若係由賣方獨立開發完成者，賣方若不主動揭露告知有新開發完成之技術，買方也難以得知及主張權利。

　　三、變更設計潛在影響，務必留下書面記錄：新產品開發過程經常會有變更設計的情形，除了相應增加的費用外，可能導致驗收不過的責任爭議，更涉及日後若發生專利侵權時的責任歸屬。因此，若有變更設計情形，務必留下書面記錄，哪一方要求變更、溝通討論過程，及侵權責任風險負擔約定，日後發生爭議時才有究責的依據。

　　四、專利侵權事實發生，立即通知共同處理：產品銷售到市場後，當有第三人主張該產品涉及專利侵權時，買方應立即通知賣方共同處理，因為就產品侵權原因事實，由買賣雙方共同鑑定確認，

以杜爭議；且若專利侵權屬實，就和解方案、賠償責任的談判，可避免一方主導後，另一方不認帳的情形。

五、**分析侵權根本原因，確認賠償義務人**：產品發生專利侵權時，分析鑑定侵權的根本原因（Root Cause）至關重要，是買方原始規格設計或賣方變更設計所致，專利侵權的根本原因歸責於誰，誰就應該負最終的侵權賠償責任。至於產品究竟有無落入專利權人主張的專利保護範圍，及該專利權是否有效，屬專利訴訟時的攻防策略問題，應由買賣雙方與委任律師共同研議。

六、**賣方怠於處理，視同授權買方處理**：買方面臨專利權人主張侵權求償，經通知賣方共同處理，為預防賣方消極回應怠於處理，合約可約定於此情形下視同授權買方處理，不論積極抗辯訴訟到底，或直接認諾進行和解談判，最終判決賠償金額或和解金額，及一切支出費用含律師費等，都應由賣方負賠償責任。

產品所含的專利技術，是產品的靈魂，是製造者銷售的利器，許多原創專利技術是企業研發團隊的心血結晶，是應受保護的智慧財產權利，但許多強勢國內外買方都利用其制式合約繁瑣的文字，將賣方的智慧財產蠶食鯨吞於無形，若不擅合約解讀談判，常在簽署合約過程中將重要的專利技術賤價出賣轉讓卻猶不自知，業者豈能不察！

（本文登載於 2016.08.05　工商時報 D1　流通版）

3.2.5 環保要求（Environment Protection）

全球環保政策已經成為國際社會必須共同遵守的要求，許多容易造成地球土壤、大氣或水源污染的化學物質或重金屬物質，都已經被明文立法或頒佈指令禁止使用，例如歐盟為了積極推動綠色消

費，在 2003 年 2 月 13 日公佈**《廢棄電子電機設備指令》**（2002/96/EC，Waste Electronics and Electrical Equipment Directive，縮寫"WEEE"）及 **《電子電機設備危害性物質限制指令》**（2002/95/EC，Restriction of the use of certain Hazardous Substance in Electrical and Electronic Equipment，縮寫"RoHS"）二部環保指令（Directive），自 2006 年 7 月 1 日起開始施行，"WEEE"指令要求所有在歐盟販賣電子電機設備物品的代工廠，必須考慮到產品於日後廢棄處理時所造成的環境污染問題，因此必須採用易於循環（Recycle）回收再利用（Recovery）、再使用（Reuse）等再生處理的環保設計，並負起回收的責任和費用。"RoHS"指令則針對所有新電子及電機設備產品[2] 進口歐盟市場，均不得含有鉛（Pb）、汞（Hg）、鎘（Cd，最大允許含量為 100ppm）、六價鉻（Cr6+）、聚溴二苯（PBB）及聚溴二苯醚（PBDE，最大允許含量為 1000ppm）等有害物質。

　　因此，現在代工業務中多了一項禁用或限用物質的約定，要求代工廠所生產之產品，包括成品、半成品、零元件、原物料、染劑、溶劑、耗材、包裝物及製程等，都不得含有上述有害物質，或者必須符合允許使用的含量限制標準；且使用的材質必須符合能夠再回收循環利用的目的，不遺留無法再生使用的廢棄物質。而究竟禁用的有害物質或是可允許使用的含量限制標準為何，以及可以再生使用的標準及環保物質為何，縱使代工廠一般都已經知道了國際環保法令的要求，但有時候買方會有更嚴格的要求或檢測標準，因此最好於代工合同中事先明確標示清楚約定，以杜絕日後不必要的爭

---

[2]　WEEE 及 RoHS 的規範產品物件為工作電壓小於 1000V AC 或 1500V DC 的設備，分別為：大型家用電器、小型家用電器、資訊技術及電信通訊設備、消費性耐久設備、照明設備、電力和電子工具（大型靜態工業工具除外）、玩具休閒和運動設備、醫用設備（所有被植入和被感染產品除外）、監視控制設備、自動售貨機。

議。惟有關環保要求標準的相關內容頗多，恐非於代工合同中單一條文可以盡述，因此通常都會另外簽署有關環保要求的合同，就各項要求及規格標準做詳細深入的約定，代工廠必須逐項審慎閱讀，確認可行無虞後再予簽署。

3.2.6 技術支援（Technical Support）

代工業務中產品的開發往往會有雙方的專利技術或其他智慧財產權的投入，所以需要彼此提供技術支援，但是於合同中必須先明確約定的是，提供技術支援的期間與費用負擔的問題。代工廠可以於一定的合理期間內提供免費的技術支援，但不能是無限期的免費支援，特別是國際代工的買方往往都是在國外，技術人員往返的交通與食宿費用等都是代工廠的營運成本，所以代工廠可以斟酌主客觀條件情況，約定於產品開發期間內或是出貨後幾個月內，提供若干次或若干小時的免費技術支援服務，超過此免費服務期間，費用就必須由客戶全額負擔或者負擔若干比例。

3.2.7 測試與驗收（Test & Inspection）

產品開發過程，必須經過各個不同階段的測試與驗收，通過之後才算正式開發成功，才可以準備上線量產，因此，各個測試與驗收階段的時間表（Milestone、Schedule）與測試驗收的規格標準，都必須事先約定清楚，萬一測試不能達到預期的效果，究竟是代工廠的產品未達到約定的規格標準，或者是產品已達到規格標準，但卻是買方所定規格要求有誤，才有明確的責任歸屬判定依據，避免日後發生不必要的爭議糾紛，一旦爭議發生時，代工廠也才能明確舉證來保護自己。

3.2.8　樣品承認（Sample Approval / Recognition）

　　產品剛開發完成時，只能稱為「樣品」、「Sample」，還不是被客戶正式認可可以上線生產的產品標準原型（Prototype），通過測試、驗收的過程之後，有一道非常重要的程序，就是樣品的送樣與承認，嚴格說來，這應該是屬於前述「測試與驗收」的環節之一，但筆者特別將其單獨列出說明，因為這最後的一道手續，也是最重要的一道手續，卻常常被忽略，筆者處理過幾件品質爭議案件，都是在事後發生品質爭議，要引證產品承認書時，才發現當時測試、驗收與承認、認證的過程沒有完備。

　　樣品通過買方的測試、驗收之後，代工廠必須要求買方出具正式的「樣品承認書」（Sample Approval Sheet），「樣品承認書」裡面必須清楚記載產品樣品的一切基本資料，包括圖面、重點外觀、尺寸、材質，甚至是原物料的供應商等，若有要求特別的檢驗程序者，不論是自行檢驗或委託外界專業機關來檢驗，都必須附上檢驗報告，最後檢附產品的樣品實品，若是實品體積過大或過重者，可以以不同角度拍攝的照片來替代之。「樣品承認書」經買方簽署或用印表示正式通過驗收，代工廠依據買方正式承認後的樣品，才可以正式進行大量生產。

　　代工廠必須妥善保存「樣品承認書」，以備不時之需，萬一日後發生產品品質爭議時，「樣品承認書」便成為代工廠抗辯有無責任的重要參考及證明文件。筆者曾經處理過一件買方主張品質瑕疵要求賠償的案件，買方已經銷售出去的某網路通訊產品遭多位消費者送回維修，買方拆解產品後發現瑕疵原因，竟然是因為機件內部產生「氯」氣腐蝕了電路板等電子零元件所造成，但是這「氯」氣究竟從何而來，經過客戶多項檢測實驗後，認為「氯」氣是由產品

的塑膠外殼所產生，認為是該塑膠件含有「氯」的成分，致使產品使用一段時間產生溫度之後，便逐漸釋放出「氯」氣，進而腐蝕了產品內的電子零元件，據此向該產品塑膠外殼的代工廠請求損害賠償。代工廠接獲客戶的投訴及請求損害賠償的通知後，亦著手進行測試實驗瞭解原因，也向臺灣工研院等專業機構求教請益，發現「氯離子」本身存在於大氣之中，電路板等電子零元件本身也可能含有「氯化物」的殘留物，因此造成該產品內產生氯氣的可能原因有很多，必須拿樣品逐一個別實驗，才能得到較為可靠的原因分析。筆者當時回應客戶的要求，除了引用工研院等權威專業機構的初步評論說明，建議客戶再審慎調查瞭解產品內氯氣的產生原因外，最直接了當的抗辯理由之一，就是拿出當時產品送樣檢測通過後，客戶簽署蓋章的「樣品承認書」，證明交貨產品的材質、供應商均未改變，得以抗辯日後發生瑕疵時的責任歸屬，而免於賠償責任。若有其他的類似案例，代工廠即使不能完全抗辯免除全部的賠償責任，至少也會有很大的談判空間及機會，去相對減輕負責程度及賠償責任，而不至於照單全收負起全部的賠償責任。

3.2.9 量產製造權利（Mass Production Right）

代工業務固然是提供設計開發產品的技術服務，但更看重的是產品量產銷售的更龐大代工收益，在代工業務的產品報價中，通常也都將產品開發的相關費用成本，攤提在日後產品代工製造銷售的個別售價裡，也因此一般是不會特別針對設計開發產品的費用收費，當然也有分開計費個別支付者。因此，代工廠必須於代工合同中即明白約定，產品開發完成後，由代工廠取得產品獨家的（Exclusive）代工量產製造權利，客戶不得自行製造該產品，或委託其他第三人代工製造，否則即構成違約，必須賠償代工廠的產品

開發成本損失；是否能要求期待利益經濟獲利損失的損害賠償，則須視合同裡有無排除期待利益損失賠償責任的約定，最好能直接約定一定金額的違約金（Penalty），可以直接請求給付違約金，以免除日後主張經濟損失損害賠償的損失情形舉證責任。

當然，若有客戶堅持先進行產品的設計開發，待產品開發完成後，再決定是否委託生產製造，屆時再另以合同約定之，於此情形，代工廠就必須考慮開發成本、智慧財產權是否轉讓或授權，及如何計付權利金費用等問題，來綜合評估是否值得單純接受委託產品設計開發的業務，避免造成不但沒因此獲利，反而製造出另一個競爭者的情形。於此情形，筆者建議即與該客戶單純簽署產品設計開發的勞務合同，明確約定勞務費用以及智慧財產權歸屬問題，並約定若產品開發完成後委託代工廠代工生產，則相關勞務費用可由量產產品中攤提抵扣，智慧財產權無償授權使用，藉此爭取客戶的代工訂單。

3.2.10　競業禁止（Non-Competition）

為了取得產品在市場上的競爭優勢，國際代工的買方通常會要求代工廠只能為其從事此一產品的設計開發及代工生產製造，不得為其他任何第三人，特別是買方的競爭同業（Competitor），再生產製造相同或類似的產品。買方如此要求固然無可厚非，但代工廠應該考慮相對要求的條件，才能決定是否接受客戶如此的要求。代工廠必須考慮評估的重點在於：

1.競業禁止的產品。針對「產品」本身的定義是否很明確，也就是針對該代工產品的名稱、規格等個別化條件細節，是否有很明確的定義，只能針對特定規格的產品，即相同設計規格的產品，而不能及於「類似」的產品，不能是包山包海概括式的定義，限制住代工廠所有不同產品線的產品，都只能為該買方獨家代工設計製

造。否則，若代工廠有十項產品，卻只為了該買方的一樣產品訂單，而限制了其他產品為其他客戶製造銷售的權利，豈屬合理，一般代工廠是禁不起這樣的「自縛條款」的。同樣的，假設某代工廠只做手機一樣產品，那麼與客戶就合同中有關「產品」的定義，就必須是針對不同手機的外觀形狀、色彩、軟體功能等等細部規格（specifications），更明確的（specifically）去做區隔定義，而不是泛指製造廠所有的手機產品，以免只為了客戶一款手機的訂單，而限制了其他款式機種產品的製造銷售權利，限制住了生產技術的應用與開拓其他新客戶的機會。

2.最低訂購數量保證。代工廠傾人力、物力為買方設計開發的產品，若是不得再為其他任何第三人生產製造，除非該買方給予相對的承諾（Commitment）、保證（Warranty），於每個月、每季、半年內或每一年度內，向代工廠採購的產品不低於某最低數量，保障代工廠的基本利潤，讓代工廠只接一家買方的訂單即足夠滿足基本獲利的營運需求，否則代工廠礙難接受這樣的要求。

3.競業禁止的期限（Term）及區域（Territory）。競業禁止應有明確的禁止期間，而非無限期的，例如僅限制三年時間，三年過後即不受限制。也應有明確的禁止區域，而非毫無限制的全球全面禁止，例如僅限於美國、中國大陸或歐盟市場，其他地區則不受限制。除非買方願意支付額外的權利金或其他費用給代工廠來永久買斷全球市場，或者依第2.點承諾產品的最低採購數量與售價，保障代工廠的基本利潤，代工廠始考慮是否接受買方如此的競業禁止要求。

3.2.11 模具（Tooling）

產品開發階段，模具的開發等同於產品開發一樣重要，且一樣非常耗費鉅資，模具經常會隨著產品規格或外觀的修改而改變，便

需要修模或重新開發模具，一個產品所需要用到的模具往往有許多組，且在產品不斷推陳出新之下，代工廠保管的模具組數量便非常可觀。因此，在代工業務中，模具的開發與管理相關權利義務問題不少，常見另外簽署模具合同來個別詳細約定者，不論是在代工合同中約定，或是另外單獨簽署模具合同，其中應考慮的重點在於：

1.模具所有權的歸屬。模具是生產產品的基本工具，模具的所有權歸屬問題是必須先行約定的重點。一般而言，模具的所有權應該歸屬於買方所有，但必須是買方已經支付了模具費用之後，才正式移轉模具所有權給買方，當然也有不收取模具費的代工廠，但實際上模具費用成本已內含於產品售價之中。

2.模具費用的負擔。模具費用往往占產品開發費用相當大的比重，以買方須支付模具費用的情形為例，模具費用的支付方式有以下兩種：（1）獨立訂定模具買賣合同，按照一般買賣交易方式，依模具完成的進度，採取簽約、試模、驗收及交付四階段個別付款。（2）攤提（Amortization）方式：模具費用不先給付結清，而由買方與代工廠約定的基本採購產品數量去平均攤提，若買方實際採購的產品數量未達約定最低數量時，買方須另外補償支付模具費用的差額部分給代工廠。

3.模具保管義務。模具由買方付費後由買方取得模具所有權，但是模具必須交給代工廠以供生產製造產品之用，因此模具必須在代工廠佔有保管之下。因此，買方通常會與代工廠簽訂模具保管合同，不論模具是由買方自行提供，或者是買方付費給代工廠代為開發，都必須將模具交付給代工廠去生產製造產品，因此會特別簽署一份模具保管合同，載明模具所有權的歸屬及保管、返還義務。其中要特別一提的是模具保管期限問題，由於代工廠保管的模具組數量往往非常可觀，模具若非供生產使用而一直閒置中，將給代工廠造成管理上的困擾，所以建議代工廠必須約定，若買方不再下訂單

採購產品，或是產品已經停產（End of Life, "EOL"）超過一定時間
（六個月、一年或兩年）後，買方必須取回模具自行保管，若經代
工廠通知限期取回而逾期不取回者，則視同買方拋棄模具所有權，
代工廠有權予以報廢處理或做其他處分；且若買方仍有未付清之模
具費用，並不因此而免除付款義務，代工廠仍得向客戶追索求償。

【案例研討 5】
新產品設計開發，合約輕忽不得

　　案例一：甲公司為電腦鍵盤代工製造商，乙公司為知名電腦大
廠，甲乙簽訂了產品設計製造買賣合約，甲為乙研發新產品並代工
量產製造，就高額的模具開模費用約定由乙負擔，於產品開發成功
開始量產時，從產品採購單價中附加攤提模具費用。因為不斷變更
產品設計，因此不斷修模及重新開模，前後數組模具費高達數十萬
元。豈料產品開發成功後卻沒有訂單，未量產所以模具費用無從攤
提支付，甲吃悶虧。

　　案例二：甲公司是專為高端電子產品做改良或設計新品開發的
設計公司（Design House），接獲乙電腦主機板公司委託設計開發
全新規格主機板，由乙提出規格要求，甲負責代工代料做出成品，
簽約後先付一半費用，成品通過驗收後再付餘款。未料甲如期完成
新主機板原型，交乙驗收後卻久無下文，追問乙後始表示產品不符
規格。雙方因驗收規格認定發生爭議告上法庭，為釐清合約內一堆
英文縮寫代表的各階段要求及驗收標準，雙方解說不同，法官一頭
霧水。

　　不論是代工製造商或開發設計公司，在產品開發階段，畢竟是
全新規格產品，最容易發生驗收爭議，影響所及就是已發生的巨額

開發費用究竟能否請求給付。很多廠商吃了悶虧卻無技可施，其實在簽訂合約時就可以預作防範，重點如下：

一、合約文字力求簡明，中文為主英文為輔：商場交易一旦發生爭議而對簿公堂時，合約是法官判定雙方是非勝負的重要依據，所以撰擬合約應以第三人易讀易懂為原則，合約中許多業內人士才懂的英文縮寫，例如：NRE、SOW、PRD、EVT、DVT、PVT、EOL...等，先以中文清楚定義撰述，再輔以英文名稱對照，避免日後法庭上再來解說爭論半天。

二、產品規格驗收標準，量化數據明確約定：新規格產品若無前例可循，於驗收時發生爭議的機率高，務必將產品規格要求、驗收檢測標準，以及每一階段應完成的項目、應達到的功率、應提交的數量以及良率要求，都以明確的量化數據來約定，較之主觀認定的功能性約定，更能減少爭議。縱使仍有爭議，負舉證責任而送請協力廠商檢驗時，也能以客觀明確的數據結果來進行比對。

三、變更設計潛在影響，務必留下書面記錄：新產品開發過程從外觀、結構、功率、規格……等經常會有變更設計的情形，影響所及，除了相應增加的費用外，可能影響到產品原先約定的效能，極可能因此導致驗收不過的責任爭議。因此，若有變更設計情形，務必留下書面記錄，從哪一方要求變更，到溝通討論過程以至於相關費用及風險負擔約定等，日後發生爭議時才有明確究責的依據。

四、開發費用量產攤提，若未量產仍應給付：產品開發試驗階段的模具、耗材及人力等開發費用成本，遠高於正式量產時的生產成本，但往往客戶都會要求將開發費用全部或部分攤提到日後產品量產時的單價裡。因此，合約裡除了應明確約定開發費用攤提的產品數量、金額之外，更應約定若日後產品未能量產，或量產數量不足時，買方仍應就開發費用負給付義務。

　　五、**既有技術研發成果，智財歸屬明確約定**：一方提出新產品
規格構想，一方運用技術開發新品完成，這新產品中包含了雙方各
自既有的技術，及新開發完成的技術，智慧財產權利應該如何歸
屬，日後產品上市發生專利侵權時的責任，製造商或開發設計公司
必須審慎約定，慎防完成新產品設計開發後，收不到開發費用事
小，把自有專利權隨新產品出賣轉讓事大。

　　創新研發能力是臺灣產業的競爭優勢，但許多企業都疏於在合
約文字中保護自身優勢及權益，產品開發設計是至關敏感且重要的
階段，業者輕忽不得！

　　　　　　　　（本文登載於 2016.07.01　工商時報 D1　流通版）

3.3 產品量產階段

　　產品研發完成，並通過買方測試驗收之後，即進入正式接單量
產的階段，此階段主要在於約定訂單的下單、接單及生產等作業程
序相關的規範，其重點摘要敘述如下：

3.3.1 需求量預估（Forecasts）

（一）需求量預估的性質與重要性

　　在代工合同中常見買方主張，買方將評估產品未來的市場需
求，每週（weekly）或每月（monthly）會提出未來一個月、一季、
半年或全年可能的產品採購數量預估（Forecasts），且該預估僅單
純供代工廠作為生產準備之參考用，不代表買方必然下訂單採購產
品之數量；買方也不因提出此預估，而負有必須向代工廠下訂單採

購產品之絕對義務。但代工廠必須依據買方提出的產品採購數量預估，做生產製造的充分準備，以滿足買方隨時下訂單採購產品的需求。

　　如上，買方所提出的需求量、採購量預估值，如果是在代工廠日常產能範圍之內，隨時接單都可以隨時如數生產如期交貨，那麼便可以接受買方所主張的預估僅是單純供生產準備參考之用，而沒有任何的實質拘束力。但是，假設買方提出未來半年或一年的產品採購數量預估，已遠遠超過代工廠日常最大產能，甚至於超過產能數倍之多，則代工廠已明顯產能不足，必須立即擴充產能預做準備，其擴充產能工作包括覓地建廠、添購機器設備擴充生產線、大量採購原物料零元件、大量增員招募勞工，甚至於必須至海外投資建廠，來進行這些生產準備工作。設若代工廠依據買方提出的預估大肆投資擴充產能之後，買方果真依據預估向代工廠下單採購產品，則代工廠能充分滿足買方市場所需，彼此共蒙其利皆大歡喜。反之，若日後產品的市場需求不如買方預期，相對的，買方下單採購產品數量也遠遠低於其原來提出的採購數量預估，則代工廠的龐大投資恐將成為一大沉重負擔，於此情形下，採購數量預估必須有相當比例的可靠性與契約責任。

　　若考慮市場需求變化的不特定因素，究竟代工廠要如何來看待買方所提出的產品採購數量預估？為此考慮，代工廠應該先與買方充分溝通，雙方立於協力廠商緊密合作關係，若買方依據市場需求所提出的產品採購數量預估，已經遠遠大於代工廠日常產能的極限，必須投資擴充產能才能滿足買方的市場需求時，代工廠應該要求買方也給予相對的承諾，承諾其提出的預估不是全部不具拘束力，至少會按照預估的若干比例來下訂單採購，或者承諾至少會負責代工廠採購原物料的成本費用，如此，代工廠投資擴充產能才能降低風險。更進一步言之，雙方就產品採購數量預估的採購

承諾，可以承諾按周或按月給予不同的最少採購量比例，舉例如下表所示：

各月預估值	最近一個月內	2至3個月內	4至6個月內	6個月以後
承諾採購比例	100%	75%	50%	0%

　　如上表列，表示不論買方是每週或每月提出未來一個月、一季、半年或全年的採購預估，離最近一個月之內累計的預估，必須100%下訂單全數採購；第2至第3個月之內的累計的預估，必須至少下訂單採購75%；第4至第6個月之內的累計的預估，必須至少下訂單採購50%；第6個月以後的累計的預估，則承諾下訂單採購的比例可以為0%，因為半年以上的採購預估，代工廠可以有很充裕的時間來調節生產計畫。這樣可以促使買方更精準的反映市場最近的需求，然後提出採購預估或加以調整變更，不必負擔長期的採購預估責任，代工廠也可以視期間遠近靈活安排生產，不至於因過多的生產備料而積壓不必要的備料成本及倉儲風險。

（二）需求量預估的變更

　　產品於市場上的需求是變化不定的，有淡季、旺季之分，也常因競爭同業間就產品的不斷改良推陳出新，常常使得產品銷售週期縮短，因此，買方也必須經常因應市場需求的變化，來增加或減少其採購預估。為此，代工廠又應如何來配合買方變更其採購預估？在前述雙方立於協力廠商緊密合作關係之下，也可以同樣按週或按月給予不同的增減變更比例，舉例如下表所示：

各月預估值	最近一個月內	2至3個月內	4至6個月內	6個月以後
可增減變更比例	+/- 0%	+/- 25%	+/- 50%	+/- 100%

如上表列表示，買方離最近一個月之內累計的採購預估，代工廠大多已生產就續準備交貨了，買方就不得再增加或減少預估數量了。第 2 至第 3 個月之內預估，買方可以斟酌增加或減少的預估數量只能在 25%範圍之內，這還在代工廠可以隨時因應增產或減產的能力範圍之內；第 4 至第 6 個月之內的累計的預估，買方可以斟酌增加或減少的預估數量只能在 50%範圍之內；第 6 個月以後的累計的預估數量，買方可以隨意增加或減少 100%，因為客戶提出半年以上的預估，代工廠可以有很充裕的時間來調節或準備生產計畫。時間越長，代工廠越有反應處理的能力，所以可以接受買方採購預估有較大比例的增減變更。至於這期間長短及增減變更的比例，可以由買賣雙方共同協商，依照個別不同產品備料生產製程及代工廠產能，做不同的調整。

（三）聲東擊西迂迴條款

代工合同條款的文字敘述，時而可見前後矛盾之處，也許是因為合同內容專案繁多、錯綜複雜，寫合同者疏於校對所致，但也有可能是寫合同者利用繁雜的合同結構，故意以迂迴方式玩弄文字陷阱，或者於同一份合同的不同條款個別表述，或者另以附件個別約定，使得一些重要條件看起來似是而非，或者前是而後非，或者主約與附件約定迴異，若合同經辦人不謹慎仔細把合同前前後後都仔細看過，前後參照比對一下，往往就會疏忽了其中的關鍵性轉折差異。

就以「Forecasts」與「Purchase Order」這兩條款為例，曾經看過買方所擬合同裡，於採購預估（Forecasts）條款內表示，若因買方取消或變更最近一個月內的預估，而造成代工廠有產品庫存時，買方須負責全額補償代工廠所有庫存品的採購價格；但於另外的訂單條款裡同時明文，買方於供應商原訂交貨日前，視實際需求的變

123

化,有權通知代工廠取消訂單之全部或部分,不須負額外責任。如此前後條文可以解讀為,原則上買方若取消最近一個月內的採購預估,是必須 100%補償產品的採購價格《請注意:非產品售價》給代工廠,但是若已經正式按預估下訂單的部分,買方仍然可以無條件、無期限取消或更改訂單。換言之,買方若為了逃避預估過多的補償責任,可以先將採購預估轉換成訂單,再將訂單通知取消,反而不須負擔任何責任。如此,買方以聲東擊西迂迴方式來變相逃避其採購預估過剩的責任,這些條文對代工廠而言,仍然是不合理的「白做工條款」。

【案例研討 6】
Forecast:採購數量預估的遊戲規則

A 公司為電腦製造商,B 公司為 A 的零元件供應商,A 每個月提出未來半年所需採購數量的需求量預估數字(forecast)給 B,再逐月簽發正式採購訂單向 B 採購零元件。長期以來,A 向 B 正式下訂單採購零元件的數量,都與先前提出的採購量預估相近,B 已經習慣把 A 提出的採購量預估視同訂單看待,事先充分備料,甚至提早生產成品庫存起來,接到正式訂單即準時交貨。

豈料市場需求多變,電腦銷售不如年初之預估,A 為此縮減生產線,連帶取消了許多已經簽發的訂單,B 要求 A 仍應拉貨履行付款義務,包括依據 A 的正式訂單及採購量預估,已經生產完成的成品、半成品以及購料的費用,但 A 未予回應,B 即向法院提告求償。

法院審理發現,雙方沒有簽署買賣合約,僅有 A 公司訂單上記載訂購產品名稱、數量、價格、交貨日期、交貨地點,同時附註驗收、換貨方式及保固期間等事項,卻未就取消訂單有任何約定,

更完全沒有關於採購量預估效力的約定或附註,雙方在法庭攻防重點,在於解釋及證明採購量「預估」與「訂單」的效力有無不同。

判決結果出爐,一部勝訴一部敗訴,A 就正式簽發訂單必須履行給付貨款義務,但就提出採購量預估部分則無須付款。本案判決令許多業者深感詫異與惶恐,概因採購量預估「forecast」在商場已行之有年,買方每個月提出未來幾個月採購需求量預估給賣方,賣方依據需求量預估備料並預做生產,若配合客戶需求卻完全沒有法律效力保障,那麼究竟要如何應對 forecast 要求?該如何約定 forecast 的效力?

一、保持供貨彈性,權利義務對等:

市場變化是常態,逐季逐月按市場變化調節訂單也是應該,整個供應鏈都須有順應市場變化的能力。惟依約論,若合約言明依採購量預估,買方保證採購一定比例的數量,則賣方相對有備料生產交貨義務;若採購量預估僅供備料參考,買方無下訂單採購之義務,則賣方相對無依預估備料生產之義務。

二、斟酌量產能力,決定預估效力:

買方採購量預估若是在賣方日常產能範圍內,隨時接單可隨時生產交貨,則採購量預估僅供備料生產參考無妨。但若採購量預估已遠超過賣方產能極限,須擴充產能預做準備,甚至投資購地建廠、添購生產設備、搶購原物料、大舉增員招工等,則茲事體大,採購量預估就不能僅供參考,而必須有相當比例基本採購量的承諾,或另訂補償賠償條款。

三、靈活採購比率,穩定交貨數量:

正式訂單與先前預估的採購比率,業界無絕對標準,不同產品的生產週期排程及應變作業時間不同,惟越近交貨期,正式訂單的採購比例應越高,以確保交易的穩定性;交貨期尚遠,可容許較大增減彈性,靈活應對市場供需。例如未來 6 個月的採購量預估,每

個月 100 萬件，累計最近 3 個月的保證採購量比率分別為 90%、80%、70%，依此類推。

四、訂單有違預估，補償賠償責任：

買方若因故未依約下單造成賣方損失，則將雙方的損失減至最輕是必要的中庸思維，包括雙方為降低損失應採取的相應措施等；但若是因買方惡意違約不再下訂單採購，且離原約定最低採購量仍有很大差距時，則可依違約條款請求損害賠償。

Forecast 及訂單是買賣交易的關鍵環節，無訂單，買賣關係未發生，無 forecast，長期大量的買賣關係難維繫。因應市場需求，採購及生產規劃固不可免，但賣方備料生產也應量力而為，且有適度補償機制，賣方勇於投資備料生產，買方能得到賣方全力支持，才能互惠雙贏。

（本文登載於 2016.06.17　工商時報 D1　流通版）

3.3.2 訂單（Purchase Order）

採購訂單（Purchase Order），簡稱為「訂單」或「P/O」，為國際代工業務中進行實質採購的書面憑證，是買賣雙方除了代工合同外，另一個重要的債權債務關係發生的法律事實，在代工合同中就訂單的約定應注意重點如下：

（一）合同與訂單之優先效力

有些代工合同約定了巨細靡遺的買賣交易條件之後，遂表示產品的實際採購數量、交期及交貨地點等，依據買方正式簽發的訂單內記載為準，買方將依據合同中之約定條件正式簽發訂單，代工廠不得拒絕接受訂單。買方如此要求，只有在主合同條件確實是經過

雙方討論，代工廠確認同意之前提下才能接受，爾後雙方都依據主合同履行採購及生產義務，訂單只是再次確認個別出貨數量與日期的程序爾。反言之，如果主合同本身許多條件仍有爭議尚未解決，例如買方堅持其提供的採購數量預估值僅供備料生產之參考，那麼反而更需要藉由訂單個別確認的機會，來確認產品買賣條件是否接受、是否可以執行，則前述主合同的訂單效力約定就礙難接受，代工廠還是必須就每一筆訂單內容記載條件個別確認是否接受。

相反情形，如果代工合同中約定，產品買賣的採購數量、單價、交期及交貨地點等，應依據買方正式簽發的訂單內記載為準，如果合同中之約定條件與買方正式簽發的訂單內容有不同者，以訂單記載為有效。據此約定，訂單內所記載的買賣交易條件，等於是代工合同的特別約定事項，而具有優先適用之效力，因此更不能輕忽每一張訂單的接單確認程序。

（二）訂單確認程序

買方所擬代工合同中有關訂單之條款，通常是於買方發出訂單之日起幾日內，代工廠應回覆接受訂單與否，若未回覆表示異議者，即視同接受（to be deemed accepted）。回應買方這樣的要求，應注意考慮的重點在於：

1.有關回覆訂單接受與否的期間，其起算點應該從代工廠接收到訂單之日（the date of Vendor's receipt of the P/O）開始起算，而非買方發出訂單之日（the date of P/O placed by Buyer），這二者之間還是可能出現時間上的落差的，特別是在有時差的國際間的訂單傳送過程，除時差因素外，往往也因為買方個別作業流程關係，使得買方訂單上的日期與代工廠實際接到訂單的日期，會出現幾天的誤差。另外，買方在簽發傳送訂單給代工廠的過程中，也有可能因各種原因而根本就沒送達到代工廠，代工廠沒收到買方的訂單，根

本就不知道買方有下訂單，在此情形，若仍以買方訂單上的發出日起算，則有可能發生訂單已經生效了，而代工廠卻毫不知情的情況，若因此到了交貨期卻根本無貨可交，若因此發生違約責任就真的很冤枉了。

2.再者，幾日之內要回覆接受訂單與否，那麼究竟需要 2 天、3 天或 5 天來回覆接受訂單，且是指工作日（Business Day、Working Day），這又必須視代工合同主約之其他條件綜合來看，如同前述，如果主合同本身許多條件仍有爭議尚未解決，例如買方堅持其提供的採購數量預估值僅供備料生產之參考，那麼代工廠便不敢貿然投資擴充產能來備料生產，因此，日後買方簽發之訂單，其所載採購數量及交貨日期，是否超過代工廠之日常產能而必須延後交期，以及價格、交貨地點等個別條件，代工廠都必須逐筆個別確認回覆接受訂單與否。因此，接受訂單與否的回覆期限不宜過短過於倉促，應該預留合理的期間，經過內部的採購、生產等各單位彙集意見後，再回覆買方是否接受該訂單。

3.若未於約定期限內回覆是否接受訂單，其效力究竟應該是「視同接受」（to be deemed accepted）或是「視同拒絕」（to be deemed refused/rejected），其考慮重點同上，若是需要個別回覆確認接受訂單與否，對代工廠較有保障的情形下，當然是以未回覆表示同意接受者即「視同拒絕」該訂單為妥，以避免發生實際產能不足，卻又因疏忽未立即回覆拒絕訂單，「視同接受」後卻交不出貨而導致違約之情形。

（三）訂單取消或變更數量、交期的責任

買方於代工合同中常會要求有權隨時取消訂單，或變更訂單的原訂數量，或變更訂單的交期或交貨地點，以因應產品於消費市場的變化需求。買方這樣的考慮與要求固然情有可原，但在代工廠的

立場卻礙難無條件的接受這樣的合同文字，須分別討論相對應的條件，個別說明如下：

1.取消訂單（Cancellation of P/O）

　　代工廠已經備料生產中的產品，若買方隨時要求取消訂單就可以取消訂單，將對代工廠造成很大的影響，因此，買方若要取消訂單，至少必須於原訂出貨日期前的合理期間，事先以書面通知代工廠，讓代工廠有充裕時間及早減產或停產以減輕損失，若超過此事先通知的期限，大部分產品可能都已經生產完成準備裝櫃出貨了，買方就不得要求任意取消訂單，仍必須收貨並履行給付貨款義務。至於必須在原訂出貨日期前 3 天、5 天、30 天或更長時間，究竟需要多少天前通知才屬合理期間？這並無一定標準，不同產品有不同的生產週期及運輸特性，要看產品的備料及生產製程時間客觀決定，經雙方協商認可後即可。

2.變更訂單（Change of P/O）

　　合同中泛稱「變更訂單」，指變更訂單上所記載的任何一項條件，包括數量、單價、交期、交貨地點，甚至是其他訂單記載條件的變更等情況。一般較常見的變更訂單情形如下：

　　（1）變更數量。所謂變更訂單的原訂數量，包括增加數量或減少數量兩種情況，唯不論何者，如同取消訂單一樣，都必須於原訂出貨日期前的合理期間，事先以書面通知代工廠，讓代工廠有充裕時間及早因應增產或減產來滿足買方要求，若超過此事先通知的期限，買方就不得任意要求增加或減少訂單採購數量。而且所謂合理期間的決定，也必須視客戶要求增加或減少的數量來客觀評估決定。

　　（2）變更交期（Reschedule）。所謂變更交期，包括要求提前

或延後交貨日期,若是要求提前交貨,應該比照前述要求,視要求提前的天數,於原訂出貨日期前的合理期間,事先通知代工廠,讓代工廠及早因應趕工增產來縮短交貨日期。反之,若是要求延後交貨日期,這是最常發生的狀況,通常客戶只言有權利要求延後交貨日期,至於延後多久、延後交貨期間的倉儲管理費用、毀損滅失風險由誰負擔、產品所有權歸屬等問題,都避而不談。因此,在代工廠的立場就必須提出相對的條件要求,最基本條件,延後交貨期間有一定的期限,不能漫無期限的延期。舉例說明之,經買方通知延後交貨後,自原訂交貨日起已超過 10 天仍未通知交貨者,買方即須負擔貨物之倉儲、保險及人員管理等費用;且延後交期最長以 60 天為限,若超過 60 天仍未通知交貨者,則買方應立即履行付款義務,產品之所有權及毀損滅失的風險負擔均轉移由買方自己承擔,以避免代工廠因買方遙遙無期的延後交貨,既不能收貨款,又要負擔貨物保管的額外費用及風險。

（3）**變更交貨地點**。變更交貨地點,一般問題較少,多是運輸費用及報關手續可能跟著改變,買方應提早告知代工廠,讓代工廠有充裕時間及早因應安排變更運輸及報關作業。代工廠可以視客觀情況,考慮是否要求買方負擔因變更交貨地點所發生的額外費用。

（4）**變更訂單其他條件**。除上述條件以外的變更,若涉及實質買賣交易條件的變更,必須經過買賣雙方另行協議取得一致同意後,始得變更之。

3.3.3 防火牆（Fire Wall）

這裡所謂的「防火牆」（Fire Wall）,並不是真的要求以防火建材去建築一道防火牆的意思,而是有些買方為了嚴格執行保密政

策，會要求代工廠建構起「防火牆」機制，嚴格管制所有與產品生產相關的過程，必須隔絕一切可能洩露機密資訊的途徑或機會，包括廠房、車間、生產線、出貨碼頭，甚至是生產線上的作業員，都必須專屬於只負責該產品之生產製造，同一廠房、生產線、車間、出貨碼頭之內，不可同時有其他產品進行生產或出貨，通一批生產線上的作業員，不可以同時負責操作其他產品的生產作業，特別是買方的競爭同業委託代工製造的產品；甚至是檔案資料儲存保管，都必須有獨家專用資料庫來保存，不得混雜其他客戶或往來協力廠商之檔案資料，藉此要求來杜絕任何不相干的第三人有接觸到產品機密資料或生產、出貨過程的機會。

買方如此要求固然可以理解，但並不表示代工廠一定要接受買方如此的要求，若按照買方如此高規格保密「防火牆」的要求標準，將增加代工廠額外的營運管理成本，除非該買方是非常重要的大客戶，代工廠仰賴其訂單即可滿足營運業績及獲利目標，或者代工廠恰巧同時接獲買方的主要競爭對手的代工訂單，同時在生產之中，確實有較高的被窺竊洩露產品商業機密的風險，否則應委婉與買方說明溝通，表示公司有嚴格的內控制度，在履行同樣保密義務約定之下，不必如此高標準建構防火牆，也能達到相同的保密效果，而且節省費用控制成本，買方一般均能欣然接受。

3.3.4　勞工條件限制（Restrictions to Labors）

有些買方為了確保產品在生產、包裝過程中的效率、良率，維持產品系出名門的高貴、高檔形象，同時兼顧善盡國際公民維護人權的義務，會於代工合同中特別要求代工廠不得僱用未成年童工或非法勞工從事生產作業，亦不得讓勞工超時工作或有其他違反當地勞動法令或國際人權的情形。如果買方有特別提出如此要求，這是

應該予以尊重與遵守的,惟有些代工廠會有與技術學校簽約進行建教合作的情形,最好能事先向買方告知說明,並安排學生工負責不同的實習工作,以避免買方的指責或疑慮。

【案例研討 7】
勞基法增競業條款,資安保護更勝競業禁止

　　一件員工跳槽競業禁止的訴訟案,從地院打到最高法院發回高院更審,至今已經打了五年多還沒完,當年跳槽的主角已經不知跳到何處高就,而挖角及被挖角的兩家公司因競爭力漸失,股價雙雙從數十元跌破兩元,如今法庭爭訟勝敗已無實益,值得借鏡思考的是,企業應如何有效制定競業禁止條款以妥善保護營業祕密智慧財產?

　　員工跳槽、同行挖角的新聞時有所見,台積電前研發處資深處長跳槽韓國三星、聯電研發工程師涉嫌出賣機密資料投靠大陸光電公司、臺灣 DRAM 教父華亞科董事長暨南亞科總經理跳槽中國紫光集團建立 DRAM 基地、宏達電副總兼首席設計師竊密擬前往大陸設公司、奇美電電視面板產品事業處協理帶兩百人集體跳槽大陸華星光電……,每一則新聞都令人震驚。但跳槽、竊密、挖角不是高科技產業獨有,幾乎各個行業都有相同問題。

　　為規範存在多年的競業禁止問題,勞動部在 104 年 12 月 16 日新增訂勞基法第 9-1 條離職後競業禁止約定,105 年 2 月公佈預告的勞基法施行細則,更詳細規定離職後競業禁止的有效性、合理性及合理補償範圍等,近期內將正式實施,重點摘要如下:

　　一、符合法定要件始得約定,契約自由原則不再適用。

　　必須符合勞基法特定條件,僱主始得與勞工制訂競業禁止約

定，逕自憑喜好於員工聘僱契約中制訂競業禁止條款，其約定無效；且必須以書面約定，僱主口頭告知或約定無效。

二、僱主有應受保護之正當營業利益。

僱主要主張有應受保護之正當營業利益並非難事，只要是公司合法登記的營業項目，且正常營運中，都可以主張有應受保護之正當營業利益，特別是公司耗費人力資金研發所得的技術或產品成果。

三、勞工擔任之職位或職務，能接觸或使用僱主之營業祕密。

勞工必須有接觸或使用僱主營業祕密，例如熟知產品製程、配方、參數、新研發技術、材料成本等機密訊息的研發人員、製造人員，才有約定競業禁止條款的必要。若同為研發部或製造部門，但只是行政助理人員，未接觸或使用營業祕密，自無約定競業禁止的必要。

四、競業禁止之期間、區域、職業活動之範圍及就業對象，未逾合理範疇。

所謂合理範疇，包括競業禁止期間最長不得逾二年，逾二年者縮短為二年；但並非一概都約定兩年，若一般認為合理時間為一年，就不能訂二年。競業禁止的區域，應以僱主實際從事營業活動區域為限，不能無限擴大範圍，例如宣稱公司未來幾年將全力開發全球市場，但若公司董事會已決議的明確投資計畫，則不在此限。競業的對象應明確，且確實有競爭關係。

五、僱主對勞工因不從事競業行為所受損失有合理補償。

所謂合理補償，不包括勞工任職期間所受領之給付，所有在職給付不能當作離職後競業禁止的補償，在不競業期間，僱主仍要給予勞工至少半薪的補償，如果不給補償，競業禁止約定無效。若在新法實施前離職，法律效力雖不溯及既往，但仍需由法院判斷離職後競業禁止契約的有效及合理性，並非當然無效。

六、僱主違法解僱勞工，離職後競業禁止條款無效。

依民法第 101 條第 2 項規定：「因條件成就而受利益之當事人，如以不正當行為促其條件之成就者，視為條件不成就。」，意指如果遇到僱主惡意違法解僱，依前述民法規定，離職後競業禁止約定無效。

依新勞基法，僱主在勞工不競業期間應給予至少半薪的補償，這考驗僱主得失取捨的智慧，若僱主不捨支付半薪的補償費，則平日做好營業祕密保護工作，建置嚴謹的智財資安管理與稽核機制，排除資安事件風險，將更勝於競業禁止條款的約定。

（本文登載於 2016.06.24　工商時報 D1　流通版）

3.3.5　包裝及標示（Packing & Labeling）

產品生產完成交貨前必須先進行包裝，有關產品包裝的約定重點概要如下：

1.包裝規格。包裝包括內包裝及外包裝，包裝的方式、材質、規格等，都必須事先以書面明確約定，若買方有其特殊的包裝規格要求時，例如內包裝的包材必須防潮、防黴、透氣而且有商標浮水印標示，外包材必須具防水性，裝入紙箱後必須加裝抗震、防位移裝置，甚至買方有特別指定包裝材料的供應商時，即依據買方事先提出的規格進行包裝。若買方沒有特別要求時，則依據國際代工業界的一般包裝方式處理，以保護產品不受損傷為原則。

2.標示說明。買方也通常會要求內外包裝上必須有特定的標示說明，例如內包裝的最小包裝上必須標示小包裝內的產品規格、型號、數量、物料編號、生產日期及批號等，外箱包裝也必須標示整箱產品的名稱、規格、型號、數量、物料編號、生產日期、生產批號以及檢驗合格標籤、生產廠家、生產地等說明，代工廠都必須依

據買方要求仔細標示。

3.貨櫃裝載。如果產品必須裝入貨櫃出口，則有關包裝問題必須連同裝櫃方式一併討論，例如，每一紙箱裝載產品數量為 100件，以每單一紙箱為單位直接上貨櫃報關出口；或者再以每四個紙箱為一單位，外罩防水透明膠布後裝櫃出口；又或者每四個紙箱為一單位外罩防水透明膠布後，必須將紙箱放置於棧板上，每一棧板堆疊四個單位，連同棧板一併裝櫃出口。產品包裝及裝櫃方式不一而足，視個別產品不同特性制定不同的包裝方式，但都必須事先約定清楚，以避免日後因包裝不符合規格要求，或因包裝、裝櫃方式不良損傷產品時，雙方就責任歸屬問題發生爭議。

4.特別要求。買方若對產品包裝外觀有特別要求標示字句或圖樣者，例如：標示產品的品名、數量、體積、重量、生產地、買方訂單號碼、買方名稱、買方指定的商標圖案或警告標語等，買方均應事先明確告知代工廠，甚至由買方自己提供該標語標籤或商標圖案，以避免交貨後發生標示不符合的違約爭議。

5.包裝費用。若因為買方的特殊包裝要求而增加包裝成本時，可以事先提出來與買方溝通討論費用的補貼或分攤方式。

3.3.6 商標及服務標章（Trademark & Service Mark）

國際代工業務，通常會碰到買方要求在產品的內外包裝上標示商標或服務標章的情形，於代工合同內就此約定必須注意的重點是：

1.商標或服務標章通常都經過特別設計，具有強烈的辨識度或防仿冒、防偽製功能，若買方要求在產品的內外包裝上標示商標或服務標章時，建議請買方直接提供該商標或服務標章的貼紙或標籤給代工廠使用，一來省去代工廠為了製作該商標或服務標章，必須另外委託製版印刷的時間及費用成本，二來避免另外委託製作出來

的商標或服務標章有失真的情況。

2.授權（License）與保證（Warranty）。買方要求標示的商標或服務標章，不一定是買方的正商標，有可能是買方的其他商標，也有可能是買方的上游客戶的商標或服務標章，因此，當代工廠依照買方要求在產品內外包裝上標示商標或服務標章時，也會面臨侵害第三人商標權的潛在風險。因此，當買方提出在產品內外包裝上標示商標或服務標章的要求時，不論該商標或服務標章是由買方提供或是代工廠另外印製，代工廠必須相對的要求買方提供授權使用的聲明，表示該標示商標及服務標章於產品上之行為，確實為經過權利人授權之行為。同時，買方必須保證（Warrant），保證其囑託代工廠於產品包裝上標示的商標或服務標章，買方確實擁有合法之商標權及服務標章權利，或者已合法取得權利人之授權，絕無侵害第三人商標及服務標章權利之情形，否則由買方負一切侵權法律責任。這是代工廠自我保護的基本措施要求，省略不得。

【案例研討 8】
行銷半世紀竟無專利權，談智財權保護

某國外行李箱製造商 A 公司，近年來在中國大興訴訟，對 B 公司等多家行李箱製造或銷售業者提告，主張某特定條紋之行李箱外觀，係經其長期使用行銷超過半世紀，足以構成該公司產品之「表徵」，消費者只要看到該條紋外觀之行李箱，必定認知商品製造商為 A 公司，據此主張其他行李箱業者販售具近似條紋外觀之行李箱，產生混淆市場情事，構成公平交易法第 25 條不公平競爭行為。

B 公司援引最高行政法院判決意旨抗辯，商品慣用形狀及具實用或技術機能之功能性形狀，因欠缺識別力，應非公平交易法所保

護之表徵，若將此行李箱具某特定條紋之獨占排他權，全數歸由未取得立體商標權，亦未有條紋專利權之 A 公司取得，無異凌駕於專利法及商標法之上的權利，造成法律位階的衝突，且將導致眾多品牌之行李箱皆有違法風險，其所造成之侵害及影響難以估計，更有違公平交易法精神。

從本案例應可知專利權或商標權對行銷商品的重要性，若無專利權或商標權，能否借重公平交易法來保護不無疑義。依據晚近法院判決，若要以商品特定外觀已成為表徵為由，進而向採用類似外觀之其他廠商提起訴訟，有幾個判斷標準可留意：

一、**商品外觀須使消費者連結到特定廠商始構成表徵**：公平交易法之立法目的係維護市場秩序，相關條文解釋皆須以此為準則。所謂表徵，係指商品之某種外觀具有識別性，使消費者見到該特徵時，即聯想到此商品係特定廠商所產製。基於訴訟上舉證原則，原告須舉證其產品特徵具有此種識別性，一般皆會委託協力廠商製作市場調查報告，以證明多數消費者看到特定特徵即聯想到特定廠商，始可認定該特徵已符合表徵之要件。但市場調查的方式、對象是否公正客觀，又是另一爭議。

二、**若屬功能性外觀，則不構成表徵**：特定外觀如具一定功能性，則無法構成表徵，例如 ipod shuffle 產品係以方型外觀搭配圓形按鍵為消費者所熟知，然而此圓形按鍵因屬具有實用機能之特定形狀，無法表彰商品來源，故非屬表徵。

三、**若無導致消費者混淆誤認之可能，則不構成不公平競爭，判斷重點如下**：1、相似表徵商品但使用不同商標：昂貴品牌商品之購買者，對所購商品之品牌多有一定認同感，如某商品疑似使用了知名品牌產品之表徵，但採用與該品牌完全不同之商標，則不構成不公平競爭。例如熱衷購買蘋果公司產品消費者，多對蘋果公司有特殊認同感，若有廠商即便採用與 iPhone 手機完全相同之外型，

但將商標改為香蕉或草莓,仍難認定蘋果產品消費者將因此誤認商品來源,故不構成不公平競爭。

2、外觀非消費者購買產品之考量或動機:即便二商品之外觀相似,但若消費者購買商品時,外觀並非主要考量,亦非促使其購買之動機,則不構成不公平競爭。例如購買行李箱時,消費者考量之重點多為價格、材質、容量、內裝設計、功能性等,產品來源反而非首要考量,縱然兩商品具有相似之外觀特徵,亦無足左右消費者之購買意願,自不構成不公平競爭。

3、產品之說明簡介可明確分辨商品區別:依產品之說明簡介,若可使一般消費者輕易分辨兩商品間的區別差異,因消費者未誤認商品來源,不構成不公平競爭。

就商品外觀之保護,若須倚賴公平交易法來保護,依中國實務前例,實屬困難重重。因中國專利法可按產品外觀申請設計專利,建議國內廠商於投入心力開發商品之餘,能同時兼顧設計專利之申請,以增加商品在市場競爭下受保護之強度;且若有意將商品行銷全球者,在外國當地申請註冊商標權或專利權,方屬正道。

(本文由林家亨、吳承祐律師合著,登載於 2016.07.08　工商時報 D1　流通版)

3.3.7 稽核 (Audit)

縱然代工合同內約定了巨細靡遺的權利義務,但為了事前管控防患於未然,為了確認代工廠是否確實依照合同約定執行義務,最好的方式就是進行現場稽查訪問,這是買方的權利,代工廠沒有特殊理由不應拒絕,但是必須注意幾項與買方約定的要點:

1.買方進行稽查之前,必須於事前合理期間以書面通知代工

廠，可以於合同中明確約定若干工作日之前的書面通知，告知擬前來進行稽查的時間、地點及稽查專案，以便代工廠提供必要的安排服務，並準備好接受稽查的資料。

2.買方進行稽查的時間，最好是在日常工作時間內，買方始能察看到代工廠生產作業最真實的操作管理情況。假設國外買方要求前來稽查的時間，恰巧是代工廠國內的國定假日，為了買方的稽查，反而需要動員職工到廠加班，徒增代工廠及其職工的困擾，且買方的稽查效果恐怕也要打折扣，對雙方都不見得有利。

3.買方進行稽查的一切費用，特別是從國外來的稽查人員，其往返的差旅交通、食宿等費用，應由買方自己負擔。除非稽核結果發現確實有違約情事，買方向代工廠請求違約賠償時，再將稽查費用一併計入請求。

4.若買方進行稽查之後，確實發現代工廠有若干違反合同約定之處，有些買方會立即以違約論處，動輒就是要求解約賠償，但代工廠應該與買方宛轉溝通，為維繫長久業務合作關係，不應立即主張解除合同及請求違約賠償，而應以書面將稽查結果通知代工廠，定一合理期間要求改善，若代工廠逾期仍未予改善時，買方始得追究代工廠的違約責任。

5.買方前來進行稽查的人員，必須是買方公司所指派的員工，或者買方委託授權的會計師，而不是前述人員以外的其他第三人，這是為了保護買方及代工廠的機密資料，降低被第三人竊取機密資料的風險。

3.4　產品交貨階段

產品生產完成，即進入交貨階段，在此交貨階段仍有個別程序

必須注意的合同重點，逐一說明如下：

3.4.1 交貨期限（Lead Time）

有關產品的交貨期限，有幾個必須注意的合同約定重點如下：

1.交期的確認（Confirm）

產品的交貨期限必須事先約定好，代工廠才能控制生產進度如期交貨，但經常看到買方提出的代工合同中不直接載明交貨日期或期限，而依據日後買方正式簽發的訂單中所記載之交貨日期為准。這樣的條文敘述所隱含的風險，如同前述訂單數量的確認一樣，必須視代工合同之其他條件綜合來看，如果主合同本身許多條件仍存在爭議尚未解決，例如買方提供的採購數量預估（Forecast）僅供生產之參考，那麼日後買方簽發之訂單所載交貨日期，代工廠就必須視該採購數量是否超過日常產能，再個別確認回覆是否同意該訂單所載之交貨日期。因此，於合同中就必須修訂該條文謂「交貨日期依據日後買方正式簽發的訂單中所記載，且經過代工廠確認同意之交貨日期為准。」，保留個別確認訂單交期的權利，避免交貨遲延的違約責任風險。

須再注意者，有時買方所擬代工合同中有關交期之約定記載，於買方發出訂單之日起 N 日內交貨，但交期的確認，其起算點應該從代工廠接收到訂單之日（the date of Vendor's receipt of the P/O）開始起算，而非買方發出訂單之日（the date of P/O placed by Buyer），這二者之間還是可能出現時間落差的。至於交貨期限的長短，這就要視訂單所載採購數量多寡，及代工廠本身的每日產能，客觀評估再做決定。

2.交期的變更（Change、Reschedule）

　　預定的交期也偶有發生變更交期的情況，所謂變更交期包括「提前」或「延後」交期，但與前面所述由買方要求變更交貨日期的情況不同，若是代工廠提早生產完成要求提前交貨，應該事先通知買方，並取得買方的同意後再提前交貨，否則有些買方會拒絕收貨，甚至要求產品售價打折才願意收貨，徒增代工廠困擾。

　　反之，若是代工廠要求延後交貨日期，這是最常發生的狀況，在此情形，代工廠也一樣應該事先通知買方必須延後交貨的情形及原因，同時明確告知預期可以交貨的日期，要求重新議定一個新的交貨日期，讓買方可以預作因應處理，也盡可能取得買方的諒解以免除交貨遲延的違約責任，但買方通常在合同中仍會堅持保留向代工廠追究交貨遲延違約責任的權利，於此情形，只能靠多多協調溝通，盡量減輕雙方的損失，也就減少追究賠償責任的機率。

【案例研討 9】
取消訂單與延後交貨的合約規則

　　A 公司是美國知名電腦公司，B 公司是臺灣電腦關鍵零元件製造商，兩公司買賣交易往來多年合作愉快，不料於金融海嘯期間市場需求銳減，A 通知 B 延後交貨零元件產品，一延就延了一年，之後 A 公司推出新產品上市，原訂購零元件規格不同已無需求，B 要求 A 收貨卻遭 A 拒絕，B 不甘受損遂告上法院。最後判決卻是 B 敗訴，因為合約中載明，買方有權視市場需求情況取消訂單或要求延後交貨。

　　為了因應消費市場供需變化，靈活機動調節出貨確有其必要，但重點在於由誰來承擔產品備料生產、庫存出貨的成本與風險？需

求量預估（Forecast）、總括訂單（Blanket Order）、框架訂單（Frame Order）、物流倉庫（Warehouse）等，都是買方常用來藉以迴避成本及風險的交易方式，但更直接的做法，是在買賣合約裡明白約定買方有取消訂單（Cancellation）或要求延後交貨（Reschedule）的權利，為此，賣方該如何接招應對以進行議約？

1.取消訂單須有合理通知期限，並視備料生產週期而定：在原物料還沒有上生產線正式量產之前，取消訂單尚不至於造成太大損失，甚至可以將採購原物料的生產前準備作業時間一併計入，訂出可以接受買方取消訂單、及時停止生產的通知期限，明訂於買賣合約內。

2.取消訂單若逾通知期限，須補償費用損失：買方因應市場變化須取消訂單，但是又超過了約定可以取消訂單的通知期限，考量維繫合作關係、減少雙方損失的前提下，不得不接受買方取消訂單的要求，但相對的，買方應該補償賣方已經備料及生產的成本費用損失，包括成品、半成品、已訂購但無法轉作他用或退貨的原物料、包材等費用。

3.延後交貨須有合理通知期限，視交貨作業時間而定：買方要求延後交貨的通知，至少必須在原訂交貨日期前的合理期限發出，合理期限無一標準，視個別交貨作業及交貨地點而定，例如若在臺灣交貨，至少須交貨日前一天通知，若是須國際運輸在海外交貨，走空運須三天前出貨，走海運須一個月前出貨，已經出了貨就礙難配合延後交貨的要求了。

4.延後交貨須有明確延後期限，避免遙遙無期變相砍單：配合買方延後交貨的需求，但也不能遙遙無期的延後，無異變相的取消訂單，因此延後交貨必須明訂延後交貨的最長期限。一般為配合公司季報、半年報的財報作業需求，延後交貨最長以三個月或半年為限，否則將影響公司收付款現金流及營收損益認列。

5.超過延後交貨期限，視同已完成交貨：若超過了延後交貨期限，買方仍未通知交貨時，將視同已完成交貨，賣方得逕向買方請求付款，貨物所有權及毀損滅失的風險均移轉由買方負擔，賣方就貨物只負保管責任，若有額外倉儲保管費用發生亦由買方負擔。

6.超過延後交貨期限，構成違約解除買賣：若買方超過了延後交貨期限卻仍未通知交貨，除了前述第 5 點外，另一種效力約定是構成違約，賣方有權解除買賣，並將未出貨的商品轉售其他人。兩種不同效力約定方式，主要考量在於產品本身若不是有特殊規格的客製化產品，仍可轉售其他客戶，則可考慮選擇解除買賣、掌握產品處分權，儘快轉售他人以求現。

「MIT」臺灣製造，是臺灣貿易商品享譽國際品質保證的代名詞，是臺灣製造業者花費多年心血才鍛造出來的金字招牌，包括累積了許多賠本吃悶虧的慘痛經驗，畢竟全球市場競爭激烈又瞬息萬變，為了搶客戶訂單不得不配合客戶的諸多要求，期望業者能同步提升議約能力，在合約的權利義務取捨之間取得適度平衡。

（本文登載於 2016.07.22　工商時報 D1　流通版）

3.4.2　運輸方式（Delivery Term）

交貨運輸方式的約定重點，主要包含兩方面：

（一）運輸工具。依據產品的特性及市場供需時效要求，在兼顧安全、時效及降低運費成本等滿足買方需求的前提下，雙方協議決定以空運、海運、陸運或陸空、海空、海陸聯運方式來運送貨物。須特別注意的是，如果買方對運輸工具有特別的規格要求，除了要求買方明確告知規格標準外，也要確實查證是否符合買方之運輸規格要求，例如，某買方要求海運載送貨物，並於訂單中特別註明必

須以國際貨輪等級標準中的「A」級船來負責運送，而某代工廠將產品裝櫃後即委託報關行托運並報關出口，而代工廠及報關行均未注意到該特別要求，不巧報關行安排到的裝載貨輪是屬於「B」級船，後來買方即以代工廠違約為由，向押匯銀行申請止付信用狀（L/C），雙方遂因此發生爭議涉訟。又例如，買方要求以船運方式運輸貨物，且特別要求貨櫃必須置於貨輪船艙內，不可放置於貨輪甲板，若代工廠未予注意特別要求報關行安排於指定船艙內，仍可能造成違約情形，因此不得不注意運輸方式及附帶條件的約定。

（二）**貿易條件**。事先約定交貨條件，也就是國際貿易的運輸交貨條件，主要目的在於界定買賣雙方就貨物所有權與危險負擔轉移的時間及地點，以及相關費用的負擔問題，代工廠與買方必須於合同或訂單中事先約定好，以便代工廠遵照執行，免生爭議。按照國際商會（International Chamber of Commerce，簡稱"ICC"）針對各種國際貿易條件所作解釋彙編成的 **《國際商務貿易條款》**，或稱 **《國際貿易術語解釋通則》** 於 2010 年最新補充修訂版（一般稱之為《INCOTERMS 2010》[3]）的規定，總共包括兩大類（出口地交貨術語 8 個、進口地交貨術語 3 個）、四組（按賣方承擔責任、費用和風險由小到大依次分為 E 組、F 組、C 組和 D 組）、十一項貿易

---

[3] INCOTERMS 系由 International Commercial Terms 三個字的首碼合併而成，是由國際商會（International Chamber of Commerce, "ICC"）針對國際間各種常用貿易條件所作的統一解釋，以避免或減少因各國不同解釋而出現的不確定性。INCOTERMS 明確規定買賣雙方當事人就已銷售貨物（指"有形的"貨物，不包括"無形的"貨物，如電腦軟體）的權利義務、貨物所有權及風險轉移的時間、地點，以及相關費用的負擔，以供國際貿易的當事人對交易條件有一致的認識，避免發生國際貿易上之爭議糾紛。ICC 於 1936 年首次公佈了一套解釋貿易術語的國際規則，名為 INCOTERMS 1936，之後於 1953、1967、1976、1980、1990 和 2000 年均有修訂，目前最新版本則是在 2010 年中做出補充和修訂，一般以「INCOTERMS 2010」稱之，自 2011 年 1 月 1 日起適用。

術語，十一項貿易術語即分別代表了交貨貿易條件的十一種模式。

　　2011 年最新適用的《INCOTERMS 2010》與《INCOTERMS 2000》相比，主要差異在於：（1）貿易術語的數量由原來的 13 種變為 11 種；（2）刪除 INCOTERMS 2000 中四個 D 組貿易術語 DDU、DAF、DES、DEQ，只保留了 DDP；（3）新增加兩種 D 組貿易術語，即 DAT（Delivered At Terminal）與 DAP（Delivered At Place）；（4）E 組、F 組、C 組的貿易術語不變。DDU、DAF、DES、DEQ 被刪除之主因，應系風險轉移時點之界限不明；目的地邊境（frontier）、目的地船邊（ex ship）、目的地碼頭（ex quay），甚至目的地未稅（duty unpaid）之時點不明，難以定義區分之故。國貿條規雖經七次修改，但修改前的國貿條規依然可供參照、適用，後公佈的標準規章並未明文規定取代前版的規章，並無新版取代舊版的問題，因此國際代工業者仍可依據個別需要，自由選擇熟悉或習慣的版本適用。

　　在此要特別說明的是，一般人對 INCOTERMS 存有兩個非常普遍的誤解，一個是認為 INCOTERMS 是只限適用於運輸合同的條款，其二是誤以為它規定的內容包含了買賣雙方當事人在買賣合同中的所有責任。實際上，如 ICC 所一貫強調的，INCOTERMS 只涉及銷售合同，而且只限於一些與已銷售貨物有關的非常明確的、特定的權利與義務，例如：賣方（代工廠）將貨物交給買方處置，或將貨物交運或在目的地交貨的義務，買賣雙方之間的風險劃分，貨物進口和出口清關，貨物包裝的義務，買方受領貨物的義務，以及提供證明各項義務得到完整履行的義務。雖然說 INCOTERMS 對於買賣合同相關權利義務的執行有極重要的規範意義，但 INCOTERMS 畢竟還是不能完全涵蓋買賣交易中的其他重要條件約定，仍然必須有獨立的買賣合同來完整約定規範所有的買賣交易條件，INCOTERMS 充其量只是其中約定適用的國際標準而已。

《INCOTERMS 2010》國際貿易交貨條件主要模式

貿易條件 國際代碼		意義		交貨地點	適用運輸 方式
		英文	中文		
1	EXW	Ex Works	工廠交貨	商品產地、所在地	不限
2	FCA	Free Carrier	貨交承運人	出口國內地、港口	不限
3	FAS	Free Alongside Ship	船邊交貨	裝運港口	船運
4	FOB	Free on Board	船上交貨	裝運港口	船運
5	CFR	Cost and Freight	成本加運費	裝運港口	船運
6	CIF	Cost Insurance and Freight	成本加保險費運費	裝運港口	船運
7	CPT	Carriage Paid To	運費付至	出口國內地、港口	不限
8	CIP	Carriage and Insurance Paid To	運費、保險費付至	出口國內地、港口	不限
9	DDP	Delivered Duty Paid	稅訖交貨	進口國內	不限
10	DAT	Delivered At Terminal	貨棧交貨	買方指定目的地貨棧	不限
11	DAP	Delivered At Place	目的地交貨	買方指定目的地	不限
※	DAF	Delivered At Frontier	邊境交貨	兩國邊境指定地點	不限
※	DES	Delivered Ex Ship	目的港船邊交貨	目的港口	船運
※	DEQ	Delivered Ex Quay	目的港碼頭交貨	目的港口	船運
※	DDU	Delivered Duty Unpaid	未完稅交貨	進口國內	不限

※【註】《INCOTERMS 2010》刪除了 DAF、DES、DEQ、DDU，增加 DAT、DAP，但仍然可供參照約定適用，並無新版取代舊版的問題。

　　上述各種國際貿易條件個別的意義解釋、使用運作的規則及應注意的問題等，在《INCOTERMS 2010》裡有明確的規範，因此，一般代工合同中通常僅簡單記載約定採用的交貨模式貿易條件例如 FOB、CIF 或 DDP 等，詳細內容必須依照《INCOTERMS 2010》的規定，代工廠必須另行仔細研讀加以理解。

3.4.3　交貨遲延（Delay Delivery）

　　交貨準時是國際代工業務非常重要的基本要求，因為買方一般都有在特定節日或銷售旺季前的行銷計畫，事先投入組織銷售網與行銷廣告等行銷費用，只等產品問市，若是代工廠突然延後交貨，其負面影響不難想像，尤其是為國際知名品牌客戶的代工產品，其全球的銷售網都等著趁某些節慶日的熱賣期間來銷售產品，若代工廠在這時候發生來不及交貨的情形，對買方及其下游經銷商所造成的營業損失及商譽損失將難以估算，而這些損失最終也將成為代工廠的違約賠償責任。在此情形，代工廠若早已先預見交貨將遲延時，為了讓買方可以預作因應處理減輕損失，也一樣應該儘早事先通知買方，並說明原因，同時明確告知預期可以交貨的日期，儘可能取得買方的諒解，以免除交貨遲延的違約責任，或至少可以儘可能將自己的違約賠償責任及損失都降到最輕程度。

　　相反的，有時候產品提早交貨，但買方不一定領情，不一定樂見代工廠提早交貨，尤其是比原訂出貨日提早許多天的情形，因為現在的代工產品大都是依據市場淡旺季供需情形提出採購數量預估（Forecasts），再依據預估下訂單，因此每一次交貨約定的數量、交期、交貨地點及發貨倉庫庫存量等都早已規劃妥當，若發生提前交貨情形，可能給買方帶來一時貨物屯積現象，若是交貨到買方指定的發貨倉庫（Warehouse），則尚須考慮發貨倉庫是否有足夠空間

可以暫收貨物，以及倉庫的倉儲管理費用負擔、萬一發生毀損滅失時的賠償責任歸屬等問題。因此，若產品準備提早交貨，代工廠應事先通知買方，取得買方同意後再出貨，否則按照目前一般買方於代工合同中的要求，買方可以要求拒絕收貨或是減價收貨，造成代工廠無謂的損失。

　　不論是交貨遲延或提前，建議代工廠於合同中事前約定，不論提前或遲延交貨，協商爭取若干天數的免責緩衝期間，例如交貨遲延或提前均不得超過三個工作天，或者交貨遲延不得超過五個工作天、交貨提前不得超過二個工作天，雙方秉誠信合作的精神來協商決定可接受的交貨彈性時間，而不是相互對立似的動輒追究違約責任。

3.4.4 交貨地點（Destination）

　　依當今國際代工製造業務的發展趨勢，具有「一地生產、全球交貨」的特色，甚至為了配合買方全球市場快速交貨及後勤維修的供應鏈佈局，在全球廣設製造工廠，提供「全球生產、全球交貨」的服務。為了「全球交貨」的服務特色，代工產品交貨地點的約定便相形重要，通常買方是在簽發出來的訂單的附註條件裡記載交貨地點，必須清楚記載，代工廠接到訂單時若對交貨地點有疑問，必須特別向買方反映求證確認，避免誤送地點衍生來回運輸及報關等額外費用，甚至因此造成交貨延誤而負違約責任。

　　交貨地點視產品性質是零元件或是已經可以上市銷售的成品，而有不同的交貨地點，以交貨產品是零元件為例，則交貨地點不外以下幾種：

　　1.**買方所屬工廠**。若產品是零元件之類，買方必須再進行組裝成品才能銷售，則交貨地點一般就是買方所屬的工廠，包括買方設

在全球各地的工廠或收料倉庫。當貨物送達交貨地點後，即完成交貨義務，通過驗收後即可請求買方給付貨款

2.**買方指定之第三人**。有時買方的產品成品是委託第三人組裝製造，因此會要求將零元件直接送交到其指定的第三人處，當貨物送達後，即完成交貨義務，通過驗收後即可請求買方給付貨款。

3.**物流倉庫**。除前兩項地點外，買方也經常要求將貨物運送到非買方所屬的外界一般的物流倉庫（Warehouse、Hub）暫存保管，當貨物送達後，雖然已完成交貨義務，但必須等到買方自該倉庫提領貨物後才算完成買賣，也才可以向買方請求給付貨款。有關交貨到物流倉庫的前後相關作業，涉及許多重要的作業程序掌控及權利義務，經常是另外以單獨的倉儲合同來約定，不是三言兩語可以盡述規範，一些特別要注意的操作細節與合同權利義務約定，留待於下一節討論「物流倉庫」（第 3.4.5 節）時再深入說明。

4.除了以上交貨地點外，如果所交貨物已經是組裝完成可以直接上市銷售的成品，則產品可能必須直接送達買方的再上游客戶、銷售商供其銷售上市，則交貨地點依買方個別的通知指示。

3.4.5　**物流倉庫**（Warehouse、Hub）

透過物流倉庫輾轉交貨，是近來國際代工業務非常普遍的交貨模式，這種交貨模式的產生背景，買方為了要充分掌握產品（不論是成品或物料、零元件）存貨狀況，以應自己隨時調節銷售或生產之用，不會有缺貨或缺料之虞；但又怕庫存過多，除了增加自己庫存成本外，也多了倉儲管理的費用與風險，於是發展出這樣的兩階段交貨模式，要求代工廠先依據「Frame Order」[4]先將產品運送至

---

[4]　Frame Order（稱框架訂單或主訂單）意指買方於預定的時間內，預計採購

買方指定的物流倉庫，以方便買方就近取貨，等買方依市場需求決定銷售或生產所需數量後，再簽發正式採購訂單「Purchase Order」給代工廠，然後自物流倉庫取貨，取貨後才算正式完成買賣交易，代工廠才可以依據個別的「Purchase Order」的採購數量向買方請求給付貨款。而在此之前，貨物的所有權及毀損滅失的風險，都仍然歸屬於代工廠負擔，且買方什麼時候向倉庫取貨若沒有期間限制，將造成代工廠很大的庫存管理困擾及風險，所以必須審慎確認交貨地點在物流倉庫的相關管控實施細節，有以下幾點必須特別注意：

（一）**倉儲合同**。交貨地點在物流倉庫，倉庫在代工廠與買方之間的地位及權利義務關係如何界定，必須有合同明確約定，實務上有倉庫與買方簽約者，也有倉庫與代工廠簽約者，最主要的差別在於該倉庫聽從誰的收發貨指揮、盤貨監督，以及由誰支付該倉庫的倉儲費用，貨物毀損滅失時誰是受賠償權利人，不論該倉儲合同是由代工廠或買方與倉庫簽約，不論合同中約定倉儲費用是由代工廠或買方支付，共同的重點如後所述。

（二）**貨物所有權與支配權**。不論倉儲合同是由代工廠或買方與倉庫簽約，貨物所有權均必須歸屬代工廠所有，此所有權的行使，包括代工廠隨時有將貨物取出運往其他地方的支配權利；相對的，貨物毀損滅失的風險也是由代工廠承擔。貨物只有當買方提領離開倉庫之後，始轉移所有權及風險至買方由買方承擔。

（三）**貨物盤點稽查權**。因為貨物所有權人仍然是代工廠，代工廠也有義務隨時向買方通知在倉庫內的產品庫存狀況是否符合「Frame Order」的數量，所以代工廠必須有權利隨時前往倉庫盤

的產品總數量訂單，然後再依個別正式的 Purchase Order（採購訂單）分批取貨，買方僅依實際取貨數量負給付貨款義務。

點稽查（Auditing）。若是在倉儲合同由代工廠與倉庫簽約，且倉儲費用是由代工廠支付的情形下，要求隨時進入倉庫進行盤點稽查尚無太大問題。但若是倉儲合同由倉庫與買方簽約，且倉儲費用是由買方支付的情形下，則倉儲合同的權利義務關係原則上只存在於倉庫與買方之間，倉庫是可以不理會代工廠的要求。因此，於國際代工合同中必須約定產品交貨至物流倉庫後的所有權歸屬及盤點稽查權利，且最好要求將此代工廠的權利也明白約定記載入倉儲合同中，以避免日後代工廠前往倉庫稽查盤點時與倉庫管理人發生爭議。

（四）**貨物提領權**。這是有關產品交貨到物流倉庫後的另一項約定重點，究竟代工廠及買方誰有權利自倉庫中將貨物提領出來？倉庫接受誰的取貨通知將貨物放行運出？在國際代工業務實際運作的個案中，貨物提領權人有代工廠、有買方，也有二者都有權提領貨物的不同約定，關鍵即在於國際代工合同中或倉儲合同中誰具有貨物主控權的約定。就物流倉庫中的貨物提領權歸屬，實務上存在有以下幾種模式：

1.對代工廠而言，在物流倉庫內貨物交貨及取貨的主控權利最好都在代工廠，倉庫應該聽令於貨物所有權人，也就是只聽令於代工廠的指揮，買方發出正式採購訂單給代工廠後，再由代工廠通知倉庫何時放行出貨及出貨的數量。而且，若買方有遲延付款，或是已經出現財產被法院執行扣押、宣告破產等履行付款義務顯有困難之情形時，代工廠可以拒絕出貨，可以通知倉庫禁止買方前往提貨，藉以逼迫買方給付貨款，或至少可以降低出貨損失。但若是無法轉售其他人的客製化產品[5]，則產品取回也無實益，仍須設法要

---

5 客製化產品（Customized Products）意指依據客戶提供的特殊產品規格製作出來的產品，特別是零元件產品，因為只有該特定客戶的特定產品有此需求，不是通用產品（Common Products、Common Parts），因此無法轉售給其他客戶使用。

求買方取貨，或視同已交貨但買方違約拒絕收貨，使貨款債權成立，預留證據，以備日後訴訟求償之用。

2.其次，因為物流倉庫一般都是依據買方所指定，與買方的關係密切程度勝於代工廠，甚至也常見物流倉庫就是買方轉投資企業的情況，則倉庫多半傾向於聽從買方的指揮，即使是由代工廠與倉庫簽署倉儲合同，且由代工廠支付倉儲費用的情形下亦然。對代工廠而言，即使不能達到前項單獨管控的最好模式，退而求其次，代工廠與買方都有權利直接到倉庫取貨，但其中的取貨程序就必須非常明確且嚴格的約定，買方去倉庫取貨前或同時，必須將正式採購訂單發出給代工廠，讓代工廠能夠憑以請求給付貨款。更退而求其次者，買方去倉庫取貨之後，必須通知代工廠已取貨數量，並將正式採購訂單發出給代工廠憑以請款。最差的作業狀況，是由倉庫事後才來通知貨主（代工廠）貨物被買方提領的數量及日期時間，甚至也有每週或每個月才清點倉庫庫存，結算出當週或當月的總出貨量後據以請款的情形。但無論前述那一種取貨作業方式，只要當事人約定清楚即可，差別在於代工廠能否事前掌握到客戶於第一時間取貨的即時性，但對代工廠而言，真正的重點除了能夠清楚掌握倉庫中貨物的存貨現況之外，更必須掌握隨時可以自倉庫運回貨物的支配處分權利。

3.最差的約定是，所有的義務都歸代工廠負擔，但權利都歸買方獨享，也就是倉儲合同由代工廠與倉庫立約，倉儲費用由代工廠負擔，有些倉儲合同甚至要求代工廠必須負擔產品綜合損失險的保險費，代工廠有依「Frame Order」要求數量交貨到物流倉庫的義務，但只有指定的買方才能提領貨物，連代工廠要自倉庫取回貨物，或者只是要前往倉庫稽查盤點貨物儲放情形，都必須經過買方的書面同意，並由買方通知指示該物流倉庫管理人後，代工廠始得以進入倉庫。於此情況下，代工廠的貨物運送交付到物流倉庫後，

即完全失去對貨物的實質支配權利，空有對貨物名義上的所有權，徒增風險，並使買方延後付款義務。特別是倉儲合同由買方與倉庫立約，倉儲費用也由買方負擔的情形下，更是如此。

　　代工廠應該明確認知上述各種情況的利弊得失，審慎評估買方的信用，以及自己與買方之間業務關係的維繫，就貨物提領的權利問題與買方及倉庫三方間充分溝通清楚約定，寧可多負擔倉儲管理費用，也務必要能實質掌控貨物的收發支配權利。

　　（五）保險與損害賠償請求權。倉庫中的貨物若因天災或人為事故而毀損滅失時，倉庫依倉儲合同善良管理人義務，固然應該負責賠償，但究竟誰有權向物流倉庫請求損害賠償？在合同中常有爭議，討論的幾個重點如下：

　　1.物流倉庫的責任。有些物流倉庫提出的倉儲合同，將倉庫的功能角色定位在僅單純提供倉儲空間供放置貨物之用，有如停車場只供停車，不對車輛負保管責任，因此若貨物在倉庫內發生毀損滅失，不論任何原因所引起者，倉庫一律不負責，也因此，要求貨主（代工廠）自己必須為貨物投保。但實際上，以倉儲貨物的性質與價值來看，物流倉庫不能把以件計價的代工產品，拿來與一般以噸計價的農畜產品般相提並論，國際代工產品通常在市場上都有較高的經濟價值，貨主（代工廠）應該要求物流倉庫負更多的倉儲保管責任，這是基本的原則。至於倉儲保管責任的範圍內容，詳後述。

　　2.賠償責任範圍。承上所述，貨主（代工廠）應該要求物流倉庫負更多的倉儲保管責任，至於倉儲保管責任的範圍內容，至少應該是一比一的損害賠償責任，也就是必須按產品價格照價全額賠償。有些倉庫提出的合同，都盡可能減輕自己賠償責任，縮減賠償範圍，例如倉庫內貨物毀損滅失的比例在 3％以內者，或者非因可歸責於倉儲方的原因所造成的損失，倉庫方不負責賠償，而倉庫這樣的要求並不合理，因為貨主更沒有理由去平白受損，而且也不會

因此可以少付倉儲費用，倉庫方仍然應該負起全部的賠償責任，才屬公平。

也常見倉庫方承擔倉儲貨物毀損滅失的賠償責任，但卻是比照航空貨運損失賠償的方式，按重量每公斤賠償 20 美元，假設儲放在倉庫的產品，是單價價值 1000 美元的 Notebook，每件重量含包裝不超過 3 公斤，那麼在倉庫內損失一台 Notebook 的賠償金額卻不到 60 美元，其賠償責任之不合理不言可喻。如果是體積更小、重量更輕的高單價產品，例如：數碼相機、手機、MP3、PDA、GPS 等科技產品，那麼物流倉庫這種按重量賠償的賠償方式，顯然更是不成比例得離譜。如果再加上前述的賠償條件，毀損滅失的比例超過 3%以上才須負賠償責任的，換句話說，10000 台的倉儲貨物，萬一遺失了 300 台是不須負賠償責任的，如果遺失了 310 台，只須要就超過的 10 臺秤重論斤計價，那無異是鼓勵竊劫的"劫貨條款"，這種條件當然是無法接受的。因此，若是遇到物流倉庫對貨物的保管及賠償責任是採取如此寬鬆的態度者，寧可另外找別家物流倉庫業者；但若這一家物流倉庫偏偏又是客戶所指定的物流倉庫，則代工廠應該立即向客戶反映告知如此情形，要求更換其他負責任的物流倉庫業者，否則要求客戶也應該連帶負責相關的損失賠償責任。

3.保險負擔及受益人。承上所述，既然倉庫方應該為保管貨物發生毀損滅失負起全部的賠償責任，面對物流倉庫內所儲放來自各地不同價值的貨物，倉庫方又應如何對各個貨主負責？最好的方式就是買保險，為倉庫中的所有貨物投保綜合損失險，對倉庫方及貨主雙方都有實質的保障。至於保額高低及受益人問題，若是能個別要求倉庫方必須以貨物市價為保險金額，且以貨主為保險受益人，當然是對貨主最完善的保障。但是，倉庫內來自各地貨物的貨主何其多，若站在倉庫方的立場，為使其保險作業單純且方便，只要倉

庫方在合同中承諾負責貨物所有毀損滅失的責任，萬一真的發生事故時，由倉庫方向保險公司申請理賠後，再轉付賠償金給貨主（代工廠），這樣的方式也是可以接受的。除非代工廠所交付保管的貨物是特別高價的產品，則必須特別向倉庫方提出保險的要求，並指名代工廠為受益人，當然，倉儲費用可能會因此而增加。由於保單究竟應該由貨主或是倉庫方購買，保險受益人究竟應該是貨主或是倉庫方，各種情形都有，代工廠應該評估各項主客觀因素後，與倉庫方協商採取最合適的保險方式。

　　然而就筆者經驗，物流倉庫業者顯少願意承擔百分之百的倉儲保管責任，即使願意投保也很難滿足每一個客戶不同貨物價值的需求，因此，代工廠最好還是自己斟酌貨物價值，為自己的產品全額投保，有備無患。

　　（六）免稅倉庫的清關與補稅。依買方要求將產品送交國外其指定的物流倉庫時，必須注意一個問題，如果該買方指定的倉庫是一處免稅倉庫時，那麼除非是由買方自行去該倉庫報關提貨，否則若是必須由代工廠依據買方的指示再自免稅倉庫出貨，交給其當地的工廠或其他代工廠，則必須考慮該免稅倉庫內的貨物可否直接內銷到當地，或者必須補稅後才可以出貨銷售到當地，避免誤觸逃漏關稅的法律責任風險，或者增加了額外的關稅成本。

【案例研討 10】
貨拉不回又不付款，物流倉庫聽誰的？

　　A 公司為德國一知名品牌手機大廠，B 公司為臺灣手機關鍵零元件製造商，B 依據 A 提出的採購量預估及總括訂單備料並供貨，交貨到 A 指定在德國當地的物流倉庫（warehouse）後，A 再按實

際需求數量簽發正式訂單給 B，並自倉庫領用零元件，同時每月結算正式訂單領用數量並據以給付貨款，常年合作下來倒也交易愉快。

豈料因市場需求驟變、連年虧損等因素，A 突然宣告破產，法院指派破產管理人接管 A 所有國內外資產，包括在全球各地物流倉庫內的成品、半成品、原物料、零元件等，並凍結 A 公司資金，停止一切對外付款。其中屬於 B 交貨的零元件價值逾百萬美元尚未結算付款，又無法自倉庫拉貨回來減少損失，進退不得欲哭無淚。

本案例是常見的交貨模式，買方為確保生產所需數量龐雜的原物料、零元件供應無虞且方便取貨，但又不想預付貨款、負擔倉儲管理費用及風險，因此要求賣方依其總括訂單（blanket order）或框架訂單（frame order）先交貨到指定物流倉庫，再依實際需求簽發正式採購訂單（purchase order）後取用料件，取用後才算完成交易，也才有給付貨款義務。這樣的交貨模式衍生潛在風險，業者不得不慎：

一、**總括訂單非正式訂單，審慎斟酌交貨數量**：採購量預估、總括訂單或框架訂單，在製造業界都非正式的採購訂單，甚至在訂單上已寫明「本訂單僅為賣方生產準備之目的，不得被視同買方將依記載數量採購之承諾」，但賣方常因預期心理，先備料生產等待交貨，特別是交貨到物流倉庫的二階段交貨模式，具有潛在的風險性，賣方交貨數量務必量力而為。

二、**買賣主約之原則約定，決定倉庫交貨的風險歸屬**：若買賣主合約內已載明，賣方應先交貨到指定物流倉庫，待買方依實際需求簽發採購訂單且取用料件後，才算正式完成買賣，買方自倉庫取貨之前的貨物所有權仍歸賣方，貨物毀損滅失的風險也由賣方負擔，則賣方與物流倉庫務必有合約拘束權利義務。

　　三、**與物流倉庫直接議約，掌控貨物的所有權**：常見買方要求賣方交貨至其指定物流倉庫，並且負擔倉儲費用，但賣方對倉庫卻毫無管控權利，因為倉庫合約由買方訂定，倉庫業者視買方為貨主。賣方既然要負擔倉儲費用，應爭取與物流倉庫直接議約，遇本案例情形時，才能拿出合約明確舉證對貨物的所有權。

　　四、**有權隨時查核倉庫，掌控貨物儲存現況**：與物流倉庫議約，除了確認貨物所有權外，更須有隨時進出倉庫盤點貨物的權利，若是客戶對物料儲放的方式、位置、環境、保全條件等有特別要求，就必須於倉庫合約內明確約定，隨時掌控貨物儲存現況。

　　五、**約定毀損滅失賠償責任，透過保險分擔風險**：倉庫內貨物若發生毀損滅失時的賠償責任，倉庫業者通常都是秤重計價，並定有賠償金額上限，且容許若干比率的免賠償額，這並不適用於賠償重量輕、單價高的科技產品，賣方除了與倉庫業者積極議約爭取合理賠償責任外，將國內外物流倉庫內的產品列入保險理賠範圍實有必要。

　　六、**客戶破產凍結資產，評估貨物取留得失**：若是客製化特殊規格的產品，無法轉售第三人使用，萬一碰到客戶宣告破產的情形，大費周章自倉庫取回貨物也不能減少損失時，寧可不取回貨物，改請求損害賠償，列入破產債權並等待債權分配。

　　製造商若有志將商品行銷全球，可善加利用國內外物流倉庫調節出貨，但務必將物流倉庫作業納入企業管理的環節，既能滿足客戶即時交貨的要求，也能夠確保適度分散產銷損失的風險。

　　　　　　（本文登載於 2016.07.15　工商時報 D1　流通版）

3.4.6 驗收（Inspection）

　　產品的驗收是必要的程序，代工廠將產品生產完成準備出貨前，自己要先進行出貨前的品質檢驗（OQC），這是代工廠最基本的自我要求，但是買方通常也會要求進行驗收，至於驗收的項目、時間、地點及標準等，並非一陳不變的規則，完全依據雙方事先的約定，基本上是在研發設計階段中就已經開始規劃、制定驗收的規格標準，到了工廠試作與準備量產階段會有驗收標準的初版出現；也有可能在量產出貨後，增加或減少某些項目，這種事後變更的情形，都必須留下書面記錄並且妥善存檔保管，以備日後若因為驗收規格標準發生爭議時舉證之用。也有不必驗收者，通常是代工廠已經長期供貨，或該代工廠是世界上唯一的或是獨佔的供應商，留下品質良好的信用記錄，經向買方申請「免驗通關」（綠色通關）核准後，即可以不再經過驗收程序。而一般常見的驗收程序，不論驗收的項目、時間、地點及標準如何約定，可以按照「5W」人、事、時、地、物的原則要點，注意以下幾個有關驗收條款的重點：

　　1.驗收人（人）。 誰是有權代表買方來進行產品驗收的人，若是能夠在合同中明確約定，當然是避免日後爭議最好的方法，但一般都不會在合同中特別約定，在業界習慣通常都是「認章不認人」，也就是只認買方的驗收章，產品送到買方指定驗收地點後，只要買方在產品驗收單上蓋章，或是直接在送貨單上蓋驗收章，都發生驗收通過的效力，而不論代表買方蓋驗收章的人是什麼部門、級別，或者是否有得到買方公司負責人的合法授權，也不論是否有確實按照驗收標準執行驗收工作。在業界會因為驗收問題發生爭議糾紛者，通常都是因為產品交貨後，日後出現品質或數量不符的問題時，代工廠認為產品已經經過買方驗收通過，而買方抗辯主張驗收

並未經過公司授權驗收人員的正式驗收通過。因此，必須特別注意的是：

（1）若買方是以蓋章方式代表驗收通過，則不論是以公司印鑑章或是驗收專用的戳記章，只要是買方經常性對外使用於驗收或其他商業文書者，都具有代表性。但相反的，若是買方在產品驗收單或送貨單上所蓋的驗收章，並不是代工廠所熟知的買方公司印鑑章，或是前所未見的驗收專用章，則為了確保買方進行產品驗收的代表性及有效性，代工廠最好再慎重求證，要求買方聲明確認該印章確實是公司之印鑑章（能檢附公司變更登記事項卡更好），或者是已經經過公司正式授權使用於驗收及（或）其他業務之專用印章，並保留相關的書面記錄資料，以備日後萬一因驗收效力問題須負舉證責任時之用。

（2）若買方只是由某經辦人個人簽名代表驗收通過，則該簽名人之正楷姓名（能明確辯視）、所屬部門、級別、職稱，以及是否經過買方公司的合法授權，更必須以比求證驗收章更嚴謹審慎的態度去小心求證確認，以避免日後買方輕易地以該簽名人未經合法授權不具代表性為由，輕易推翻了驗收的效力。

2.驗收專案內容及範圍（事）。針對產品驗收工作，究竟是僅就內外包裝外觀及數量進行驗收，或者包括產品的功能測試，功能測試的項目、內容、範圍及數量比例等，都必須事先明確約定，以避免日後買方隨機式的一再變更驗收項目及範圍，不但漫無標準，也拖延驗收程序及後續的作業。

3.驗收時間（時）。除非雙方已協定免驗，否則必須明確約定驗收時間，例如約定買方必須於產品送交約定地點後五天、十天或三十天的工作天（工作日）（Business days、working days）內完成驗收，如果逾期不進行驗收，或者已進行驗收但未表示任何異議者，視同驗收通過（to be deemed accepted/ approved），才不會因為

買方藉故拖延不進行驗收,而藉以延後給付貨款的時間。至於必須
完成驗收的時間天數長短,這並無一定的標準,一般必須視個別產
品的性質、特性、數量多寡、驗收專案及規格標準的繁雜程度,以
及產品本身交貨的急迫性等因素綜合考慮,再個別決定合理的驗收
時間。

4.驗收地點(地)。有關產品驗收的地點,買方要在代工廠產
品出貨前,就先到代工廠或發貨倉庫內進行驗收者,或者是產品運
送到買方指定的物流倉庫或其他交貨地點後再進行驗收者,都必須
事先明確約定。

5.驗收的規格標準(物、標準、方法)。在整個驗收階段的相
關條款約定裡,驗收的規格標準是其中最重要的核心,驗收的規格
標準為何,採全面檢驗或是抽驗方式,若採抽驗方式,則抽驗的數
量比例如何,必須有明確的約定。如果驗收不通過時,貨物如何處
理?在買方的立場,通常會要求全部拒收退貨處理,並儘速補貨,
而且保留追究交貨遲延的違約責任。在代工廠的立場,驗收不通過
是非常嚴重的事情,代工廠固然必須立即負責處理,除了分析瞭解
驗收不通過的原因,並立即予以改正,避免陸續交貨的產品再發生
同樣的情況外;就已經交貨的部分,確實有瑕疵的產品固然應該負
責取回修理或以新品更換,至於是全部取回自行全面檢查,或者是
僅就驗收不通過的瑕疵品取回換修,或者折中方式收回驗收未通過
的同一批產品,這必須考慮產品性質、包裝方式、驗收不通過的原
因、產品返修更換的時效及費用,以及返修的同批產品中,若發現
並無瑕疵(No Defect Found,簡稱"NDF")的產品,是否應該予以
扣除返修費用等等客觀因素,綜合評論後再來決定最適當的處理方
式。簡言之,在代工合同中約定驗收不通過的處理方式,最好能採
取視個案處理的保留彈性方式,而非全面退貨收回的切割方式,才
能真正以最適當的處理方式,將雙方的損失都降至最低。

【案例研討 11】
驗收不過視同通過就虧大了，談驗收條款

　　案例一，A 公司為臺灣知名品牌電腦大廠，B 公司為電腦關鍵零元件製造商，B 依據 A 提出的正式採購訂單趕工生產如期交貨，豈料交貨後卻一直無法通過驗收，因為驗收未通過，A 公司依合約之約定也就沒有付款義務；B 認為 A 假借驗收未通過的理由拒絕或拖延付款，最後告上法院，但因雙方合約內未明定驗收標準，雙方論辯各執一詞。

　　案例二，國內某製造商 A 公司向美國設備商 B 公司訂購了 60 台生產設備，因發生驗收爭議，最後依合約之約定在美國進行仲裁，A 並要求解除買賣合約、退還全部已付貨款。最後仲裁結果，B 設備商僅須退還未通過驗收的 20 台設備款，已通過驗收的 10 台，及依合約約定「應視同驗收通過」的 30 台，A 公司仍須買單付款，對 A 公司影響甚大。

　　交貨驗收是產品買賣交易的必經程序，未明確約定驗收條件細節，容易導致交貨產品通過驗收與否的爭議，也最容易成為買方有心拖延付款的最佳藉口。因此，產品買賣合約的驗收條款，必須明確約定為宜：

　　一、明定驗收期間：貨物送達約定交貨地點後幾個工作日內，買方應完成驗收，若發現有任何質量瑕疵，應以書面提出異議；若逾期未提出異議者，視同驗收通過，以避免買方賴皮，刻意遲不驗收以拖延付款。

　　二、明定驗收標準：驗收標準通常在簽署買賣合約時就必須經過雙方確認，賣方務必審慎閱讀、瞭解；若買方事後才提出或變更

驗收標準，仍須經賣方確認同意始生效力。且驗收標準應明確客觀量化、數字化，例如採 30%抽檢比例、試產良率須達 90%，避免以「須滿足客戶需求」之類流於主觀認定的方式。

三、**有權驗收人員**：貨物送達買方後，通常是由採購部門或品保部門（IQC）人員負責進行驗收，若買方有特別要求須由特定人員負責驗收，應事先於合約內載明，並確實由該指定人員負責進行驗收，並於驗收單上簽名，避免日後買方否認驗收通過的效力，徒生爭議。

四、**小心視同驗收通過條款**：原本不符合驗收標準的產品，卻必須「視同驗收通過」並付款，對買方影響甚大，買方務必審慎閱讀、確認視同驗收通過的事由。

例如：買方未經賣方技術人員陪同擅自操作機臺進行試產、買方使用未經賣方核可之原物料投料試產、機臺安裝所在水電供應廠務設施未經賣方檢驗核可等，是否合理且可行，若有疑義應立即反映要求修訂。

五、**驗收未通過之處理方式**：若驗收未通過，並不當然立即解除買賣，處理方式通常要求在一定期間內進行修繕或更換新品，須視不同產品的特性來約定，例如若是組裝龐大的生產設備，以修繕調校設備至產出結果符合驗收標準為止；若是電腦內某項小零元件，則通常直接更換新品，甚至約定提供定量備品給買方自行替換（SWAP）。合約內可約定保留權利，若是幾次修繕或更換新品仍然無法通過驗收時，買方有權解除買賣，並請求退款及賠償。

六、**部門會簽共同檢視**：筆者向來強調合約簽核是公司內部共同檢視的作業流程，也是稽核查核的重點項目，公司各部門常常只會分工不會合作，採購單位負責議價採購，設備使用單位只管使用，買賣合約就交給法務律師去審閱，使用單位沒看過買賣合約的驗收條款是常態，遑論知道有「視同驗收通過」的條款約定，

才會造成原本驗收不過的設備，卻因視同驗收通過而仍須買單的情形。

收貨驗收即使通過了，賣方對產品仍然負有保固責任，因此買方常認為貨到就好，忽視驗收作業的細節約定，但魔鬼常常就藏在細節裡，驗收條款約定良莠與否，對買賣交易的影響是可大可小，輕忽不得也。

（本文登載於 2016・07・29　工商時報 D1　流通版）

3.4.7　付款（Payment）

產品順利交貨並通過驗收後，代工廠便可以向買方請求給付貨款了，給付貨款的條件應注意的重點如下：

（一）**付款期限**。有關付款條件的約定，買方常會要求於收到代工廠的商業發票後若干天（days after receipt of Invoice）內付款，一般代工廠折中的付款條件則是，於產品出貨後若干天（days after delivery of Products），或代工廠發出商業發票後若干天（days after the Invoice issued），以後屆至者為準（whichever is latter）。至於付款天數的決定，代工廠應考慮現金流（Cash Flow）的管理問題，也就是對上游客戶收款與對下游供應商付款之間的資金平衡，最好的收付款狀況是先向客戶收取貨款後，再向供應商付款，這樣就不至於造成現金流的壓力；反之，若向客戶收貨款天數較長，而對下游供應商付貨款天數較短，則代工廠必須先支付貨款後才向客戶收貨款，除非代工廠本身財力穩健，否則就必須面對資金周轉調度的壓力。建議有關付款條件的約定，必須照會公司財務部門，聽從財務部門的意見，以決定最適合的收付款天數。

（二）**付款方式**。付款方式也是必須事先約定，一般不外以信

用狀（L/C）、支票或現金付款，但最常見者是以銀行電匯
（Telegraphic Transfer，簡稱 T/T）方式，特別是與國外買方或供應
商的收付款，以國際跨行匯款方式非常普遍。付款方式沒有一定規
定，只要雙方協議約定即可。但若是代工廠接受以信用狀支付貨
款，要特別注意客戶在信用狀上是否有附加條件，例如必須買方驗
收通過並出具驗收單後始可押匯，而於事後假藉理由拒絕或拖延出
具驗收單，藉以達到拖延付款的目的；因此，必須小心檢視信用狀
上的附加條件。

（三）**遲延付款**。買方若發生遲延付款的情形時，代工廠應如
何約定相關的權利義務，一般會考慮以下幾點：

1.遲延利息。自逾期付款日（Due Day）起開始起算遲延利息，
直至買方將已到期貨款全部付清為止。至於利率的約定，一般會比
照買方要求代工廠遲延交貨時的罰責，也就是說，如果買方要求代
工廠若遲延交貨時的罰責是每日貨款總額的千分之三（0.3%），那
麼若買方遲延付款時，其應付遲延利息也同樣是每日按遲延付款總
金額的千分之三（0.3%）。這樣的約定方式有兩方面的目的，一者
是求其公平，二者是藉此拿來做為與買方協商談判的籌碼，希望雙
方都將遲延交貨及遲延付款的罰責取消，如果不能取消，至少雙方
也有公平一致的遲延罰責標準。

2.暫停出貨。如果買方遲延付款的情況一直持續著，即使每日
不停加計遲延利息，但不見得對降低代工廠的損失風險有助益，也
不見得對客戶能發生有效的威嚇或懲罰作用，因此，若買方遲延付
款的天數已經達到代工廠不可容忍的期限時，代工廠最起碼可以採
取立即減輕損失的作法就是暫停出貨（Stop Shipment/Delivery），
如果買方還需要代工廠交貨供其組裝生產成品銷售求現，即可藉
以逼迫買方立即給付全部或部分貨款，或者至少能出面提出和解
方案。

　　但主張暫停出貨猶如雙面刃，對代工廠不見得絕對有利，在前述買方還需要代工廠交貨供其組裝生產成品銷售求現的情形下，或許還有些作用，但如果在不同情況下，主張暫停出貨反而對代工廠不利，例如：買方就產品的銷售情形並不理想，買方原本即有取消訂單以降低庫存壓力的想法，若此時代工廠自己先主張暫停出貨，反而給了客戶取消訂單的正當性，特別是當合同中就買方取消訂單（Cancellation of P/O）又沒有限制條件約定時，買方更可以理所當然的取消訂單，或者將代工廠暫停出貨的行為，視為是代工廠取消訂單。又例如：該產品是「客製品」，是依據該買方的特別規格設計而製造的產品，若不銷售給該買方，也不可能將產品轉售給其他人時，此時代工廠若主張暫停出貨，不出貨則貨款債權當然也不成立，留著產品也沒有實益，不如仍按約定的出貨日期如期交貨，再來主張貨款債權請求給付，反而有機會全額求償。因此，當買方遲延付款的情況一直持續時，代工廠實際上是否要主張暫停出貨，仍然必須慎重評估考慮，但是在合同中可以採選擇性主張（at Seller's sole discretion）的約定方式，保有選擇執行與否的彈性。

　　3.終止合同。 如果暫停出貨仍然無法改善買方遲延付款的情況，那麼表示買方的上游市場也可能出現狀況了，如果遲延付款的情況一直持續，代工廠也只好終止代工合同，停止後續的生產及備料，避免損失的擴大，並依合同約定內容及法律規定，採取必要的貨款債權權益保障措施。

3.5　售後服務階段

　　產品順利出貨交貨後並不是代工買賣交易的結束，更長時間的售後服務工作才剛開始啟動，也就是品質保證責任與保固維修服務

的開始。代工廠保證產品品質符合買方要求的規格標準絕無瑕疵，如果發生任何瑕疵，則代工廠應該負瑕疵擔保責任，在代工合同中約定有關產品的瑕疵擔保責任相關問題，可以區分為保固期內及過了保固期兩階段，必須特別注意的事項如下：

3.5.1 保固期內（In-Warranty Period）

所謂保固期間內，指代工廠提供產品品質保證的期間，俗稱「保固期」，產品在保固期內發生任何品質瑕疵時，代工廠提供免費的維修或更換新品的服務。據此，合同內就保固期內的保固服務相關事項，必須注意幾個重點：

1.保固期間。也就是代工廠提供保固服務的時間，必須有固定的期限，業界並沒有一定的標準，一般常見的保固期間，短者有一個月，長者有五年甚至於更長者，一般多為一年至三年之間，通常是依據產品的類別、特性、產品生命週期（Life Cycle）、市場競爭需求、保固服務項目內容、客戶的要求以及代工廠對售後服務的重視程度等，按諸多主客觀因素綜合評估考慮而定。保固期間長短牽涉到的是風險與成本問題，保固期越長，代表與產品可靠度壽命中的磨耗期重疊時間越久，相對而言，所承擔免費維修或更換新品的風險機率就越高，相對的就是售後服務的成本支出越多，所以代工廠必須仔細評估，提供最適當的保固期限。

2.保固服務內容。保固期限確定後，保固期內提供的保固服務項目為何，在合同內也必須約定清楚。一般而言，不外是修理（Repair）或是以新的產品或類似新品（as new）來更換（Replace），但究竟是修理或是更換新品，應該由代工廠、客戶或是消費者誰來決定？通常在客戶或是消費者的立場，當然是希望直接以新品更換；但是在代工廠的立場，卻是以免費修理為原則，無法修理者再

以新產品更換，說穿了，這牽涉到代工廠在產品賣出時，對維修準備金或是維修保固成本的預算多寡及分配額的考慮。特別是當代工產品是屬於高價產品，而且已經是組裝完成可以上市銷售的成品，只是針對某瑕疵部位進行修理，成本當然是比整個產品換新來得低。例如，該代工產品是一支手機，發生瑕疵原因是手機無法撥號，手機送回維修站修理時，也許代工廠只要更換手機按鍵就可以解決問題，而不必更換新手機給客戶。又例如，該代工產品是手機零元件中的按鍵，當消費者反映瑕疵原因是手機無法撥號時，代工廠評估直接更換新的一組按鍵比修理按鍵要更省事且經濟，代工廠就直接更換新的一組按鍵。因為這也是牽涉到成本的問題，因此，對代工廠而言，最好更換新品或修理的決定權是在於代工廠，而不是完全任由客戶來決定，但對客戶而言，客戶通常也會希望是由客戶來決定，雙方最好於合同中先審慎決議約定之，以避免日後發生爭議。

　　3.維修完成時間。不論保固服務內容為何，保固服務不能遙遙無期的進行，這將會影響到客戶的品牌信譽，因此客戶標榜 3 天完修、24 小時完修、8 小時完修，甚至是 58 秒完修等廣告詞都紛紛出現，而這麼短的完修時間，或稱為「返修時間」、「Turn Around Time」（TAT），就是代工廠必須要配合客戶要求所提供的快速維修服務的完成時間。當然，以全球的 ODM 設計製造業務的性質來說，要在這麼短的時間內完成維修服務，其實是有困難的，單是國際運輸往返的時間可能就要超過兩天了，因此，代工廠要承諾提供快速的保固期維修服務，除了必須審慎評估本身於全球的服務據點多寡、產品特性、維修的難易度等因素外，是否有其他的配套政策措施，例如有關全球服務據點（Global Service Center）的設置、換修備品（Buffer Stock）的提供，也是影響代工廠提供完修時間長短的決定因素，討論於後。

4.服務據點的設置。依全球國際代工業務的性質，除非是少數有能力在全球廣設製造工廠兼維修中心的大型代工廠，否則通常一般中小型的代工廠，大多無法於全球各國普遍設立維修中心、服務站（Service Counter、Service Desk），頂多是按北亞、南亞、北美、南美、東歐、北歐、南歐等大區域的，設立一處維修中心、服務站，負責處理較為嚴重的瑕疵產品維修工作，而於該區域內各個國家的待維修產品，多是由客戶或客戶的經銷商、銷售商經營的銷售據點兼維修據點，負責較為輕微瑕疵產品的簡易維修工作。

更深入言之，在國際代工業界通常是把產品發生瑕疵的情形，按嚴重程度區分為 L1、L2、L3（Level 1、Level 2、Level 3）三階段，以手機產品為例，大致上的區分方法如下：

L1：有關產品外觀部件瑕疵的簡易處理，例如：電池更換、軟體更新、資料重整、解碼等，由 ODM 代工廠在全球各地的外包維修中心負責處理，通常外包維修中心會先就造成瑕疵的原因進行判定，甚至將資料狀況傳送回代工廠，以便釐清問題點，確認是否確實屬於產品本身的品質問題，或是其他人為因素造成的瑕疵，以確認是否屬於代工廠的保固責任，例如判斷是否浸水、摔傷、外力撞擊或其他人為損傷等情況，則不在保固責任免費維修範圍之內。

L2：瑕疵程度較輕微的產品，但必須更換零件，例如更換天線、鍵盤、LCM（**液晶顯示模組**）、外殼，並進行重焊等等，通常會由客戶自行負責為消費者進行換修服務，然後再將瑕疵原因、維修使用的零件、維修工時、費用等資料作成維修服務報表（Service Report），再交由代工廠外包維修中心審查後，再憑維修服務報表送交代工廠的客服維修部門，以便申請維修費用。

L3：瑕疵程度較嚴重的產品，需要專業的維修技術（例如：人工分析除錯、人工焊接電路板等耗時耗材的維修分析工作），或是需要專業的維修儀器設備（例如：網路分析儀、高頻示波器等），

又例如電路板某部分元件更換，整機必須重新校驗等，大多就必須將整個產品運回代工廠原廠，由代工廠來負責換修處理。然而，這樣的維修服務分工方式，又牽涉到幾個必須個別約定的重點，說明於後。

5.維修備料的提供。一般而言，由客戶自行負責輕微瑕疵產品的簡易保養維修工作，例如 L1 及 L2 等級的維修工作，但維修所需的零元件、耗材的提供，卻有以下幾種不同的模式，通常都必須透過溝通協商方式來決定：

方式一，由代工廠按照採購數量的若干比例內免費提供維修備料予客戶，稱為「Free Parts」，通常免費提供維修備料的數量比例不會太大，也不是無限量供應的，而且其所有權仍屬於代工廠所有，仍屬於代工廠的資產，因此，若客戶濫用維修備料，非正常使用於產品維修上，代工廠仍然可以向客戶請求計價付費。而有關客戶對維修備料使用狀況的確認，通常是約定由客戶提出維修記錄報表，代工廠查核維修記錄並盤點維修備料，來確認維修報表的正確性以及維修備料是否正常使用，視維修備料的消耗使用情況再隨時酌量補充。

在此情形，究竟要按照採購數量的多少比例提供 Free Parts 給客戶，在業界並沒有絕對的標準，必須由買賣雙方協商同意，通常是參考產品過去曾經發生退貨情形的歷史記錄資料，以及目前產品設計的成熟度、品質的穩定度為主要參考依據，其次再斟酌代工廠全球維修系統建構是否充足，比較維修時效及成本負擔問題，綜合評估考慮之後，協商出一個買賣雙方都可以接受的 Free Parts 比例，一般是在出貨量的 3%到 5%之間。但若是遇到強勢客戶，也常見要求供應商提供 Free Parts 比例超過 5%以上，甚至於高達 10%或更高者，代工廠若遇到強勢客戶如此要求，就必須審慎評估備料供應的風險及成本問題，倘若覺得風險及成本太高，又無法有效溝

通去適當、合理的修改合同要求,則這一筆買賣交易是否還值得繼續下去,代工廠應從新審慎評估。

方式二,由客戶向代工廠購買,通常代工廠會視該產品過去不良率高低的資料,與客戶共同討論決定所需維修備料的數量,再由代工廠下訂單向零元件供應商採購,然後轉售給客戶或客戶的維修中心,或者直接以客戶名義代客戶採購。

方式三,以賣斷為主,即雙方協商一定的數量比例當作維修備料,例如依照客戶總採購產品數量的 3%為備品,可能是整機(組裝完整的成品)或者僅僅只有其中的重要零元件,以「工業包」[6]方式,隨同正貨一同出貨、交貨給客戶。此外,有另一種變通做法,客戶要求將一筆訂單的貨款直接折讓(Discount)一個比例(例如3%),以該貨款折讓部分當作是代工廠另外提供給客戶的免費維修備料,因為貨款少付了 3%,但貨物數量並沒有減少 3%,就等於是多提供了 3%的維修備品。

6.替換產品的提供。於保固期間的維修服務工作,除了提供上述的維修備料外,通常也會由代工廠提供完整的新產品給客戶,由客戶視情形直接以新品更換、提供給消費者,特別是供 L3(Level 3)第三級的維修的替換備品使用。如此直接以新品更換、交換瑕疵品的服務方式稱為「SWAP」,更換品的存貨稱為「SWAP STOCK」。「SWAP STOCK」所需的產品數量及管控方式,與上述提供維修備料的情形相同,因為都涉及代工廠提供保固維修服務的成本支出問題,為了避免浮濫,必須明確定義可以適用「SWAP」

6　「工業包」是「工業包裝」的簡稱,不同於一般市面上消費者所看到的銷售產品有完整而精美的內外包裝,因為「工業包」的產品基本上不是提供給一般消費者的產品,而是代工廠為了交貨或是提供維修備料給客戶再加工組裝,在方便且安全運送前提下,以最簡便的包裝材料來包裝,通常就不需要有外包裝盒、使用說明書、內包裝紙盒或保麗龍襯墊之類的包裝物。

方式以新品直接替換瑕疵品的情形及要件，提供多少「SWAP STOCK」備品數量的計算方式，須補充備品的條件及方式，以及「SWAP STOCK」的所有權與保管責任歸屬等，於代工合同中明文約定記載清楚，據以嚴格管控，以避免日後執行時發生不必要的爭議。

有關「SWAP STOCK」所需數量的決定，舉例概要說明，以客戶採購產品的數量會發生瑕疵的比例假設為 3%，而瑕疵品中屬於 L3 第三級維修的瑕疵品比例假設為 15%，若客戶總採購數量為 1,000,000.0 單位，則必須提供的 SWAP STOCK 數量，即為 1,000,000.0 x 3% x 15% = 4500 單位。但除非客戶所採購的產品 1,000,000.0 單位是一次性採購，代工廠也是一次性交貨，產品有可能是在同一時間（或是在一個連續的期間內）發生瑕疵，則 4500 單位的 SWAP STOCK 備品就必須一次性提供。若否，在分批下單採購、分批交貨的常年買賣交易一般情形下，產品發生瑕疵的情形可能是陸陸續續出現，考慮到代工廠對瑕疵品的完修、送返作業效率，即所謂的「返修完成時間」（Turn Around Time，簡稱"TAT"），即買賣雙方來回運送維修品的時間，或是代工廠單純提供備品的時間，假定"TAT"是 6 週，一年以 52 週計，則平均每週必須提供、維持的 SWAP STOCK 備品數量，即為 4500 x 6/52 = 520 單位，若客戶以 SWAP 方式用掉 SWAP STOCK，代工廠只要負責補充 SWAP STOCK 給客戶，在最壞的狀況下，維持每週庫存量不低於 520 單位數即可。

7.技術支援。保固期間的維修服務工作，不論是進行修理或以新品更換，在進行維修工作之前，都必須對產品本身有基本的瞭解，才能進行初步的瑕疵原因分析，及分析應採取的最適當維修方式。然而客戶對產品的瞭解程度，不一定會比代工廠更瞭解，特別是對產品的機構設計及功能測試方法的理解，因此必須由代工廠提

供必要的技術支援（Technical Supports）或一般維修的教育訓練（Repair Training），客戶通常也會主動要求。在代工廠的立場，提供技術支援或技術教育訓練固然有其必要，但是否完全免費，是否無時間、次數限制，是否不論前往提供支援或訓練的地點遠近，或者是採取折中方式，於一定的時數之內免費提供，超過免費時數之後就要全部或部分負擔差旅食宿費用，這是代工廠的售後服務品質與成本負擔的問題，可以列入售後服務的會計科目中，業界並無絕對的標準，代工廠可以評估各項主客觀因素斟酌取捨，重要的是能與客戶達成共識，事先明白約定即可。例如，將全球分為北美、中南美、東南亞、大陸、中東、北非、歐洲等地區，個別做 Repair Training，一次以 2 至 3 個工作天為主，以訓練培養當地維修體系的維修技術人員當種子教官（Trainer）為主，亦即課程以 Training Trainers 為主，再由當地的種子教官（Trainer）負責去教育、訓練其所屬地區內其他下屬維修中心的維修團隊。

8.維修費用的負擔。以上所述提供保固維修服務的情形，特別是在海外地區委由客戶或客戶的經銷商、代理商，甚至是授權客戶得委託專業第三人進行維修服務，就輕微瑕疵產品進行簡易保養維修服務的情形，因為維修服務義務在於代工廠，只是藉由客戶在全球的銷售通路，來代替代工廠提供當地初級維修服務，不論供維修用的備料及供替換的新品，是由代工廠免費提供或是由客戶自費購買，但實地進行維修的人工費用、維修站營運費用、為緊急維修所需另外採購零元件的費用等，代工廠應如何給予補貼，或者負擔全部或部分費用，客戶應提供消費者產品送修單、維修記錄、請款單或是其他任何憑證，據以向代工廠請款，都應該事先溝通，並於代工合同中清楚約定。

曾有案例，代工廠與客戶僅概要約定，由客戶代替代工廠進行 L1、L2 初步簡易維修服務，相關支出費用由客戶每月提出維修服

務報表（Repair Service Report）向代工廠請款，嗣後因代工廠認為客戶支出的維修費用過於浮濫頗為可疑，要求客戶提出受理消費者交付維修的送修單、維修記錄等相關資料供稽核查證，但客戶以合同僅約定由客戶每月提出維修服務報表向代工廠請款爾，並未約定客戶有另外提供送修單、維修記錄之義務，據此拒絕提供，並要求代工廠如數給付維修費用。由此可知，維修費用負擔與請款的若干細節要件，都必須事先詳細約定，以避免日後不必要的爭議發生。

3.5.2 保固期外（Out of-Warranty Period）

　　所謂保固期外，就是指已經過了前述「保固期」之後的時間，產品若過了約定的保固期之後，發生任何品質瑕疵時，代工廠原則上當然是沒有再提供免費維修的義務，但也不應拒絕提供維修服務，這有賴買賣雙方當事人的特別約定。因此，在國際代工合同中約定保固期外的售後服務模式，必須注意以下幾個重點：

　　1.服務期間。保固期必須有明確期間，但保固期外的服務是否亦必須有明確期間？答案是肯定的，因為代工產品都有其特定的產品生命週期，而提供維修服務所需零元件，也不可能無限期的供應，縱使代工廠願意盡力配合，但也必須考慮原物料供應商是否能夠配合。所以售後服務也就必須有一定的期間，過了保固期後亦然，只是期間長短的問題而已。至於期間長短的決定，要視產品特性、同業標準、代工廠的成本預算、零元件供應商配合意願以及客戶的要求等因素，綜合考慮決定之。

　　2.收費標準。保固期外的售後服務是否收費？或者是大部分項目都要額外收費，僅有少部分項目仍然免費提供維修服務？一般言之，產品已經過了保固期間，原則上代工廠是已經不負免費維修或更換新品的義務，但仍然可以有條件的協助客戶提供維修服務，

或是提供零元件等，一般而言，此類超過保固期的維修服務都是必須向消費者收費的，包括收取維修工資，若有更換耗材或零元件者，則消費者必須自費更換。對代工客戶而言，客戶向消費者收取維修費用，同樣的，若客戶將消費者送修的產品轉送回代工廠原廠維修，代工廠一樣可以向客戶收取維修費用。

但保固期外的售後服務，是否針對消費者或是代工客戶收費，並無絕對的標準，有些客戶特別重視產品品質及售後服務，也特別誇耀產品品質穩定度高，所以提出較長期間的免費保固服務，藉以達到行銷宣傳的目的。但代工廠是否願意配合跟進，提供較長期間的免費保固服務，其實質上就等同是已經過了保固期後的保固服務，代工廠必須審慎評估得失損益，既要維持與客戶的良好合作關係，又要兼顧不犧牲本身的利潤，必要時仍然必須與客戶就成本分攤問題事先溝通，並於合同內約定清楚，免生爭議。

3.備品提供。一般代工產品在過了保固期之後，意味著發生瑕疵需要維修的機率也逐年升高了，特別是已經停產（End of Life, "EOL"）的產品，對維修產品所需的零元件需求量也會逐年增加，因此，客戶通常都會要求代工廠必須充分準備維修所需的零元件備品數量，有些客戶甚至於明白要求代工廠提供的備品數量，必須足夠供應產品停產後未來五年、十年之用。客戶若提出這樣的要求，代工廠必須考慮以下幾點：

（1）未來五年或十年的維修備品需求量如何精確預估及採購，不至於因過量採購而最終報廢處理造成額外損失；反之，因備品採購不足導致違約責任風險。

（2）假使一次性足額採購維修備品，那麼日後五年、十年倉儲管理的風險及成本問題，也會增加代工廠管理上的負擔。

（3）假使不一次性足額採購維修備品，留待日後視客戶的實際需求狀況，再來採購所需維修備品數量，那麼又要如何確保生產

這些維修備品所需要的原物料供應商未來五年、十年能持續供貨呢？只怕供應商也要面對與代工廠同樣的困擾。另外還有生產備品所需的模具使用年限及保管問題，也必須同時評估考慮。

　　有鑒於上述的潛在疑慮，建議代工廠最好將這個日後多年所需維修備品的採購工作交給客戶自己負責，由客戶自己去評估計算所需的數量，然後一次性下訂單給代工廠做最後採購（"The Last Time Buy"，或"Last Buy"），代工廠可以按成本價代客戶去採購所需備品，即可免除上述的疑慮困擾。當然，有些客戶也會精打細算，當客戶也不願意自行採購日後所需備品時，又回到市場供需地位強弱的談判籌碼問題，如果代工廠不得不勉為其難承諾此備料義務，則最好能以「Back-to-Back」風險轉嫁的原則，同樣要求維修備品的供應商承諾未來五年、十年持續供貨的義務，藉以分散、降低本身違約的風險。更明確言之，代工廠應該先徵詢維修備品的供應商能否承諾未來五年、十年持續供貨無虞，供應商若能明確承諾在先，則代工廠才能向客戶承諾，接受如此長期備料的要求。

　　實務上有另一種替代方式，當產品已經停止生產（EOL）後，因備品不易取得，或是因原物料、零元件供應商不願意配合，或無法肯定承諾配合，或是代工廠自己也不願意多負擔原物料、零元件庫存成本與風險時，代工廠可以與客戶協商，告知消費者退回送修的瑕疵產品（客退品）可以免費或是小額加價後升級換購新產品，免費或是加價差額的費用成本如何分攤吸收，由代工廠與客戶雙方共同協商決定，並於代工合同內明確記載，或者只是在代工合同內約定保留條款，屆時再由雙方秉誠協商前述差額費用的成本分攤方式。

3.5.3 重大瑕疵（Epidemic Failure）

　　產品售出後若發生瑕疵問題，個別的瑕疵原因都可以個別排除，提供最好的維修服務，但代工廠與客戶最擔心的狀況，是發生重大瑕疵的情況，國際代工合同中所謂「Epidemic Failure」或是「Systematic Defects」，就字面解釋為流行性、有傳染性的故障，或系統性的瑕疵，意思是指產品出現大規模的相同瑕疵，以中文法律概念來理解就是指重大瑕疵，無論是在保固期內或者已經過了保固期，對代工廠與客戶都會造成極大的影響，其影響已不僅僅是維修費用的問題，更是商譽損失的問題。通常在國際代工合同的售後服務階段，都必然會討論到這個主題，必須注意的幾個重點如下：

1.「重大瑕疵」的定義

　　在本書有關國際代工合同前言中的定義條款（參閱第 3.1.3 節）裡，已經先說明「重大瑕疵」的意義，這個重大瑕疵的定義，也就是重大瑕疵的瑕疵率的計算公式如何訂定的問題，各家買方對這個公式的訂定並沒有一定的標準，對代工廠最有利的計算原則，應該是盡量擴大分母，盡量縮小分子，而約定的瑕疵率（Defect Ratio）越高越好。也就是說，以某單一相同產品的總出貨量來做這計算公式中的分母，或者退而求其次，以一年或半年內的總出貨量，或每一季內的總出貨量，也有以前後任何連續三個月內的出貨量，也有每一次交貨的批量單位為分母者，不一而足。代工廠在實際談判決定「重大瑕疵」的瑕疵率計算方式時，不能僅憑主觀直覺來斟酌加減決定，而必須有基本的品質可靠度（穩定度）實驗測試得出的資料做基礎，在產品研發初期時就得非常嚴謹地建立可靠度模式與實驗設計，在試產階段時，就分別針對試產線與實驗資料等所得資

料，將所有可能影響品質的問題找出來，並且將焦點放在瑕疵的試產品上，尋求一切解決品質問題的方法與資源。在量產前的相關實驗資料中，若是品質合格率未能達到95%以上的水準，就算事後在出貨檢驗站中再來加強檢驗，也是於事無補，因為有些產品的瑕疵問題，是在產品的原始規格設計中就已經存在的，這是無法事後利用抽樣檢驗被找出來，產品出貨後必然會發生某些單一瑕疵造成不良品大量退貨的現象，事後再來補救，事倍功半矣，甚至也無法從根本解決問題。所以，代工廠必須事前充分準備，參考實驗室中反復實驗後的可靠度預估，與平均十數次以上小批量試產的資料[7]，以及該產品以往出貨的品質紀錄歷史資料，綜合評估考慮之後，得出產品品質的可靠度數據，也就是代工廠對產品品質的信心程度，也據以決定可以接受的「重大瑕疵」的瑕疵率的上限。

　　要特別注意的是分子的部分，也就是瑕疵品的數量認定，分子數越小，得出的瑕疵率數字就越低，因此必須限縮瑕疵品的認定範圍。就這部分，常見的是客戶把「相同」（same）的瑕疵和「相似」（similar）的瑕疵，都認定屬於重大瑕疵的定義範圍內。但就代工廠言，「相同」和「相似」的瑕疵畢竟是不同的，只能接受同一產品裡出現相同的瑕疵，也就是按照產品規格約定項目裡，某一項規格重複性的出現瑕疵。若是相似的瑕疵，只是相似、近似而已，畢竟仍然是屬於不同規格項目的瑕疵，相似、近似的瑕疵就是另外一項獨立存在的瑕疵，可以另外獨立計算是否達到「重大瑕疵」的瑕疵率，但就是不能與相同的瑕疵混為一談。這一點必須非常堅持，

---

[7]　進行小批量試產，若是良率或直通率都能達到95%以上，則通常試產2至3次就夠了，但有時候小批量試產需要進行十餘次甚至更多次，需要試產這麼多次的原因，通常是因為設計階段的系統整合測試做的不好，還遺留一些問題沒有解決或者是沒有解決徹底，因此需要反覆多次進行小批量試產，藉由不斷的試誤（Try & Error）過程來找出問題，並找出解決問題的方法。

以免擴大了計算公式的分子瑕疵品數目，而導致提高了瑕疵率，增加重大瑕疵的善後處理和賠償責任的風險。

同樣的，在分母的部分，分母數越大，得出的瑕疵率數字就越低，因此必須儘量擴大出貨量的認定範圍。就這部分，將有出現相同瑕疵的「相同」（same）和「相似」（similar）的產品，都認定屬於計算重大瑕疵的總出貨量範圍內，對代工廠是較為有利的。但是在實際協商談判「重大瑕疵」的瑕疵率計算方式時，代工廠很難採雙重標準，只接受相同產品及「相似的產品」出現相同的瑕疵，而拒絕「相似的瑕疵」出現在相同及相似的產品裡，但至少能與客戶談判爭取採取相同的認定標準，同時接受相同及相似的產品總出貨量裡，出現相同及相似的瑕疵，綜合計算「重大瑕疵」的瑕疵率。

2.「重大瑕疵」的維修服務內容

當產品發生重大瑕疵時，其採取的處理常式與一般普通瑕疵不同，但不論是否仍在產品保固期內，其採取的處理方式是一樣的，客戶通常要求將全部產品都全面回收（Recall），不論是否已發生瑕疵都一律進行檢測，甚至全面進行換修。這其中必須討論的重點即在於：

（1）產品回收（Recall）與否的決定權。產品若發生重大瑕疵，必須公開發佈召回、回收產品的消息，茲事體大，影響所及除了產品回收、拆裝換修、來回運輸等等的費用成本的有形損失外，引起市場上消費者對該產品普遍產生疑慮，影響品牌信譽，才是更難以估量的無形損失。因此，產品發生瑕疵是否達到重大瑕疵的程度，應該採取何種處理方式最經濟快速，是否須要進行全面回收，代工廠應該有權參與判斷及決定。實務運作上，代工廠必需隨時與客戶保持通暢的聯絡及溝通管道，隨時知悉最新的市場情報，若是發生重大瑕疵事件時，必須在客戶通知後第一時間內就著手進行瞭

解與搜集證據資料，並由代工廠的研發、業務、品保等部門的人員，會同相關供應商進行現地現物做科學分析，並與客戶討論確認瑕疵原因、合同義務及責任、費用負擔、商譽與其他商業利益的影響等，再決定是否進行全面召回處理。

（2）**回收處理地點的決定權**。一旦決定回收發生重大瑕疵的產品，產品要回收至何處集中處理，要考慮的是時效、人力、技術、設備以及費用等等問題，代工廠能夠採取的處理方案，及個別的考慮重點如下：

方案一、就地維修（On Site Services, Local Repair Service）。比照普通瑕疵產品的維修方式，由各維修站、維修中心負責處理，在充分信任與授權的前提下，利用既有的維修體系來處理發生重大瑕疵的產品，授權各維修站、維修中心來分析送修產品是否符合重大瑕疵的狀況，並採取最適當的維修或更換新品方式處理，這種處理方式稱為"On Site Services"或"Local Repair Service"，可以就近提供消費者最快速的維修服務，也最節省瑕疵產品往返運輸的費用成本，通常是針對產品體積較大，或者是單價較低的零元件，瑕疵原因及維修方式已明確，且進行維修所需的技術與設備均具備的情形下，直接在當地進行維修顯然較為符合經濟原則。至於更換新品或維修所需的備用品，當然是由代工廠充分提供，而就各維修站、維修中心處理重大瑕疵產品的運作細節及相關的權利義務，可以由代工廠、客戶及各維修站、維修中心三方之間另行協議約定。

方案二、回廠換修（Return）。產品若發生重大瑕疵，但檢測瑕疵原因，或是進行產品拆卸換修，需要使用原廠較精密或特定的儀器設備，或是需要原廠大批技術人員參與者，則產品就必須送回代工廠原廠處理。於此情形，通常在合同中會進一步討論約定的是費用負擔的問題，也就是瑕疵產品送回原廠（即代工廠）處理後再送還客戶，這中間的維修處理費用，以及一來一往所產生的進出口

報關、運輸、保險等費用，原則上當然都是由代工廠負擔。

但是有一種例外情形，就是當代工客戶將大量的瑕疵產品回收並送交代工廠換修處理，而代工廠於處理回廠產品時，產品外觀、功能一切正常，並未發現任何瑕疵情形，一般稱為 No Defect Found，簡稱「NDF」，也有業者稱為 No Trouble Found，簡稱「NTF」，在這種情形下，就 NDF、NTF 的回廠產品所發生的一切費用，應該由該客戶自己負擔。這是前述代工廠費用負擔義務的排除約定，如此約定的用意有二：一是明確界定代工廠的售後服務義務範圍，不致於被過度擴張解釋，徒增代工廠維修費用成本負擔；二是避免代工客戶過於浮濫的送修產品，將市場上疑似有瑕疵的產品，毫不篩選、未經確認就無條件地全部回收送回代工廠原廠檢修處理，給代工廠增加額外的困擾與負擔。

方案三、緊急維修中心（Emergency Service Center）。這是前述兩種方案的折中方案，為兼顧高效率、低成本要求，同時技術人員、設備都可以機動支援的情況下，代工廠可以前往各地區成立臨時緊急維修中心，透過各維修站、維修中心回收消費者送交的瑕疵品，轉運至各地的臨時緊急維修中心，再由代工廠負責處理，並以最快速送返各維修站、維修中心交回給消費者。

（3）維修或換新的選擇權。如同前述保固期內提供保固服務的項目，不外是修理（Repair）或是以新的產品或類似新品（As New）來進行更換（Replace），在產品發生重大瑕疵的情形亦然，只是同樣的問題是，究竟由誰來決定回收產品應該採取修理或是更換新品的處理方式？通常在客戶或是消費者的立場，當然還是希望能夠直接以新品更換；但是在代工廠的立場，以修理為原則，無法修理者再以新產品更換，特別是當產品發生重大瑕疵且決定全面回收處理的情形更是如此。因為當產品發生重大瑕疵必須回收處理時，代工廠必須評估許多項因素，才能決定最合適的處理方案，牽涉的成本

問題也比一般瑕疵產品的處理來得大，因此最好更換新品或修理的決定權是在於代工廠，而非任由客戶要求。但與客戶充分的事前溝通當然也是絕對必要的，於合同中不得不先審慎決議約定之。

3.「重大瑕疵」的費用負擔及賠償責任

在重大瑕疵產品的處理程序之後，還有現實的費用負擔，與可能給客戶帶來其他損失的損害賠償問題，個別分開來討論：

（1）**費用**。如前所述重大瑕疵產品的維修更換處理程序，費用的發生是免不了的，一般而言，代工廠自己的費用當然自己負擔，但若是因為客戶處理、回收重大瑕疵產品而產生的一些費用，是否也應該由代工廠負擔？一般是的，但也不是任由客戶隨意主張，通常折中的費用負擔方式，是由代工廠負擔客戶真正從口袋裡支出（Out of Pocket）的費用，也就是實際支出的費用，並且可以合理證明確實發生的費用，若是客戶無法證明的費用，代工廠當然也就無負擔的義務。

（2）**損害賠償**。產品發生重大瑕疵，如果因此造成消費者的財產損失或身體傷害，則客戶甚至於客戶的代理商、經銷商、零售商等銷售體系都可能遭受消費者請求損害賠償，則最終負責者仍然在於代工廠。因此，代工廠所面臨的，除了消費者請求的損害賠償額外，可能還保括了來自於客戶及客戶的代理商、經銷商、零售商等銷售體系的商譽（Reputation）損失的損害賠償。但是代工廠真正應該負責損害賠償的範圍究竟如何，是否及於客戶及其銷售體系的商譽損失及期待利益的損失？若按照侵權行為因果關係論的角度來探討，只要是因代工廠生產的產品品質瑕疵所造成的損害，代工廠固然都負有賠償義務，但畢竟損害賠償請求是屬於民事案件，當事人可以拋棄民事權利的行使。因此，評估代工產品若因發生重大瑕疵造成客戶的損失，其損失往往難以估算，所以通常在代工合

同中會將所謂商譽損失及銷售利益的損失予以排除；或者採取另一種約定方式，即代工廠概括的承擔所有因產品瑕疵所引起的損害賠償責任，但定有賠償責任額上限（Limitation of Liability），再透過購買產品責任險方式來轉嫁承擔賠償損失的風險。代工廠必須審慎評估賠償責任範圍、上限及購買適當的保險來分散責任風險，詳後述。

3.5.4 連帶保證人與抵銷權（Guarantor and Off-Set Right）

當產品發生品質瑕疵或智慧財產權侵權，而衍生損害賠償責任時，除了代工合同當事人的賣方（代工廠）必須負責外，在合同前言中被列入當事人範圍的賣方所屬同集團的母公司、分公司、子公司及關係企業（參本書第 3.1.1 節），此時都成為負有賠償責任的當事人，共同為賠償負連帶責任。在國際代工合同中也常見另一種殊途同歸的約定方式，雖然未將賣方的母公司、分公司、子公司及關係企業都直接納入賣方當事人範圍，但要求賣方的母公司、分公司、子公司及關係企業必須當連帶保證人，共同為履行代工合同義務負責。

在前述買賣雙方所屬同集團的母公司、分公司、子公司及關係企業全都列入買賣雙方的情形，雙方各傾集團之力共同履行合同義務，也共用行使合同權利之利益，原本應是符合經濟效益之舉。但奈何強勢的買方往往只顧自己行使權利的利益與方便，在合同格式條款中規定賣方集團各公司必須為履行合同義務負連帶保證責任，而買方集團各公司相互間不為履行合同義務負連帶保證責任。甚至於更進一步明白規定：買方（集團各公司）得隨時抵銷（Offset）賣方（集團各公司）對買方到期或未到期之債權，且不論抵銷的債權債務種類或性質，或由買方向買方關係企業為第三人清償。這樣

的格式合同條款規定，明顯有以下幾個疑慮：

（1）該條款僅單方面規定賣方集團公司必須為履行合同義務負連帶保證責任，又不接受賣方提出修訂意見，先不論連帶保證責任內容為何，如此訂立合同的方式，很明顯已經違反了大陸《合同法》訂立合同雙方平等原則、合同自由原則及公平原則（《合同法》第 3 條、第 4 條、第 5 條）等規定，而簽署合同此一民事行為違反法律規定者無效，而且是自始無效的民事行為，從簽署合同行為開始起就沒有法律約束力（大陸《民法》通則第 58 條第一項第（五）款及第二項）。

（2）該格式條款規定除了因違反《合同法》法律規定而無效之外，就授權的角度而言，若代表簽約的賣方接受了買方這樣的條文內容約定，該約定是否對其所屬集團的母公司、分公司、子公司及關係企業都發生效力，亦恐有疑慮。

a. 對其分公司（Affiliate）而言，分公司是總公司的對稱，是指被總公司所管轄的公司分支機構，分公司是公司為拓大經營領域的需要，而在公司營業所在地以外地區設立的從事經營活動的分支機構，僅為公司的附屬機構，只是公司的組成部分，而非獨立的公司型態，依法律規定並不具有企業法人資格，其民事責任由總公司承擔（大陸《公司法》第 14 條第一項，《公司登記管理條例》第 46 條）。分公司雖然不具有法人資格，但仍具有經營資格，需辦理營業登記並領取營業執照。分公司雖然可以以自己的名義獨立訂立合同，也可以以自己的名義參加訴訟，但是因為它沒有法人資格，沒有獨立的法人機關，沒有自己獨立的章程，也沒有獨立的財產，當然也就不能獨立承擔收支賠償等財產責任，其業務活動的法律後果要由總公司承受。因此，即使以格式合同條款強加連帶保證義務予賣方的分公司，其保證效果實際上是對總公司直接發生，並無連帶保證實益。

b.對所屬子公司（Subsidiary）而言，子公司具有獨立法人資格，依法獨立承擔民事責任（《公司法》第 14 條第二項），但除非是賣方對其持股或占董監事席次逾 50%以上[8]，而且對該子公司有經營管理許可權，可視同為母公司代表子公司的有效承諾外，否則對持股不足 50%，且對其無經營管理許可權的子公司而言，該子公司若未於代工合同上連署簽字用印，甚至於根本就未被事前告知，子公司是可以抗辯該合同約定連帶保證義務的效力的。

c.對母公司（Parents Company）而言，不論是依據《公司法》及《公司登記管理條例》的精神，或是一般公司企業的自治管理規範，向來只有母公司管理子公司，母公司代表集團對外的法律行為會對所屬子公司發生拘束力的，沒有子公司的對外法律行為會當然對所屬母公司發生拘束力的，除非是有特別委託授權的例外情形。且如前 b.項所述案例的反面解釋，如果該簽署合同的賣方是母公司持股不到 50%的子公司，若母公司未於代工合同上連署簽字用印，亦未出具簽署合同的授權書或委託書，則該連帶保證責任的格式合同條款約定，對母公司也是無法律上拘束力的。

d.對關係企業（Related Company）而言，其範圍更廣，凡是與

---

[8] 母公司對子公司是否有實質監管權力，或者必須對子公司持股若干比例以上始具有實質監管權力，大陸公司法並無明文規定，但是依據《公司登記管理條例》第 6 條有關公司登記管轄的規定：「國家工商行政管理總局負責下列公司的登記：（一）國務院國有資產監督管理機構履行出資人職責的公司以及該公司投資設立並持有 50%以上股份的公司；」另外依臺灣證券交易所修訂《對有價證券上市公司資訊申報作業辦法》，擴大上市公司財報揭露專案及重大訊息範圍，要求在各式財報中揭露上市公司持股 50%以上且具控制能力的轉投資公司資料，持有 20%且採取權益法評價的轉投資公司資料亦必須如實揭露。可以參考並且合理推論，至少公司投資設立並持有 50%以上股份的子公司，因法律上的利弊損益影響關係大於持股不到 50%的公司，是應該被特別列入管理範圍的，相對的，母公司對該子公司才有實質的經營管理權利，因此可以將持股或被持股逾 50%做為是否有實質監管權力的合理判斷標準。

該公司有直接或間接投資或被投資關係，或可溯源於某同一公司者，不論在其集團公司組織位階上是上下屬關係或平行關係，若不予以比照前述子公司、母公司定立基本條件，必須是對其持股或被持股關係，或佔其董監事席次逾 50%以上，而且對該關係企業公司具有實質經營管理權利者，否則範圍失之過廣，既無法律上及經濟利益上的實質影響，則按前 a.、b.、c.等項所論，該連帶保證責任的格式合同條款約定，對關係企業也是無法律上拘束力，或者可以事後被所指關係企業輕易抗辯排除的。

（3）即使針對部分的子公司、關係企業及母公司授權效力沒問題，但針對買方主張互相抵銷的債權債務不論其性質與種類，亦不論到期或未到期，如此抵銷的約定，在實際執行上是有困難的。一般債權債務互抵的情形，是以同一當事人間同種類的債權債務為前提，例如買方對賣方有應付而未付之貨款債務，而賣方對買方有瑕疵品退貨退款及賠償之債務，雙方皆為因買賣交易而衍生且已經發生的金錢債務關係，只要雙方對抵銷的金額協商確認無誤了，便可以直接同時抵銷，以代替彼此拿出現金來回支付。但若是不同當事人之間不同種類的債權債務關係，例如買方 A 對賣方 B 有應付而未付之貨款債務，但賣方子公司 Bb 對買方子公司 Aa 有應返還模具尚未返還，於是買方 A 片面主張以應付貨款與賣方子公司 Bb 應返還模具相互抵銷，買方 A 主張如此抵銷，是確保了子公司 Aa 模具經濟利益的回收，但對 Bb 公司而言，模具在代工完成後即無經濟利益，該模具若由 Bb 公司移交給賣方 B 以抵償被買方 A 抵銷掉的貨款，也一樣無經濟利益，更何況模具有折舊損失問題，賣方 B 會計帳上很難去交待此一貨款損失。更何況是主張與尚未到期的不同種類債務抵銷，即如前例中賣方子公司 Bb 尚在為買方子公司 Aa 代工製造產品，模具尚在生產使用中，尚無返還模具之義務發生，則買方 A 主張以子公司 Aa 對 Bb 尚未發生之債權，來抵銷對

賣方 B 已經到期之給付貨款義務，顯然是不合理、不正當的。

3.5.5 賠償責任上限與保險（Limitation of Liability & Insurance）

　　代工廠針對產品發生瑕疵所必須負擔的責任，除了提供前述保固期內及保固期外的維修或更換新品服務外，還包括對因產品瑕疵造成消費者或其他第三人的財產損失或身體傷害的損害賠償責任，但對於損害賠償責任部分，因為損害範圍及金額往往不容易事先預估，且突如其來的損害賠償責任費用，對代工廠也是一大負擔，甚至可能遠遠超過代工廠資金能力所能承擔的範圍。因此，代工廠通常會對因產品瑕疵造成客戶、消費者或其他第三人損害的賠償金額設一個上限（Limitation of Liability），有直接訂定一個固定金額者，例如美金五百萬元或一千萬元，也有訂定以賣方自買方所收取貨款的總金額為上限者。這個金額上限的多寡是可以經過買賣雙方溝通討論後決定的，一般應該視產品價值、代工廠資金能力、買賣雙方的市場信譽、對產品品質的信心與對消費者的保護負責態度等因素綜合評估考慮，但因為可以（且必須）再透過保險方式，來提供履約賠償能力的保證，因此在賠償額上限方面可以盡可能的提供最大的保障。

　　承上所述，代工廠提供最大能力範圍損害賠償責任的承諾，但必須是具體確實可行的承諾，否則言過其實的承諾，不但對客戶及消費者不是負責的態度，同時也種下日後違約的禍因。因此，購買產品責任保險（Product Liability Insurance）便成為代工廠分散賠償責任風險最好的方法，也是對客戶及消費者承諾負責任的具體表現。常見代工客戶對代工廠提出有限賠償責任的要求不甚諒解的情形，客戶認為將來萬一真發生產品瑕疵，導致損失賠償的金額尚難以估算，所以拒絕設定賠償責任上限。客戶有這樣的想法是無可厚

非的，這必須經過誠懇說明溝通，也就是正因為將來一旦發生損害賠償責任時的金額難以事先估算，唯恐超過代工廠的資金能力，所以才需要透過保險的方式來提供實質保證，但保險必須有一定的保險金額範圍，所以直接反應到損害賠償額上限的約定。這種保險在國際代工業務中經常可見，特別是代工廠是屬於中小規模企業的情形，公司資本額不高，更需要以保險方式來提供客戶實質的賠償能力保障。同樣的情形，客戶對其協力廠商、原物料供應商的產品，也必須要求提供實質的產品責任保障，保險是最直接而明確的擔保。

3.5.6 維修服務合同（Repair Service / Maintenance Agreement）

以上所述代工廠提供保固服務的情形，無論是在保固期內或是保固期外，因為都牽涉到許多項重要的權利義務事項，有時候於代工合同中難以完全盡述，有時候因雙方尚未就保固服務內容達成共識，因此常常會有將售後服務、保固服務部分，另以單獨的服務合同約定的情形，做為代工合同的附件或補充約定。於此情形，代工廠必須針對如前所述各項細節，做更深入、廣泛且明確的約定，特別是針對保固期內或是保固期外，不同階段的保固服務，有不同的維修服務範圍及費用負擔標準，仔細而明確的事前約定，將售後服務的風險及成本降至最低，也避免實際執行維修工作時不必要的爭執。

3.6 其他約定條款

分析整個國際代工合同的框架及內容，除了與產品產銷服務有關的開發、生產、交貨及售後服務等四個階段的作業相關約定之

外，其餘與產品無直接關係，但卻與合同的詮釋解讀與行使權利、履行義務有關的其他事項，除了在合同前言說明約定外，即留待合同最後來約定，包括了綜合保險、合同期間的起始終止、不可抗力免責條款、通知方式及聯絡人、權利義務轉讓禁止條款、合同的增補修訂、爭議處理方式、準據法及管轄地等等，僅就其中比較重要的條款約定說明如下：

3.6.1 保險（Insurances）

在國際代工業，客戶（買方）為了確保代工廠有充分的履行合同義務的能力，特別是為了確保當各類意外事故發生後，不但不影響代工廠的生產作業，若涉及對第三人的賠償責任，也能有足夠的賠償能力，且不會因賠償之後影響到代工廠的財務結構及生產運作。欲達到此目的，最好的確保方法，便是要求代工廠購買保險，且往往不是只要求購買產品責任險，尚包含其他的險種，僅舉最常被客戶要求購買的保險項目概要說明如下：

1.產品責任險（Product Liability Insurance）。因為生產或銷售的產品出現品質瑕疵，造成消費者或其他任何第三人的身體傷害或財產損失，且生產者或銷售者依法應負起賠償責任時，由保險公司代替生產者及（或）銷售者履行賠償義務的保險，但保險公司僅在保單約定的保險金額內負理賠責任，超過保險金額的部分仍由生產者或銷售者自己負責。代工廠購買產品責任險，通常是依據產品的單價、使用性質、預計的銷售量，以及生產或銷售過程中已知的產品瑕疵率，並參酌企業形象經營與銷售策略需求，綜合評估後決定保險金額大小，客戶若有明確要求保險金額的，當然也必須列入考慮。此外，另有一種保險稱為「E&O Insurance」（Error & Omission Insurance），類似產品責任險，主要不同之處在於當產品發生瑕疵

造成第三人金錢、財務或現金收入損失時，由保險公司代替生產者及（或）銷售者履行賠償義務的保險。

2.公共意外責任險（Public Liability Insurance）。針對被保險人（公司）的營業行為，或於營業處所內發生意外事故，對第三人造成身體傷害或財產損失時，且被保險人（公司）依法應對第三人負起賠償責任時，由保險公司代替被保險人（公司）履行賠償義務的保險。例如某公司的廠房失火造成參訪外賓的車輛受損，或舉辦產品展售會時展示櫃倒塌壓傷來賓，由保險公司負責理賠該外賓的車損及來賓受傷的賠償。

3.商業綜合責任險（Commercial General Liability Insurance，舊稱 Comprehensive General Liability Insurance）。商業綜合責任險，乃是一種綜合保險，結合上述第 1.點的產品責任險及第 2.點的公共意外責任險，保險範圍更廣，是近年來被廣泛接受的綜合責任保險。

4.商務車輛責任險（Business Automobile Liability Insurance，舊稱 Comprehensive automobile liability insurance）。針對因公司商務使用目的駕駛車輛，發生意外事故造成第三人的身體傷害或財產損失時，由保險公司代替駕駛人及公司履行賠償義務的保險。所謂因公司商務使用目的駕駛車輛，除了公司的公務車輛外，員工個人駕駛私車處理公司商務時，這種「私車公用」情形亦屬於為公司商務使用目的。商務車輛責任險屬於汽車責任險，與一般購車時必須隨車購買的法定汽車強制責任險（第三人責任險）精神相同；但不同的是，一般汽車強制責任險可以加買保險理賠駕駛人自己的損失部分，但是商務車輛責任險以承保對第三人的責任為主，賠償車禍事故中對方的身體傷害或財產損失，行為人（被保險人）本身的傷害或損失並不在此保險理賠範圍內，需經保險公司特別同意始能附加承保。

5.員工補償保險（Worker's Compensations Insurance）。員工補償保險係員工發生工傷事故受傷或身故時，由保險公司給付保險理賠金代替公司賠償責任的保險，即類似臺灣的勞工保險，或大陸2011年出臺施行的社會保險法[9]中的工傷保險，在沒有勞工保險的歐美國家，即以購買員工補償保險來為員工投保。因此，若遇到國際代工客戶有特別要求購買員工補償保險者，通常經過與客戶說明溝通，只要能夠提出證明有為員工購買勞工保險或社會保險（工傷保險），或其他依政府規定必須為勞工投保的保險，客戶通常都可以理解，並同意做為員工補償保險的替代保險。

6.僱主責任險（Employers Liability Insurance）。員工執行公司業務時發生意外事故受傷或身故時，僱主對此意外事故須負補償責任的保險。例如員工於上班時間操作機械不慎手臂受重傷，除了勞保工傷給付之外，該員工家屬仍另外要求公司應給付新臺幣100萬元做為精神損失賠償，此時應由公司代表、保險公司、員工委任律師等多方人員共同協商計算出合理補償金額後，由保險公司代公司給付予該員工，如有爭議，即須透過司法程序裁判確定補償金額。

7.傘覆式超額責任保險（Umbrella Excess Liability Insurance）。前述1.至6.項的保險均屬於有固定理賠限額之責任險，若擔心保額不足，可以在購買前述保險之外，再加保購買傘覆式超額責任保險，當前述保險中有任何一項保險出險理賠後，仍不足賠償全部損失之部分，即可以由傘覆式超額責任保險理賠。顧名思義，傘覆式超額責任保險即如同一把大傘，包覆著各項獨立功能目的的保險，

---

[9] 《中華人民共和國社會保險法》已由中華人民共和國第十一屆全國人民代表大會常務委員會第十七次會議於2010年10月28日通過，自2011年7月1日起施行。社會保險法規範的保險共有基本養老保險、基本醫療保險、工傷保險、失業保險及生育保險五種，是對中國境內企業及勞工個人的社會保險規範，也是中國社會保險的基本法。

當任一項保險理賠金額仍不足賠償全部損失時，即由此保險加以補充。

8.產品回收險（Recall Insurance）。當銷售的產品發生足以影響消費者人身或財產安全的重大瑕疵時，依據客戶要求或是法律的規定，必須自市面上將所有同款式規格或同批號的產品，不論是否已經發生瑕疵情形一律回收（Recall）時，整個產品回收程序包括回收集中後，送回原廠重工換修（Rework）再送返各消費者，這其中的往返運輸及重工費用通常都所費不貲，因此有些國際代工客戶會特別要求代工廠必須購買產品回收險。但是在保險實務上，因為產品是否符合重大瑕疵的定義以及實際費用金額認定不易，一般保險公司大多不願意承接，或者雖然勉強承接但是批准的保險理賠金額卻不高，藉以降低保險公司自己的理賠損失風險。

9.財產損失險（Property Damage Insurance）。財產損失險屬於財產保險，舉凡所有公司的財產，包括動產（例如存貨、設備）及不動產（廠房、辦公大樓、定著物），因保單約定承保的意外事故[10]而毀損滅失時，由保險公司負責理賠以填補損失。至於保險理賠額，則由投保人依財產的客觀價值（帳面價值或重置價值等等）決定投保額度，須經保險公司核保通過即可。

10.營業中斷損失險（Business Interruption Insurance）。營業中斷險屬於前述財產損失險的附加險，保險業界稱為「PDBI」（Property Damage & Business Interruption，財產損失及營業中斷損失險）保單，當公司因為發生意外事故造成承保動產或不動產的損壞，更因此導致營業中斷造成更大的損失時，由保險公司負責理賠補償預期的營業收入利潤損失。而有關營業收入利潤的損失估算，

---

[10] 財產損失險也可以選擇所有事故（All Risk）都承保，但相對的保費會比約定意外事故者高。

通常是參考公司過去的年度營收穫利表現，合理預估未來 12 至 24
個月的營收成長及可能獲利，經保險公司核准投保金額。

以上保險項目都經常出現在國際代工合同中，但是否每一項保
險都必須購買則無定論，畢竟購買保險的費用也是一筆不小的費用
成本，通常都必須透過協商方式決定要購買那些最需要的保險，以
及保險額度的高低，以最經濟的費用成本達到分散風險負擔的最佳
結果。

3.6.2 違約責任（Liability for Breach or Nonperformance）

由於國際代工業務整體運作過程的複雜性，加上全球消費市場
瞬息萬變的不確定因素，使得國際代工業務執行上，難免會發生無
法達到預定計劃的情形，按照國際代工合同的約定，無法達到任何
一項約定義務者，即構成違約，即必須負擔違約責任，除非是因為
發生「不可抗力事故」（Force Majeure）（參閱本書第 3.6.4 節）或
其他免責事由，才得以免除違約責任。因此，在國際代工合同中有
關違約責任條款的約定，必須注意以下幾點原則：

1.雙方平等原則。 合同當事人雙方法律地位平等原則，是《合
同法》第 3 條賦予合同雙方當事人的基本權利，而且違反代工合同
約定內容而構成違約者，是買賣雙方都有可能發生的情形，而不是
只有賣方（代工廠）會發生違約，因此，於國際代工合同中有關違
約責任的約定，應該是針對合同雙方當事人的共同約定，而不是僅
片面約束一方的規定。但常見買方（客戶）所擬定的代工合同中，
僅單方面的規範賣方違約時的種種違約責任，代工廠看到這種片面
規範的合同，應立即向買方反映要求按平等原則先予以合理修改。

2.違約事由的規範範圍。 所謂的「違約」，原則上是指違反雙
方議定合同的約定，是以違反國際代工合同主合同的約定為原則，

但因為國際代工合同「化整為零」的演變趨勢，除了主合同之外，還有「保密協議書」、「品質協議書」、「環保有害物質限（禁）用協議書」、「倉儲保管協議書」、「售後維修服務協議書」等配套合同（參閱本書第 2.3.2 節），有做為代工主合同的附件形式者，也有當作個別獨立的合同須個別簽署者。因此，常見國際代工合同中有關違約事由範圍的約定，除了主合同之外，還包括了所有雙方簽署的其他配套合同在內。更有甚者，將公司約束供應商不得支付收受回扣傭金等不當利益、不得惡意挖角員工的「廉潔誠信聲明書」、「道德聲明書」之類的道德約束文件，以及公司內部的「採購作業標準流程」、「入庫驗收作業規範」之類的標準作業規範（SOP）文件都一併納入約束代工廠的規範範圍，也就成為判斷代工廠是否違約的依據。有些已經明顯逾越違約事由範圍的規範依據，代工廠必須事先就要求買方做適度的修訂改正，避免不當擴大了構成違約事由範圍的風險。

　　3.違約發生限期改善。一旦發生違約事由時，一般都會給違約方保留限期改善的機會，逾期仍不改善再論究違約責任，例如約定：**「任一方發生任何違約事由時，經他方通知並要求於合理期限內限期改善，而逾期仍未改善者，他方得……」**，特別是違約機會較高的代工廠，更必須積極在代工合同中爭取違約改善的機會，而不至於一旦發生違約情事，就立即論處違約金或其他違約賠償責任。除非是特別具有嚴重性的違約事由，例如發生竊密、洩密情事違反保密義務，或者已經宣告破產或被查封資產顯見履約能力有問題者，已經立即性嚴重影響到他方的權益，必須立即終止合同關係以避免損失擴大，並積極採取必要的措施來保障債權償還的機率。

　　4.違約責任內容。違約事由已發生又無法改善，必須論究違約責任時，違約責任的範圍及執行內容必須明確約定，一般不外以下幾項：

（1）**違約金（Penalty）**。不論一方違約造成他方的損失是否可以立即量化、數字化，一旦發生違約情事成立，先科以懲罰性違約金，以示懲戒。違約金通常都是一筆固定的、明確的金額，例如一佰萬美元，或是可以明確計算出來的金額，例如以買方已支付貨款的兩倍計付違約金。若是針對情節嚴重，卻又無法具體舉證經濟損失金額的違約事件，例如違反保密義務、違反廉潔誠信道德條款，則明確約定賠償金金額更有其必要，以避免事發後無法具體舉證經濟損失金額而無法求償的情形發生。

（2）**利息（Interest）**。違約情事若涉及金錢，例如買方給付貨款遲延、代工廠交貨遲延，則通常在代工合同中都會約定違約方必須支付額外的利息。例如：買方如逾付款日期仍遲延未付款者，從遲延之日起，每遲延一天應即按應付款金額之千分之五（0.5%）計付遲延利息予賣方（代工廠）；同樣的，賣方（代工廠）如延誤交貨日期，從延遲之日起，每延遲一天應即按本合同採購總金額之千分之五（0.5%）計付利息予買方。通常在代工合同中還約定利息上限，例如以前述應付款金額或採購總金額之 20%為上限。且通常會約定利息可以自彼此應付未付的貨款或其他應付款中直接抵扣，即使合同無此抵扣約定，當違約情事發生時，仍然可以依據民法逕行主張債權債務抵銷。

（3）**終止合同（Termination）**。一方違約並且已經對他方（未違約方）造成損害時，終止合同關係，是避免損失擴大，也減輕違約方賠償責任的方法，因此在代工合同中通常都會賦予未違約方「得」終止合同的權利，而且是立即終止，不須要另外再以書面通知若干天後才發生終止效力。至於是否要終止合同，是否確實有終止合同的必要，則由未違約方自己斟酌決定，如果未違約方認為對違約方處以違約金及利息即已足夠給予警惕，且違約方也已經在要求的期限內改善完成，決定不終止合同關係亦無不可。

（4）**損害賠償（Damage Compensation）**。一方違約確立時，未違約方除了可以選擇主張前述三種權利之外，如果已經造成其他經濟損失時，未違約方可以另行請求損害賠償。例如賣方應該供應的零元件產品交貨遲延了，連帶造成買方也延誤生產，致生買方對客戶交貨遲延的賠償責任，就買方支付違約賠償金給其客戶，以及其客戶解約退貨的實質損失，違約的賣方都必須負起損害賠償責任。至於未違約方「期待利益」的損失可否一併求償，例如前例中的買方如果正常交貨，預期可以收到貨款的利潤有十萬美元，也因賣方交貨遲延違約連帶影響而無法實現了，此時是否可以向違約的賣方一併請求賠償這預期獲利十萬美元的損失？除非買賣雙方事先在代工合同中明確約定，同意賠償未違約方「期待利益」的損失，否則「期待利益」的損失是可以排除在賠償範圍之外的。

5.免責條款。在國際代工合同中論究違約責任時，除了明確約定違約事由範圍外，也會有例外免責的條款約定，免責條款成立的主要原因，是違約事由發生的原因不可歸責於違約方，因為違約方與違約事由發生欠缺直接因果關係，所以可以免除違約責任，主要有以下幾種情形：

（1）因為「不可抗力事故」（Force Majeure）發生所致，詳細內容請參閱本書第 3.6.4 節。

（2）因為有未違約方前行為的介入，例如代工廠生產的產品發生品質重大瑕疵造成違約（違反品質保證條款），但事後分析瑕疵原因發現，該產品瑕疵是來自於客戶（買方）所提供的原物料或零元件本身具有瑕疵所引發。又例如代工廠生產的產品發生專利侵權情事而造成違約（違反智慧財產權不侵權保證條款），但事後分析專利侵權原因發現，該產品被指控專利侵權部位，是來自於客戶（買方）所提供的產品原始設計造成侵權所致。於此情形，代工廠都可以免除違約責任。

3.6.3 合同期間及終止（Term and Termination）

任何合同都應該有始有終，這是依合同約定行使權利、履行義務的法律有效期間問題，必須注意的幾個重點如下：

（一）生效日與期滿日

合同的生效日（Effective Date）與期滿日（Expiration Date）一般較無疑義，只要於合同中約定好生效日期及合同期間，經雙方公司用印或具代表權人簽字後即開始生效，合同期滿即終止。

必須討論的是合同期滿之後，究竟就自動終止，雙方若欲繼續合同關係者，另行訂定新約；或者是合同期滿前，任一方未表示要終止合同者，合同即自動展延生效（to be renewed and extended automatically）；或者是合同期滿前，任一方未表示要繼續延展合同者，合同期滿即終止。上述約定方式都普遍出現在各種合同內，但筆者個人較傾向合同期滿即終止，若需要繼續合同關係者，重新訂定新代工合同，因為以國際代工業務的特性，整個上下游供應鏈交易條件及市場變化快速，即使平日未變更代工合同的內容，當代工合同期滿且雙方仍有延續代工關係之必要與意願時，最好利用合同期滿的機會重新檢討合同條件，適時做適當的修正合同條件內容。特別是合同條款對代工廠非常不利的，簽約當時是礙於某種特殊原因而勉強簽署者，更不能讓這樣的不利益合同自動展延下去，而應該約定期滿即終止，雙方若欲繼續代工關係者，就另外再重新訂定代工合同，以爭取重新談判代工合同條件的機會。

但是也常見有些客戶堅持採取以不表示終止即自動延展續約的方式，若就這一點與客戶協商無效，則建議代工廠必須至少把握幾個原則：(1) 期滿即終止的事前通知期限越短越好，例如最遲必

須於合同到期日前 15 天或 30 天書面通知，假設約定最遲必須於合同到期日前 90 天或 180 天書面通知，若已經錯過第 90 天未及時通知，即使第 89 天通知都超過了約定的通知日期，被認定通知無效而失去終止合同的機會；（2）即使過了通知期限而必須自動延展合同效力時，延展的期間也是越短越好，例如約定自動延展一年；（3）自動延展以一次為限，藉此避免因錯失通知期限，而使合同無止盡一直自動展延下去，若合同條件又不利於代工廠時，將使代工廠繼續受害。

（二）提前終止合同

在合同期滿前，雙方可否要求提前終止合同（Early Termination）？是否必須有特殊事由才可以要求提前終止合同？一方要求提前終止合同，是否必須得到他方同意才可以？這也是代工合同中有關合同期限條款常見的爭議問題，也常見強勢的客戶不接受代工廠提前終止合同的要求。在代工合同中有關提前終止合同的約定，一般會從三個情形個別考慮：

1.雙方協議終止。雙方共同協議提前終止合同，這是最基本的情況，不論是因為市場需求客觀條件的變化，或者是因為買賣雙方主觀上沒有繼續進行買賣交易的意願，經任一方提出提前終止合同的要求，而他方也同意提前終止合同，經過雙方審慎協商討論提前終止合同相關的配套條件、措施後，依據雙方協議的終止日期提前結束合同關係。這是最平和而圓滿的提前終止合同的情形，而其成立要件，就在於雙方都表示同意提前終止合同關係，至於雙方是否受有損失，是否有相互補償損失的附帶條件，完全依據雙方開誠佈公的協商討論結果而定。因此在代工合同中，針對協議提前終止合同的情形，通常會約定，當任一方提出提前終止合同的要求時，經他方表示同意後，依據雙方協議提前終止合同的條件及日期，提前

終止合同關係。

2.任一方違約。另一種常見的提前終止合同的情形，當一方發生任何違約情事，未違約的另一方想終止合同關係，卻又無法與違約方以達成協議的方式提前終止時，未違約的另一方即可以以對方違約為理由，單方面決定提前終止合同關係，甚至進一步追究違約方的違約責任，若因違約方的違約行為造成未違約方的其他經濟損失時，也可以同時請求其他損害賠償。在合同中針對一方違約而提前終止合同的情形，通常於合同中約定及記載：任一方（違約方）發生違約情事，經另一方（未違約方）通知，並且限期要求改善，而違約方逾期仍未改善者，未違約方有權立即終止合同。依據這樣的約定，必須再特別注意以下幾點：

（1）「通知」的方式，可為口頭通知或書面通知，一般若未特別明確約定並記載於合同內，表示未違約方通知違約方時，以口頭或書面方式都可以。但是在代工廠的立場，為避免客戶任意假藉違約為藉口要求終止或解除合同，最好於合同中明文約定必須以「書面」通知方式，未違約方所主張的違約事實及要求改善的期限等，才有明確依據。

（2）要求限期改善的「期限」，天數及起算點必須明確，例如：「自未違約方發出本通知之日起10天之內」，或者「自違約方接獲本通知之日起10天之內」，至於期限天數的長短，應該視違約事項可以改善的合理時間來客觀決定。

（3）違約方逾期未改善的後果，未違約方有權立即終止合同，於要求改善的期限屆滿之日立即產生提前終止合同的效力。但於此有一個必須討論的重點是，合同提前終止之後，整個代工合同是自終止之日起開始喪失效力（事後無效），或者是自代工合同一開始就不發生效力（自始無效）？理論上當然是可以經由雙方協商約定，但實務運作上，如果雙方進行代工交易已經有一段時日，且過

去的代工交易均已銀貨兩訖，也沒有任何品質瑕疵等爭議問題發生，因此若主張代工合同是自始無效，買賣雙方還必須個自退貨還錢（買方退還貨物、賣方返還貨款），實際上顯有困難，也不符合雙方最大利益。因此，若未於代工合同中針對提前終止合同的效力特別約定者，一般都是自終止之日起喪失合同效力，過去已經完成履行的權利義務，就不再去追究要求回覆交易前的原狀。

有關提前終止合同的效力，建議買賣雙方仍然可以視個案情況做特別約定，例如：於代工合同中有關合同提前終止的約定，原則上是採「事後無效」原則，但加註但書例外約定，如果違約情形是發生在產品的研發階段，致使產品未能成功研發上市者，則本合同自始不發生效力。因為於此階段發生違約，代工合同關鍵客體的產品未研發成功，整份合同已失其目的價值，且雙方所受損失的補償，尚有機會可以清算與執行，所以可以約定自始不生效力，將未違約方所受損失減至最輕程度；至於合同自始不生效力後的處理方式，以及違約方應負之違約賠償責任，仍然是由雙方約定之。

（4）承前所述，合同提前終止後的處理方式與違約方的賠償責任範圍，也必須於合同中明確規範約定。一般情形下的約定，買賣雙方於合同終止後即不得再繼續行使代工合同權利，亦不必再繼續履行代工合同義務，但雙方於代工合同終止前仍有未履行之合同義務者（例如：買方已到期應付貨款、賣方應交付之產品），仍應負履行義務。此外，庫存的成品、半成品、原物料等存貨的處理，模具、設備的處理，違約方的違約責任，以及造成未違約方其他損失時的損害賠償責任等，都是必須事先明確約定的範圍，以避免日後再徒生爭議。

3.單方終止權。於前述兩種提前終止合同的情形外，有一種最尷尬的情形就是，某一方想片面提前終止合同，但另一方並不想提前終止合同，也沒有任何違約情形發生，暫且不論想片面提前終止

合同者的原因、理由為何,是否可以在代工合同中賦予任一方都可以單方面主張提前終止合同的權利,這往往是代工客戶所不允許的。有關提前終止合同的主要考慮,仍然在於整份代工合同的合理性、公平性問題,如果是對雙方都很公平合理的合同,雙方都有意願維持長久的合作關係,則是否有權利要求提前終止合同關係,就如同考慮前述合同期滿時究竟自動延展或自動終止一樣,只是一個程序上的問題,不是特別重要。但相反的,如果是一份不利益合同,則代工廠當然要爭取一切可以提早終結不利益合同的機會,就必須盡力爭取可以單方面提前終止合同的權利。

惟客觀言之,不論是為了提早終結不利益合同考慮,或是因為市場供需變化的客觀情事變化考慮,筆者是傾向任一方都可以要求提前終止合同,而且不論有無特定事由(with or without cause),但重點在於程序上的正義,也就是任一方要提前終止合同的兩個基本要件:一是必須於合理期間前發出書面通知給對方,至於所謂的「合理期間」是一個月、兩個月或更長時間,則應該視個別產業的特性來個別決定;二是要求提前終止合同的一方,對他方應負的補償義務的約定,例如:如果是客戶要求提前終止合同,則客戶仍然必須就已經生產完成的產品(含成品及半成品)負付款義務,不論是否已經到了付款期;同時必須負責吸收代工廠為了客戶採購訂單(Purchase Orders)及採購量預估(Forecasts)已經採購的原物料、零元件、模具、機器設備,不論已經交貨庫存,或者尚未交貨但不得取消;以及補償代工廠其他一切因此已經發生的費用(out-of-pocket expenses)。如果是代工廠要求提前終止合同,則代工廠仍然應該負責就已經接受的正式採購訂單如期交貨,為繼續履行保固義務、售後維修服務,為客戶準備必要的維修備料,甚至於幫客戶尋找、推薦其他適任的代工廠,以及負責保固、維修服務的其他廠商。

3.6.4　不可抗力事故（Force Majeure）

　　不可抗力條款對代工廠而言，是非常重要的一個意外事故免責條款，因為依據代工合同裡買賣雙方權利與義務的約定，代工廠所必須履行的義務是比客戶要來得多，也就是代工廠可能發生違約的機率要比客戶來得高。因此，因不可抗力事故發生，造成代工廠履約遲延或履約不能，於不可抗力事故未消除，或無其他合理履行義務替代方案實施前，代工廠得以免除違約責任，這樣的免責條款對代工廠有如一面免死金牌般重要，代工廠必須善加利用，不能等閒視之。有關不可抗力條款內容的幾個重點說明如下：

（一）不可抗力事故的定義及範圍

　　所謂「不可抗力事故」，是指合同當事人在一般的客觀情況下，不能事先預見、事先防範及避免的意外事故，而事故發生時，依當事人客觀能力也無法控制、無法克服的情況。「不可抗力」既然是對自然事件的發生與進行無力反抗，既無主觀上的意圖，又無客觀上的因果關係，在法律層面就是「不可歸責」的意思，因為就事故的發生原因及造成的後果影響，都不是當事人所為，不可歸責於當事人，因此在合同法律效力上可以發生阻卻違約責任的效果。

　　有關代工合同內不可抗力條款的不可抗力事故，一般是採取列舉與概括並列的約定方式，例如：「**任一方對於因下列事故發生所致之遲延履行或不能履行本合同約定義務者，不負任何違約責任：火災、水災、旱災、地震、異常惡劣氣候等天災地變，或是因罷工、人民暴動、公共運輸者引起之遲延或破壞，或是因政府制裁、禁運、戰爭、恐怖活動、任何公權力或政府行為介入，以及其他任何超乎任一方當事人能力實際所能合理預測、防範或控制之情**

事。」。採取列舉與概括並列的約定方式，其目的是儘量擴大不可抗力事故的適用範圍，藉以相對降低合同當事人於不可抗力事故發生時，因無法履行合同義務而違約的風險。

（二）通知義務

　　如同保險契約裡保險事故發生時的通知義務一樣，任一方當事人發現有任何不可抗力事故發生，可能引起合同不能履行或遲延履行時，應以任何合理可行之方式儘速通知他方當事人，以便他方當事人能預做因應措施降低損失。例如代工廠的廠房所在地因為發生大地震，致使聯外道路、橋樑及貨櫃碼頭都嚴重受損，整個市區也多處嚴重受創急需搶修，預估搶修完工最快出貨時間也要一個月之後，如果要交貨的產品是零元件，則客戶可能因為突然缺料而停工，代工廠若能儘速通知客戶，客戶仍有時間緊急向其他零元件供應商採購，不至於因缺料停工而遭受更大的損失，相對的也就降低了代工廠對客戶造成損失的賠償責任。

　　因此，不可抗力事故發生時，通知義務便成為代工廠的第一緊急要務，於代工合同中常見客戶要求，當任一方發生不可抗力事故時，應立即用電報、傳真或其他可行方式緊急通知另一方，並在事故發生後 7 天（或 10 天、20 天不等）內，以快遞寄出事故發生當地有關政府部門、公證機關或商會出具的書面證明給客戶，用以證明不可抗力事故確實發生。但是實際上，萬一真的發生不可抗力事故時，短時間內是否可以很快的恢復對外通訊聯絡，是否仍有電報、傳真或其他便捷快速的聯絡方式可以使用，事實上仍有疑問。因此，有關不可抗力事故發生時的通知義務，於合同文字上仍以採取保守而彈性的措詞為宜，類似「儘速以合理可行的方式通知另一方」這樣的約定即可。

（三）不可抗力持續的容許期限

　　不可抗力事故發生，固然可以阻卻違約責任，但是如果不可抗力事故一直持續下去，對他方當事人也將造成困擾與影響，因此一般都會約定不可抗力事故持續的容許期限，若期限屆滿，而不可抗力事故仍然持續未獲改善時，則任一方均可解除合同，使合同權利義務法律關係終止。例如：如不可抗力事故持續達六十日以上，一方當事人仍無法履行合同義務時，他方得終止本合同。至於容許期限長短的決定，要由雙方當事人視事故嚴重性、產品特性、市場需求、其他上下游協力廠商支援能力，以及買賣雙方緊急應變處理的能力等主客觀因素，經雙方綜合考慮、協商一致後決定之。

（四）不可抗力事故的效力

　　合同當事人任一方因為不可抗力事故發生，致使合同義務的全部或一部分不能履行而造成違約時，按照不可抗力事故的影響程度，可以部分或全部免除違約責任；但相對的，另一方也可以因不可抗力事故的容許期限屆滿仍未解除狀況，而主張終止或解除合同關係，也一樣沒有違約責任問題。至於在此情況下終止或解除合同關係，雙方既已產生的債權、債務及費用成本支出等損失，原則上雙方互不求償，個自吸收承擔，但只要買賣雙方同意，當然也可以更進一步的去約定善後處理的方式或原則，包括費用的補償、補貼問題。

　　但有一種情況仍不能因此免除違約責任，就是在不可抗力事故發生之前就已經先違約的情況下，並不會因為後來發生了不可抗力事故而免除違約責任。例如：在不可抗力事故發生之前，買方已經逾付款日期而仍未付款，或者是已經發生品質瑕疵的求償爭議，雖然因為不可抗力事故發生而被迫暫時停止求償行動，但不會因此而

免除其既已發生的違約責任，只能等到日後事故解除時，再來繼續進行求償行動。

此外，當不可抗力事故已經解除後，發生不可抗力事故的一方如果能夠繼續履行合同義務的，可以立即以書面方式通知另一方要求回覆合同關係，只要另一方也表示同意繼續履行合同的權利義務關係，則原來的合同當然也可以繼續執行下去，但是在法律性質上，這已經是屬於締結新合同的要約與認諾行為，是新的合同權利義務關係的開始。

3.6.5 權利義務轉讓（Assignment）

代工合同中之當事人任一方，有時因為企業合併、轉讓或處分資產等原因，使得代工合同權利及義務必須隨同合併、轉讓或做其他處分，但另一方並無必須配合的義務，可以保留同意權之行使與否。因此，一般都在代工合同中約定，任何一方非經事前以書面通知另一方，並得到另一方之書面同意，不得將本合同權利義務之一部或全部讓與第三人。也就是說，任一方如果要將代工合同的權利及義務轉讓給其他第三人時，必須符合兩個要件：一是事前以書面通知，二是得到他方的書面同意，欠缺任一要件，其權利義務的轉讓行為都是無效的；且特別強調以書面方式，做為保留憑證之用，以便日後若發生爭議時舉證之用。

但是往往可見客戶所提出的代工合同，僅客戶單方面有權利將合同的權利及義務轉讓給其他第三人，或者載明是轉讓給其子公司或關係企業，但不論轉讓給何者，代工廠若見到這樣僅片面有權轉讓權利義務的條款，必須審慎評估目前與該客戶的合同條件，是否容許其隨意轉讓給第三人，包括其子公司或關係企業，因為代工廠提供給 A 客戶的交易條件，不見得願意提供給 B 客戶，特別是簽

約之初已經是委曲求全犧牲利益的合同,更不會輕易同意客戶可以隨意轉讓給第三人。因此,不論是什麼原因,客戶要轉讓合同的權利義務給其他第三人時,建議代工廠仍應保留同意權,寧可事後與該第三人另行議訂新合同,也不須事先就拋棄權利。但若客戶是佔有談判優勢地位且強勢的一方,則代工廠至少必須爭取平等的權利,即雙方都有權利可以將合同的權利義務轉讓給其他第三人。通常也都必須經過這樣折衝談判的過程,突顯出單方面要求權利的不合理性,經過修正後而取得較為公平對等的合同條款。

3.6.6 信託帳戶（Escrow Account）

IPR（智慧財產權）可以說是國際代工產品的命脈,空有代工生產技術但沒有產品的 IPR,未經 IPR 所有權人授權生產而妄加生產者,即構成 IPR 的侵權,即須負 IPR 侵權的龐大賠償責任。相反的,空有研發能力開發出新產品取得新的 IPR,但沒有產品量產能力,也無法將新產品銷售推廣給消費大眾,發明人及消費大眾都無法享受到新產品的利益,於是國際代工業者便扮演中間橋樑重要的產品推手角色。只是國際代工製造業有其基本的風險,從產品開發到量產、交貨、售後服務,前後週期甚長,而全球消費市場變化快速,導致國際代工業界經常發生的爭議糾紛,客戶因市場萎縮而大幅取消訂單造成代工廠損失者有之,代工廠經營不善停工歇業造成客戶損失者有之,不論可歸責於那一方造成這種情形,另一方如何讓產品能繼續生產上市換取現金收益,成為另一種減輕損失的自力救濟方式。因此,如何確保產品生產製造所需的一切資料,在非常緊急的情況下可以取出應用,便成為國際代工的買賣雙方都非常在意且堅持力爭的焦點,於是「信託帳戶」（Escrow Account）便應運而生,信託帳戶管理相關內容便成為國際代工合同中一個非常奇特

的約定重點，概要說明約定重點內容如下。

1.信託物內容（Escrowed Items）。 如前述開設信託帳戶之目的，是為了確保產品生產製造所需的一切資訊，在非常緊急的情況下可以取出應用，因此，雙方要寄放在信託帳戶內的信託物，就是與某項特定產品的生產製造及銷售、維修有關的一切資訊，包括所有研發過程的記錄資料、設計圖、使用軟體、檢索碼、產品規格，甚至於包括生產使用的儀器設備清單、模具清單、原物料清單以及其供應商名冊，以及客戶名單、配合的維修中心等資料，足以讓任何第三人接手後即可輕易解讀，憑以繼續生產製造或銷售產品。代工合同中通常是以目的論反向表述方式來約定，例如：「當合同當事人任一方無法繼續履行合同義務時，為了確保另一方能繼續生產或銷售產品，買賣雙方應提供有關產品生產製造及銷售維修所需要的一切資訊，包括但不限於：…等。」，一般也是採列舉與概括方式合併約定，務求將信託物內容極大化，確保日後緊急情況發生時，能憑藉著取出的信託物就能順利繼續生產或銷售產品。

2.信託物取出條件（Release Conditions）。 信託物一旦封存保管在信託帳戶內，除非是代工合同雙方當事人事先約定的特定事故發生時，並且符合雙方事前約定的條件下，才可以取出信託物，一般約定條件如下：

（1）未經他方書面同意，任一方單方面表示終止代工合同；或

（2）未經他方書面同意，任一方將其合同權利或義務轉讓給第三人；或

（3）任一方主動申請公司清算、宣告破產或申請破產保護；或

（4）任一方非自願性遭第三人提出申請公司清算、宣告破產或破產保護，且自申請或公告之日起 60 天仍未撤銷申請；或

（5）任一方違反代工合同約定，經他方終止代工合同生效後；或

（6）買方已經採購產品累計超過約定數量（例如 100 萬單

位），或採購產品已給付貨款累計超過約定金額（例如 1000 萬美元）；或

（7）買方願意額外一次性給付約定金額（例如 1000 萬美元）給賣方（代工廠），用以買斷信託物權利。

在此要特別強調一點，針對信託帳戶內的信託物，是代工合同買賣雙方皆有權利取出使用，從前述的幾點信託物取出條件就可明白，除了（6）、（7）兩項外，其餘幾項事由都是買賣雙方皆有可能發生的情況，但常常可見代工合同中僅單方面賦予買方有取出信託物的權利，明顯違反簽訂合同的平等原則、公平原則，代工廠必須懂得據理力爭。

3.信託物授權使用（License to Escrowed Items）。當符合約定的信託物取出條件，另一方取出信託物後，並不代表就有權利使用另一方所提出的信託物，還必須經過正式的授權（License），通常在申請信託帳戶時就已經一併載明概括授權條款，授權他方當條件成就取出信託物後，自動被授權使用信託物內容，特別是其中的應用軟體及智慧財產權。但重點在於：

（1）被授權使用的範圍為何？在代工合同的「信託帳戶」條款中，以及申請開立信託帳戶時另外簽訂的信託合約，都會明文約定信託物取出後的授權使用目的及授權範圍，通常不外僅限於生產製造代工合同約定的代工產品，有其特定的名稱及規格，甚至於有固定的生產數量限制；超越了原訂代工合同約定的產品名稱、規格、數量等約定範圍外的產品，都不在授權範圍之列，避免不當擴大了原合同的約定範圍。

（2）被授權者是否取得獨家授權（Exclusive License）？或者僅只是非獨家授權（Non-Exclusive License）？回顧此「信託帳戶」條款的目的，當一方當事人有不能履約的情形，為了保障另一方當事人能繼續生產銷售產品，藉此獲得收入利益以減輕損失，在此目

的前提下，當然是以取得獨家授權較為有利，也較符合此信託帳戶條款的開戶目的。

4.費用分擔（Allocation of Expenses）。申請設立信託帳戶是需要費用的，包括申請時的開戶費，以及每年的維護管理費，甚至於取出信託物也需要再收取一次服務費，依公平、平等原則，這些費用應該由買賣雙方平均負擔，但常見由客戶提供的國際代工合同，將信託帳戶的一切費用都記載由代工廠負擔，甚至於要求代工廠必須預先給付所有費用（Deposit），以免代工廠日後發生經濟困難時無法給付費用。但如第2.點信託物取出條件所述，符合信託物取出條件者，實際上是買賣雙方皆有可能發生的情況，因此最好的做法是雙方於申請設立信託帳戶時，就約定好平均分擔共同出資，一次性給付完畢所有的費用，若金額龐大，可以以定存質押方式預付給信託單位，以避免日後發生費用分擔的爭議。

5.信託單位及合同（Escrow Agreement）。以上所述有關信託帳戶的相關事項，都必須在代工合同及（或）信託合同中事先約定清楚，國際代工合同中約定要申請信託帳戶者，一般可以找法院公證人或者律師來辦理，但實務上都是找具有國際知名度的律師事務所來協助辦理居多，因為具有國際背景，較為國際代工的買賣雙方共同信服與接受，一旦決定之後，律師事務所會提供信託合同（Escrow Agreement）給雙方當事人，載明前述一切信託相關的條件並給付費用之後，即正式封存保管信託物。

3.6.7 爭議處理及準據法（Dispute Resolution & Governing Law）

任何買賣交易都難免有發生爭議糾紛的可能性，國際代工合同亦然，代工合同約定解決爭議的程序即無可避免，而且代工客戶如果是跨國企業，萬一發生爭議訴訟時是屬於涉外案件，其處理程序

較之一般國內訴訟又更複雜幾分。因此，國際代工合同中有關爭議解決的相關問題，特別要注意以下幾個重點：

（一）爭議處理方式

代工廠與客戶就代工合同內容發生爭議時，如果不能透過協商達成和解，而必須訴諸法律解決時，通常不外透過司法訴訟（Litigation）或商務仲裁（Arbitration）兩種途徑為主，這兩種解決爭議的模式在國際代工合同中都經常出現，也各有優缺點，但一般而言，為了以最經濟省錢且快速地解決國際商業糾紛，選擇商務仲裁是比司法訴訟更快速方便的方式，且一般約定選擇三名仲裁員中，買賣雙方可以各自選任一名仲裁員，可以有利於為自己答辯爭取權益。若是選擇一般司法訴訟程序，特別是在美國進行訴訟時，則一般會特別約定排除陪審團（Jury）的適用，以達訴訟經濟、速審速決的目的。此外也有約定以調解（Mediation）方式者，或約定先進行調解後，若調解不成立再進行訴訟或仲裁，但因調解一般成效不彰，較少人採用。

（二）管轄地（Jurisdiction）與準據法（Governing Law）

不論選擇司法訴訟或商務仲裁方式，裁量雙方權利義務所依據的法律（準據法）究竟應該是那一個國家的法律？是被告或原告所在地國，或是其他第三國的法律？管轄法院或是仲裁委員會又如何決定？若當事人未事先約定者，固然可以依據國際私法中有關準據法及管轄權的一般原則來決定，但最好是由買賣雙方當事人事先就約定好解決爭議的方式、適用的準據法及管轄地，並清楚記載於代工合同內，以避免日後必須以訴訟或仲裁處理商業糾紛爭取權益時，他方再提出準據法或管轄權等程序問題，做為拖延或干擾的藉口或手段。至於如何去判斷選擇解決爭議的方式、準據法及管轄

地，筆者認為應該從以下幾點來考慮：

1.訴訟或仲裁的公正性。 公正性是決定管轄地與準據法首要考慮的因素，一般買賣雙方的立場，因為擔心在對方所在地國家進行訴訟或仲裁，會遇到富有愛國主義、保護主義的法官或仲裁員，影響裁判的公正性，所以通常會選擇在第三國或第三地，並依據該第三國或第三地的法律進行訴訟或仲裁。但依據筆者的實際經驗，為了迴避雙方所屬國法律及管轄權而刻意去選擇第三國或第三地，對代工廠並不一定絕對有利，因為除了後述第 2.及第 3.兩點的考慮因素外，如果客戶所在地國家是法治素質高的國家，例如美國、德國，其法律制度及裁判的公正性是普遍可以被信賴的，則可以考慮直接選擇客戶所在地國家的法律為準據法。相反的，若是「為反對而反對」，刻意為了要迴避雙方所屬國家的法律及管轄權，而去選擇依據第三國或第三地的法律，例如：臺灣代工廠與美國客戶簽署代工合同，刻意選擇以香港或新加坡法律為準據法，是否會比直接以美國法為準據法有利？先撇開法律制度不談，考慮訴訟或仲裁程序聲請、出庭應訊與保全執行等程序的方便性，單從程序與費用兩個層面的訴訟經濟原則來看，似乎並不絕對有利。所以，有關準據法及管轄地的選擇，還是應該全面性的綜合考慮。

2.提起訴訟或仲裁的方便性。 國際代工合同雙方經常會考慮提出聲請訴訟或仲裁的方便性，而直接以自己所在地為訴訟或仲裁管轄地，這是大多數強勢的代工客戶會選擇自己所在地為管轄地，以自己所在國法律為準據法的原因。客戶提出訴訟或仲裁聲請時，客戶是原告，在自己國家進行訴訟答辯固然方便，但聲請程序的方便性考慮是相對的，在自己國家進行訴訟或仲裁程序固然比在國外進行要方便，但是提出聲請的一方是原告或被告，因立場不同，程序進行的效果也會有所不同。假設約定的準據法及管轄地是客戶所在地德國，而原告（代工廠）在被告所在地德國委託律師進行訴訟或

仲裁，基本上也不會太過於麻煩，但最終若是原告（代工廠）勝訴，則緊接著直接在被告（客戶）所在地聲請查封執行拍賣被告（客戶）資產，整個程序有其連貫性與方便性。

　　相反的，假設約定的準據法及管轄地同樣是客戶所在地德國，但這一次是客戶當原告，要對代工廠提出訴訟或仲裁聲請時，客戶在自己國家進行訴訟或仲裁答辯固然方便，但被告（代工廠）很有可能拒絕出庭應訊，即使最終原告（客戶）以一造辯論判決勝訴，但緊接著必須到被告（代工廠）所在地國聲請查封執行拍賣被告資產，執行程序上必須先經過司法承認，萬一是沒有邦交關係的國家，被告所在國家可以拒絕承認另一國的司法判決效力，那麼原告就不能再繼續執行被告的資產，空有先前的勝訴判決。可見準據法與管轄地約定的重要性，對實際程序的連貫性與方便性有直接的影響。

　　3.後續強制執行的方便性。承上所述，無論依據哪一國的法律在哪一國進行訴訟或仲裁，即使最後取得勝訴判決，但是要執行敗訴一方的財產時，又要回到敗訴的一方所在地，依當地法律聲請強制執行。因此，一個值得參考的折中約定方式是，以「被告所在地」的國家法律為準據法及管轄地，也就是在合同中不明確約定以客戶所在地或是代工廠所在地的國家法律為準據法，也不以第三國家的法律為準據法，而是有彈性的約定客戶或是代工廠所在地的國家法律都可以做為準據法及管轄地，當日後發生爭議必須以訴訟或仲裁解決時，就看是誰先提出訴訟，以被告的一方所在國家法律為準據法，也以被告所在地點做為管轄地，就在被告所在地的管轄法院或是仲裁委員會聲請訴訟或仲裁，並按照訴訟或仲裁的結果，直接執行被告的資產。

　　以上考慮因素同等重要，惟筆者更著重法律制度的公正性及實際強制執行的方便性，因為在代工業務中若真的發生爭議且無法和

解，而必須訴諸法律來解決時，通常都已經經過了善意通知、誠意協商的過程，雙方關係已經惡化，往往已經想到進行假扣押、假處分等保全程序，防止對方的財產脫產在先，再來進行漫長的訴訟或仲裁程序。因此，若還考慮先在第三地或是代工廠自己所屬國家進行訴訟後，再回到對方所在地進行財產執行程序，似已不符合訴訟經濟原則與保障債權的目的。據此，在討論合同中的準據法及管轄地條款時，筆者建議視客戶所在國是否法律制度健全、法治精神成熟，如果是法律制度健全、法治精神成熟的國家，例如美國、德國，則不必過度擔心愛國裁判的問題，可以大膽接受客戶要求，即以客戶所在國家的法律為準據法。

　　但至於是否直接以客戶所在地為管轄地進行訴訟或仲裁，則可以再斟酌，例如臺灣的代工廠與美國的客戶約定準據法及管轄地時，原則上代工廠信任美國的法律與司法制度，同意以美國法律為準據法，但是美國幅員遼闊，各州又各有州法，若是客戶所在地的地點對代工廠也相對便利，且在當地尋求法律顧問、訴訟代理人等法律服務資源也不困難的話，例如客戶所在地是美國西岸加州的洛杉磯（Los Angels，CA），或者是在東岸紐約州的紐約市（New York, NY），則直接以客戶所在地為管轄地，以求儘速進行仲裁、訴訟及強制執行程序，使代工廠權益儘早透過法律程序獲得補償；甚至考慮到萬一必須出庭應訊時路程遠近問題，在洛杉磯與紐約市之間，臺灣的代工廠寧可選擇美國西岸的洛杉磯為宜，至少可以多節省一些旅途時間與費用成本。反之，雖然是在美國法律制度健全的國家，但客戶所在地地點較偏遠，或代工廠要在當地尋求法律顧問、訴訟代理人等法律服務資源較困難的話，則應該爭取改以前述的加州洛杉磯或是紐約市等大城市做為管轄地，對臺灣的代工廠會較為方便且相對有利。

（三）《聯合國國際貨物買賣合同公約》排除適用

在國際代工合同中經常可見將《聯合國國際貨物買賣合同公約》排除適用的約定（The UN Convention on International Sale of Goods （CISG） shall not be applied.），因為《聯合國國際貨物買賣合同公約》針對國際貿易行為有一些共通性原則規定，例如：賣方部分交貨後即可部分請求給付貨款，買方不可以賣方尚有未交付貨物為由拒絕付款；買方如因此拒付貨款，賣方仍可加計貨款的延滯利息（Article 58，71，78）；同意接受的意思表示（通知），在到達出價人之前或同時到達者，仍然可以撤回（Article 22），而這些規定與大多數國際代工合同中客戶的要求恰相衝突，因此客戶大多會於合同中予以明文排除適用。但在代工廠的立場，是否接受客戶這樣排除適用的要求，代工廠仍然必須先仔細研讀過《聯合國國際貨物買賣合同公約》的內容後，再審慎評估是否全部不予適用。

（四）訴訟費用負擔

商務糾紛事件，特別是跨國商務爭議的涉外案件，一般都必須委任當地的律師來進行訴訟或仲裁程序，律師費原則上應該是由委託人自行負擔，而且在冗長的法律程序中，律師費用的花費往往高出一般訴訟或仲裁程序的規費。在客戶提出的代工合同中，經常可見將訴訟費用含律師費，都由最終判決敗訴或受不利益裁判的一方負擔。有關訴訟費用負擔的原則，一般是由原告於提起民事訴訟時先行負擔，若勝訴後可於執行程序中一併請求由敗訴的被告負擔償還，但律師費用一般並非債務人必須賠償或補償之義務範圍。因此，在代工合同中的訴訟費用負擔條款，建議將律師費排除在受不利益判決之一方的負擔範圍。

【代工業務框架內容及相關合約示意簡圖】

【案例研討 12】
爭裡子勝於爭面子，乃處理爭議上策

　　國內某製造業 A 公司向美國設備商 B 公司採購生產設備發生驗收爭議，雙方協調複驗數月仍無結果，A 拒絕給付尾款，B 反而先在美國聲請仲裁，A 只好奉陪應戰答辯，同時也對 B 提出反訴（Counter Claim）。仲裁之初，A 研判案情後認為天時、地利、人

和無一有利於己，結果想必凶多吉少，委任律師預判的結果也極度保守，並言若要勝出需有奇蹟。

　　仲裁過程果真出現奇蹟，案情逆轉，最終裁判結果 A 獲勝，B 必須返還 A 所有已付貨款。A 之所以能逆轉勝出，關鍵原因在於 A 提出有利證據，正因為是約定在美國仲裁，透過「Discovery」證據揭示程序，A 才有機會取得 B 內部的重要證物資料。若是在臺灣或其他自負舉證責任的國家，A 是絕無可能取得該關鍵證物資料，本案結果將大不相同。

　　與外國公司交易買賣發生爭議時，爭議處理條款的約定，對爭議處理的結果有絕對影響，要以訴訟或仲裁方式解決？要依據哪一國法律？管轄地點在買方或賣方所在地？有何差別影響？許多人不明究理，本文從實務面說明如下：

　　一、依據臺灣法律，以臺灣臺北市為管轄地：

　　許多業主喜歡如此要求，認為有主場優勢，且訴訟成本較低。但相對的，外商在臺灣訴訟成本也低，且萬一臺灣地主隊是被告且敗訴，原告外商依據臺灣法院的勝訴判決在臺灣申請強制執行，更是長驅直入、毫無壁壘障礙了。

　　反之，若台商是原告，在臺灣對國外的公司提告求償，有可能因為對國外被告的書狀有效送達與否問題，就讓訴訟程序無法進行下去。縱使在臺灣勝訴了，除非該被告在臺灣就有資產可供執行，否則臺灣法院的勝訴判決在國外並無拘束力，仍需再經過被告地主國法院裁定是否承認判決效力，其中仍有變數。

　　再以美國的公司當被告為例，此時若認為美方被告財務狀況顯有問題，有必要立即保全被告資產，而在美國聲請暫時保護令（Temporary Protective Order）、禁制令（Restriction Order）或強制執行（Enforcement），若合約已約定在臺灣仲裁或訴訟，則美方被告可輕易抗辯美國法院無執行管轄權，除非合約中寫明「約定管轄

法院並不排除其他法院的管轄」。

二、依據對方所在地國法律，以對方所在地為管轄地：

常見國外廠商擬定合約中的爭議處理條款，都以自己國家法律為準據法，以自己公司所在地為管轄地。依前項所述同樣思維，除了訴訟費用成本之外，更要考量司法管轄權不同，就對方資產進行保全處分或強制執行的實際執行問題。

三、依據第三國法律，以第三地為管轄地：

當雙方就準據法、管轄地爭執不下時，考量雙方機會與風險平等原則，常見折衷方案約定，就是依據第三國法律，以第三地為管轄地，例如：與歐洲廠商締約，就約定依據德國法律由漢堡市管轄，與美洲廠商締約，就約定依據美國加州法律由洛杉磯市管轄。直接約定較國際化的新加坡、香港也頗為常見。

四、依據被告所在地國法律，以被告所在地為管轄地：

想要提告的一方就去對方所在地進行，「以原就被」原則是筆者較為認同的折衷方式，一樣考量雙方機會與風險平等原則，但更務實於訴訟或仲裁後，就對方資產進行保全處分或強制執行的實際執行問題。

至於採取訴訟或仲裁程序，各有利弊得失，須綜合考量各項主客觀因素，包括交易對象本身信用及財務狀況、發生爭訟風險機率高低、交易對象所在國家經濟發展現況、當地司法裁判與仲裁水準、有無特殊法律或程序規定、律師服務資源及語言溝通更是基本要素，切記爭裡子勝於爭面子，才是爭議處理的上策。

（本文登載於 2016.08.19　工商時報 D1　流通版）

第 4 章　國際代工合同的格式條款

　　由前一章國際代工合同主要框架內容的說明可知，國際代工製造業務的前後作業過程複雜而多元，使得規範國際代工買賣雙方權利義務的國際代工合同，也跟著具有多元性、複雜性的內容。然而在國際代工合同中對弱勢一方真正具有殺傷力影響的，是強勢的一方（不論是買方或賣方）所擬定的合同格式條款，因為藉由合同格式條款，將國際代工買賣交易中可能遇到的風險與成本（Risk and Cost）都歸屬弱勢一方負擔，而且不允許弱勢一方修訂補充這樣的合同格式條款，甚至於連表達意見提出討論的協商機會都沒有，而這樣的合同格式條款通常都是與現行的合同法及反壟斷法的明文規範或基本原則相抵觸的，卻又不為代工製造業的主管機關所知悉，更遑論公權力介入管理，概要論述如下：

4.1　格式條款概論

4.1.1　格式條款的概念定義

　　格式條款在不同國家地區的法律上名稱有所不同，德國民法典稱「標準商業條款」，法國法稱為「附合合同」，英國法稱為「標準合同」，在臺灣稱為「定型化契約」。而在大陸所謂的「格式條款」，即如《合同法》第 39 條第 2 項所定義的：「**格式條款是當事人為了**

217

重複使用而預先擬定，並在訂立合同時未與對方協商的條款。」，
由此可以分析出格式條款具有以下四大特徵[1]：

（1）**為了方便重複使用，適用於不特定的相對人。** 以國際代工製造業中的買方所制定的格式條款為例，因為制定方必須經常性、重複性使用代工合同，預先制定好的合同條款內容，提供給不確定的、眾多的供應商來簽署，簽署合同條款的對象是不確定的。

（2）**是預先擬定好的，具有定型化的特點。** 格式條款是已預先擬定好的合同條款文字內容，未經過合同相對人的參與協議制定，因此具有定型化契約的性質。

（3）**在訂立合同時未與對方協商。** 格式條款在訂立時既然未與對方協商，也就表示更不接受對方提出異議或修改意見，顯然不符合公平、平等的基本原則。

（4）**相對人在訂約中屬於附從地位。** 格式條款已預先擬定好合同條款文字內容，而未經過雙方當事人討論協商後制定出來，相對人為參與合同協商制定的過程，只能對格式條款概括的接受或不接受，因此在合同關係中處於附從地位。也正因為如此，許多學者把格式條款稱為「**附和合同**」。

因為擬定格式條款的一方，已經賦予該格式條款既定的任務目的，且已經預先擬定好條款文字內容以方便經常性重複使用，為維持該合同條款身負任務目的的一致性，不接受合同對方的任何修改意見，所以在訂立合同過程也就拒絕與對方協商。格式條款的這些特徵，也正是本書第 2.3.3 節所述，將經常需用的代工合同以及配套合同給標準化、制式化，而且 e 化、網路化，完全不給合同對造有任何參與協商討論合同條款的權利，只有表達接受與否的機會。

---

[1]　參閱王利明著《合同法研究》（第一卷）第九章格式條款，P.379~P.404，中國人民大學出版社，2002 年 11 月第 1 版，2009 年 1 月 4 刷版。

　　在國際代工業界的代工合同中出現格式條款，有三重的目的與功用：一者是純粹便利性考慮，因為需要經常性重複使用到的合同條款文字，故先予以明文規範。二是特殊目的性考慮，因為為了迴避風險、完全保障自身利益，於是預先設計好合同條款文字內容，且溢銖必較不容修改，甚至是沒有商量討論餘地的（non-negotiable），於是先將該合同條款文字內容格式化、標準化。三是藉由已經製作完成的美觀工整的格式合同，彰顯公司企業的規模、實力與專業形象。因此，在代工製造業界，強勢的一方，不論是買方或賣方，通常仗勢其在交易市場的強勢地位、壟斷地位，為完全保障自身的利益並迴避風險，於是制定了各自公司的合同格式條款，不論是買方制定的「採購合同」，或賣方制定的「銷售合同」，或是為方便買賣雙方使用而通稱為「買賣合同」或「代工合同」，合同格式條款的出現就成了國際代工業界常見的現象了，至今猶盛。

4.1.2　常見的合同格式條款

　　至於國際代工合同格式條款的內容，筆者以買方制定的採購合同為例，列舉最常見的、最具有自我保護色彩的，也是對賣方（代工廠）最具有殺傷力潛在影響的國際代工合同格式條款，個別說明如下：

1.買賣雙方當事人的範圍定義

　　合同雙方當事人是合同構成要素中最重要的主體，一份合同中權利與義務的約定，無非都是圍繞著雙方當事人，確認合同雙方當事人的身分資格，也就是所謂的「當事人適格」問題，有其必要性與重要性。國際代工合同亦然，而且必須特別注意的是，有關國際代工合同中買賣兩造當事人的範圍定義，在一般情形下，簽約的兩

家公司即是買方及賣方兩造當事人，但有些大集團公司往往會以
「買方」（Buyer、Purchaser、Customer）及「賣方」（Seller、Supplier、
Vendor）來代表雙方立場，而在定義「買方」或「賣方」時，將所
屬同集團的母公司（Parents Company）、分公司（Affiliate）、子公
司（Subsidiary）及關係企業（Related Company），全都列入買方或
賣方的範圍。如此擴大買賣雙方的定義範圍，也就是擴大了買賣雙
方在代工合同中得行使權利及履行義務的雙方當事人的範圍，這對
買賣雙方有何影響？對買賣雙方究竟是好是壞？這個問題不是單
純的是非題，必須先檢視合同全盤條件的利弊得失，綜合考慮後才
能評斷取捨，詳細內容請參閱本書第 3.1.1 節。

　　簡言之，有關國際代工合同當事人買賣雙方的範圍定義，代工
廠必須審慎斟酌，必須綜觀其他代工合同條件的利弊公允與否再做
決定，也因為如此，代工廠必須有參與代工合同協商討論的機會，
更應該有表達意見提出修改或補充合同內容的權利。但往往強勢的
代工合同買方所制定的合同格式條款，不允許賣方做任何的修訂或
補充。

2.採購數量預估（Forecast）的效力

　　所謂採購數量預估（預估、Forecast），是指在代工買賣業務中，
常見客戶評估產品未來的市場需求，每週或每月提出未來一個月、
一季、半年或全年可能採購產品數量的預估，且該預估僅單純供代
工廠作為生產準備之參考用，不代表客戶必然下訂單採購產品之數
量，客戶也不因提出此預估，而負有必須向代工廠下訂單採購產品
之絕對義務；但代工廠必須依據客戶提出的產品採購數量預估
值，做生產製造的充分準備，以滿足客戶隨時下訂單採購產品的需
求。有關於國際代工客戶提出僅供備料參考用的預估值對代工廠的
不利影響，以及如何修訂做合理約定的建議，詳細內容請參閱本書

第 3.3.1 節。

公平合理言之，代工客戶提出的採購數量預估（Forecasts）必須是有相當程度比例是有效的、有拘束力的，客戶必須據以下訂單採購，這樣可以促使客戶更精準的反映市場最近的需求，然後提出採購預估或加以調整變更，不必負擔長期的採購數量預估責任；代工廠也可以視期間遠近靈活安排生產，不至於因過多的生產備料而積壓不必要的備料成本及倉儲風險。但往往強勢的代工合同買方所制定的合同格式條款，只顧慮自己市場供需變化的風險，卻不考慮代工廠備料生產損失的風險，不允許賣方做任何的修訂或補充。

3.訂單取消或變更的相關責任

採購訂單（Purchase Order），簡稱為「訂單」或「P/O」，為國際代工業務中進行實質採購的書面憑證，是買賣雙方除了代工合同外，另一個重要的債權債務關係發生的法律事實，在國際代工作業程序中是非常重要的作業環節，因為代工製造買賣一般都是常年性、常態性的買賣，通常雙方簽署代工合同時還不會約定實際買賣的數量及價格，通常只約定產品的實際品名、規格、數量、單價及交貨日期、交貨地點等，另依買方簽發的訂單為準。因此，代工合同簽署之後，買方依據其對未來消費市場供需的銷售計畫，不定期個別簽發訂單，訂單上會明確記載採購的產品品名、規格、數量、單價、交貨日期及交貨地點等，代工廠接到買方訂單，經回覆確認後，就開始安排生產線生產作業準備準時交貨。有關訂單收發確認程序應注意重點，請參閱本書第 3.3.2 節。

然而，經常可見買方擬定的代工合同格式條款強硬規定，買方有權隨時取消訂單的全部或一部分，或變更訂單的訂購數量，或變更訂單的交期或交貨地點，以因應消費市場的變化需求，而不須對

代工廠負任何的賠償或補償責任。買方這樣的考慮與要求固然可以理解，但也應該同時顧慮到代工廠的損失與風險，合理言之，至少應該給予代工廠參與協商應變對策的機會，依市場個別變化情形，協商出變更訂單的相應條件，以減輕代工廠的損失。但是同樣的，往往強勢的代工合同買方所制定的合同格式條款，只顧慮自己市場供需變化的風險，卻不考慮代工廠備料生產損失的風險，不允許代工廠做任何的修訂或補充。

4.連帶保證人與抵銷權

在國際代工合同中常見將買賣雙方所屬同集團的母公司、分公司、子公司及關係企業全都列入買賣雙方的情形，雙方各傾集團之力共同履行合同義務，也共用行使合同權利之利益，原本應是符合經濟效益之舉。但奈何強勢的買方往往只顧自己行使權利的利益與方便，在格式條款中規定賣方（代工廠）集團各公司必須為履行合同義務負連帶保證責任，而買方集團各公司相互間不為履行合同義務負連帶保證責任。甚至於更進一步明白規定：買方（集團各公司）得隨時抵銷賣方（集團各公司）對買方到期或未到期之債權，且不論抵銷的債權債務種類或性質，或由買方向買方關係企業為第三人清償。這樣的代工合同格式條款規定，明顯是有法律效力的疑慮，詳細內容說明請參閱本書第 3.5.4 節。但是同樣的，往往強勢的代工合同買方所制定的合同格式條款，只顧慮到保護自己權益，無限度的擴大賣方可被求償的主體範圍，卻不考慮格式條款內容是否無法律效力，也不允許賣方提出意見，更遑論做任何的修訂或補充。

5.物流倉庫的管理權

為了因應瞬息萬變的消費市場，代工買賣的買方既要能充分掌握備料存貨狀況，以應自己隨時調節生產時無缺料之虞，但又怕備

料過多，除了增加自己購料庫存成本外，也多了倉儲管理的費用與風險，於是發展出要求賣方（代工廠）先存貨於物流倉庫（Warehouse、Hub），再由買方視需求自物流倉庫機動性取貨的兩階段交貨模式。這種兩階段交貨模式已經在代工業界形成趨勢，在買方的代工合同格式條款裡常會見到如此規定，要求賣方先依據「Frame Order」[2]將產品運送至買方指定的物流倉庫（Warehouse、Hub），以方便買方就近取貨，並且要經常性維持一定的最低水位庫存量，等買方依市場需求決定生產所需用料數量後，再簽發正式「Purchase Order」（採購訂單）給賣方，然後自物流倉庫取貨，也有先取貨後再簽發訂單給賣方者，取貨後才算正式完成買賣交易，賣方才可以依據個別的「Purchase Order」的採購數量向買方請求給付貨款。而在賣方自物流倉庫取貨之前，貨物的所有權及毀損滅失的風險，都仍然歸屬於賣方負擔，且買方什麼時候向倉庫取貨並沒有期間限制。甚至於物流倉庫的倉儲費用必須由賣方負擔，但是物流倉庫卻是只聽從買方的進出貨指揮管理，因為是買方指定的物流倉庫，幾乎所有來自全球各地供應商運來至此物流倉庫的零元件、原物料，都是要交貨給同一買方的，所以該物流倉庫只聽從買方的進出貨指揮管理，貨主（賣方、供應商、代工廠）若未經買方同意，並由買方事先通知物流倉庫放行，想擅自取回貨物通常還不得其門而入。如此的代工合同格式條款規定，造成賣方很大的庫存管理困擾，及貨款收回的成本與風險，詳細內容請參閱本書第 3.4.5 節。

　　在國際代工合同中有關物流倉庫的管理有許多細節，至少就訂定倉儲合同的當事人、貨物所有權與支配權、貨物盤點稽查權、貨

---

[2]　Frame Order（稱框架訂單或主訂單）意指買方於預定的時間內，預計將採購的產品總數量訂單，然後再依個別正式的 Purchase Order（採購訂單）分批取貨，買方僅依實際取貨數量負給付貨款義務。

物提領權、保險與損害賠償請求權、免稅倉庫的清關與補稅等問題，必須深入去討論確認，才能決定由買方或賣方（代工廠）來主導與倉庫方簽約，不應僅由買方依其自身取貨方便的最大利益及最低風險與成本，片面制定合同格式條款來要求賣方遵照辦理。但是同樣的，往往強勢的代工合同買方所制定的合同格式條款，只顧慮自己取貨便利，卻不考慮賣方在海外倉庫庫存管理的風險與費用負擔問題，不允許賣方做任何的修訂或補充。

6.智慧財產權歸屬與侵權責任

　　有關代工產品涉及的專利權、商標權及應用軟體的著作權等智慧財產權相關問題，特別是智慧財產權權利的歸屬，以及萬一發生侵權時的抗辯與賠償責任，是代工合同中非常重要的條款，因為攸關產品公開銷售的正當性、合法性問題。也正是因為攸關產品銷售權益經濟利益甚大，所以常常可見買方擬定代工合同格式條款來極度自我保護，例如規定：「**凡於本產品中所含有的專利權、著作權等智慧財產權，都屬於買方所有；但若發生侵害第三人智慧財產權之情事時，賣方應該負責出面抗辯處理，並負責最終法院裁判的賠償金額。**」，將所有的權利與利益都由買方獨享，而將風險與成本由賣方負擔。有關代工產品的智慧財產權相關問題，有許多必須更深入分析個別論定的，例如：原始智慧財產權與新開發智慧財產權的所有權歸屬界定、買賣雙方各負不侵權保證及損害賠償責任的範圍，以及免責條款等，都必須個別約定，詳細內容請參閱本書第3.2.4節。

　　當產品發生智慧財產權侵權時，其抗辯程序包括專利侵權鑑定費用及損害賠償額，對買賣雙方都是巨額的損失，因此買賣雙方應該公平合理且明確的約定，在個別不同侵權情況下的賠償義務，而不是僅片面的自我保護。但是同樣的，往往強勢的代工合同買方所

制定的合同格式條款，只顧慮自己如何去爭取最大範圍的智慧財產權，卻不負擔可能歸責買方的侵權賠償責任，更不考慮賣方的原始智慧財產權權益，與免責抗辯的基本權利，不允許賣方做任何的修訂或補充。

7.競止競爭條款的配套條件

「競止競爭條款」或者稱為「競止競業條款」，買方為了取得產品在市場上的競爭優勢，買方通常會要求賣方只能為其從事此一產品的設計開發及生產製造，不得為其他任何第三人，特別是為買方的競爭者再生產製造相同或類似的產品。買方如此要求固然無可厚非，但公平合理言之，應該一併考慮其他相對應的配套條件，例如：競業禁止的產品必須定義明確、買方承諾保證最低採購數量、競業禁止的期限以及區域等，而不是漫無邊際的要求賣方不得有競業行為，詳細內容請參閱本書第 3.2.10 節。

但是同樣的，往往強勢的代工合同買方所制定的合同格式條款，只顧慮自己如何去壟斷市場，卻不願相對承諾任何配套條件，更不考慮賣方是否因此蒙受損失，不允許賣方做任何的修訂或補充。

8.爭議解決方式、準據法及管轄地

任何買賣交易都難免發生爭議糾紛，國際代工亦然，代工合同約定解決爭議的方式即有其必要，而且買方如果是跨國企業，萬一發生爭議訴訟時是屬於涉外案件，其處理程序較之一般國內訴訟又更加複雜。因此，國際代工合同中有關爭議解決的相關問題，例如究竟採司法訴訟或商務仲裁方式來解決爭議？應該適用買方、賣方或第三國的國家法律？以及訴訟或仲裁的管轄地等問題，都必須事先約定，至於評估約定的考慮依據，請參閱本書第 3.6.7 節。

　　國際代工交易萬一發生爭議而有進一步訴訟或仲裁解決的必要時，既然是買賣雙方的爭議糾紛，理當應該由買賣雙方協商後共同決定爭議解決方式、準據法及管轄地。但常見由強勢的買方制定的國際代工合同格式條款規定，雙方若因履行合同義務發生爭議而有訴訟的必要時，即以買方所屬國家的法律為準據法，並以買方所在地的法院為第一審管轄法院，只考慮買方自己便利進行訴訟，完全不顧慮賣方到海外應訴的方便性，也不考慮訴訟判決後須進一步申請執行對方財產的實際執行程序問題，更不給予賣方就此爭議解決條款有表示意見的機會。

9.其他

　　國際代工的買方所制定的代工合同格式條款內容，除了前述幾點最常見，也對賣方（代工廠）權益影響最大外，還有其他常見的不合理的格式合同條款，對賣方權益影響程度大小不一，例如：

　　（1）**最低售價要求**。買方為了維護自己在市場上的競爭優勢，常見在代工合同中要求賣方銷售供應給買方的產品價格，不得高於賣方為其他第三人製造、銷售產品的價格，或者要求賣方為其他第三人製造、銷售產品者，其價格不得更低於提供給買方的價格，否則買方有權自動調降價格並要求退還差價，甚至於賣方還有違約罰金責任，但是買方卻不論所指銷售的產品規格與數量等其他買賣的客觀條件是否相同。

　　（2）**產品價格變動機制**。買方要求產品單價必須每季，或每半年，或每一年，無條件減價10%至20%不等，且不論任何理由；但賣方卻不得相對要求彈性調漲產品單價，不論原物料價格或是勞工成本是否已經大幅漲升。

　　（3）**違約罰金**。賣方交貨遲延時，必須按遲延天數，每日按應交付產品之貨款總額若干比率（例如 0.5%）處以違約罰金；但

若是買方給付貨款遲延時，卻沒有按遲延付款天數，每日按逾期付款之貨款總額相同比率（或按其他比率）處以違約罰金的對等條款，詳細內容請參閱本書第 3.6.2 節。

（4）**賠償責任最高額上限。**買方的違約賠償責任訂有上限，以買方依代工合同或訂單履行付款義務時應給付之貨款總額，為總賠償金額的最高上限；但賣方若違約時的賠償責任，不得相對主張以相同標準訂定最高賠償額上限，必須賠償買方的一切損失，包括（但不侷限於）律師費用、鑑定費用支出以及預期獲利（期待利益）的損失，詳細內容請參閱本書第 3.5.5 節。

（5）**合同提前終止權利。**僅單方面的規定買方可以隨時提前終止代工合同，不論有無特定事由（例如賣方違約或有宣告破產等情形），卻不允許賣方也有相對的提前終止代工合同的權利，詳細內容請參閱本書第 3.6.3 節。

除了以上的代工合同格式條款外，其他因不同代工產品特性及買賣雙方合作模式，而有其他不同的格式條款內容要求，但相同的是，強勢的買方都以預先制定好的合同格式條款提供給賣方（代工廠）簽署，而且在訂立合同時根本不給賣方有任何協商討論的機會，更不接受賣方的任何修改意見，這是買方制定的代工合同格式條款最不合理的地方。至於格式條款內容的利弊得失潛在風險，賣方在簽署合同之前定當深思熟慮、據理力爭為宜。

然而在全球消費市場一直都是處於買方市場的情形下，再加上代工廠彼此為了爭取代工訂單利益驅使下，各代工廠面對買方格式條款諸多不合理內容要求，在談判地位上更是處於相對弱勢，為了訂單只好甘冒風險。如果沒有國家主管機關以公權力適度介入並制訂規範，這樣不合理的代工合同格式條款，在國際代工市場競爭壓力之下仍然會持續存在。

4.1.3 格式條款的利弊影響

在本書第 2.3.3 節論述 e 化的合同與文化，國際代工合同格式條款的形成，正是國際代工合同逐漸被標準化、e 化、網路化的結果。由於國際代工業務分工越來越細，個別條件要求也衍生個別合同的多樣性，許多國際品牌大廠，不但已經把經常需用的代工配套合同給標準化、制式化，而且 e 化、網路化，放在公司的網站裡，要求賣方（代工廠）必須自行上網進入買方公司的網站裡，依照網站內容指示，點閱、下載相關的合同，完成簽署後再寄回給買方。有些買方甚至連合同簽署都直接在網路上進行，只要輸入該買方授權給賣方的代碼（Vendor Code），在網路上所點閱的各類合同末端點選「同意」或「接受」，即完成了合同的簽署。這種 e 化合同已漸成趨勢，e 化合同內的格式條款也日漸成熟定型，對買賣業務龐雜的國際品牌大廠來說，確實需要借助這樣的標準化、e 化合同及格式條款來管理其全球的供應商、代工廠。

承上所述，標準化、e 化合同及格式條款既然有其必要性，如果整體 e 化系統及格式條款內容的訂定，能夠秉持公平、平等的基本原則，是彙集了與許多家賣方溝通協商討論後的意見總成，符合最大多數賣方的意見，平等、合理的兼顧了買賣雙方的基本權利與最大利益，那麼這樣的一套國際代工合同的 e 化作業系統，確實能有效縮減代工合同往返折衝協商的冗長程序，提高代工合同簽署完成的效率，對國際代工買賣業務的推展確實是一大利器。相反的，若是該 e 化系統及格式條款內容，只是買方出於自我保護的絕對私心，而不顧賣方的基本權利與利益，甚至於連協商討論的機會都不允許，那麼後果可以想見，若不是令賣方遲遲拒簽延誤交易，就是視若無睹業績優先，抱著消極心態先接受該 e 化合同與格式條款以

搶得訂單，日後若發生爭議時再來爭辯，但於 2008-2009 全球金融危機期間發生的許多事實個案顯示，賣方（代工廠）大多消極回應倒閉收場。

在目前現實的國際代工業界，有許多的品牌大廠都已經制定了自己公司的標準化合同，所有的買賣條件都已經制定成格式條款，其中當然不乏能秉持公平、平等的基本原則，兼顧了買賣雙方基本權利與最大利益的合同格式條款。或者雖然不能變更合同格式條款，但至少能夠同意賣方另外以「補充協議書」方式，對合同格式條款內容提出補充修訂意見的機會。

然而確實也有許多品牌大廠客戶所制定的 e 化合同及格式條款內容，完全是出於自我防衛的絕對私心，只顧慮自己如何迴避市場變化的風險，如何降低行銷成本與庫存品的損失，而一味的規定賣方配合各項要求，卻不顧賣方的基本權利與利益，甚至拒絕與賣方協商討論，更遑論接受賣方對合同格式條款提出的修訂意見。這一類背離合同法與反壟斷法基本原則與精神的格式條款（請參閱本書第 4.2.1 節、第 4.3.1 節），是應該被糾正，並要求改善的，但是同前所言，在國際代工市場競爭壓力之下，如果沒有國家主管機關以公權力適度介入並制訂規範，這樣不合理的代工合同格式條款仍然會持續存在。

4.2　格式條款與合同法

4.2.1　代工合同非合同法規範類型

目前國際代工合同格式條款有許多不規範的內容，與現行的《中華人民共和國合同法》（以下簡稱《合同法》）基本原則有許多

相抵觸、衝突之處，若要探究國際代工合同格式條款與《合同法》抵觸、衝突的問題，必須先理解所謂的國際代工合同，並不是現行《合同法》所規範的合同類型，以至於目前常見的國際代工合同的格式條款，似乎都不受現行《合同法》的規範。

在中國已存在多年的國際代工製造業，「**代工製造買賣合同**」是非常普遍使用的合同類型，「**代工製造買賣合同**」在製造業界一般簡稱為「**代工合同**」，雖然簡稱為「**代工合同**」，因代工製造業者所提供的服務內容、範圍、模式等不同，「**代工合同**」又更細分為最單純代工製造的「**代工製造買賣合同**」（Original Equipment Manufacturing Agreement, 簡稱"OEM"合同），或是提供客戶先設計改良產品後生產製造的「**代工設計製造買賣合同**」（Original Design and Manufacturing Agreement，簡稱"ODM"合同），以及其他更專業代工的類型與合同（參閱本書第 2.1 節），也有很多代工業者把這樣的合同都簡而化之稱為「**買賣合同**」，但其實質內容卻遠遠超過合同法規範的「**買賣合同**」之外，其實質約定內容包含了更複雜的交易流程模式與交易條件，甚至可以說同時包含了合同法所規範的買賣、承攬、運輸、技術、保管、倉儲等合同類型的內容。直言之，「**代工合同**」有其獨特性，不能單純以目前合同法中的「**買賣合同**」或者其他單一合同類型視之，是合同法所未規範到的另一種常用且獨特的合同類型，又因其內容複雜多變，更應該加以明文規範為宜。

在大陸境內各地經濟開發區內的中小企業，包含來華投資的台資企業及其他外商投資企業，有許多從事所謂的進出口買賣業務的，並不是一般單純的國際貿易進出口買賣業務，而是國際代工設計製造買賣業務，也就是所謂的「**代工製造業**」或「**代工業**」、「**製造業**」，非單純的買賣業，而代工業非常普遍使用的「**代工合同**」，不論是前述的「**代工製造買賣合同**」（"OEM"合同），或是「**代工設計製造買賣合同**」（"ODM"合同），都是代工業非常普遍使用的合

同類型。除此之外，很多代工製造買賣交易的當事人，因為買方或賣方角色不同，在各自擬定自己的常用格式合同時，將這樣的合同稱為「**採購合同**」或「**銷售合同**」，也有直接簡而化之稱為「**買賣合同**」[3]，但不論合同名稱為何，其實質內容都與《中華人民共和國合同法》中的「**買賣合同**」規範有著很大的差別。從前述章節所論述代工製造業務的四大環節流程可見，使得「**代工合同**」先天性質就是一種具有多元性、綜合性買賣條件的合同，其實質約定內容包含了更複雜的交易模式、交易流程與交易條件。

依中國目前施行的《合同法》分則中規範的合同類型，總計分為**買賣合同、供用電水氣熱力合同、贈與合同、借款合同、租賃合同、融資租賃合同、承攬合同、建設工程合同、運輸合同、技術合同、保管合同、倉儲合同、委託合同、行紀合同及居間合同**等十五種類型。其中第九章「買賣合同」，自第 130 條買賣合同的定義起，至第 175 條互易合同的法律適用，總共 45 條條文，綜觀全部條文內容，似乎只是針對一般消費者買賣行為的規範，第 130 條對買賣合同的定義：「**買賣合同是出賣人轉移標的物的所有權於買受人，買受人支付價款的合同。**」，而買賣合同的內容，依第 131 條：「**買賣合同的內容除依照本法第十二條的規定以外，還可以包括包裝方式、檢驗標準和方法、結算方式、合同使用的文字及其效力等條款。**」，第 12 條規定：「**合同的內容由當事人約定，一般包括以下條款：（一）當事人的名稱或者姓名和住所；（二）標的；（三）數**

---

[3]　目前國際間的代工製造業所使用的合同，其名稱沒有一定的規範，雖然反映實際交易型態最正規的名稱為「**代工設計製造買賣合同**」或「**Original Design Manufacturing Agreement**」（簡稱"ODM Agreement"），但較強勢的一方往往依據自己買方或賣方的角色擬定其公司制式合同時，將合同名稱定為「**採購合同**」或「**銷售合同**」，而較務實尊重雙方立場的公司則把這樣的合同直接稱為「**買賣合同**」。參閱林家亨著《ODM 大破解─國際代工設計製造買賣合同實務操作指南》，中國法制出版社 2008 年 5 月出版。

量；（四）品質；（五）價款或者報酬；（六）履行期限、地點和方式；（七）違約責任；（八）解決爭議的方法。**當事人可以參照各類合同的示範文本訂立合同。**」。由此比較明顯可見，中國《合同法》分則中的「買賣合同」規範內容，並不足以用來規範代工製造買賣業務的全部內容。

雖然也有人將代工製造買賣業務稱為「**委託代工製造業**」，若擬將複雜的代工製造買賣業務內容以「委託」的方式委託給某製造商（代工廠）來執行，而以「委託合同」稱之，理論上並無不可，但若以中國《合同法》分則中第二十一章的「委託合同」（第396條至第413條）內容觀之，似乎又比「買賣合同」規範內容更不適用。

總合言之，代工製造買賣合同多元性、複雜性的內容，已經不是單純適用《合同法》中的「買賣合同」或「委託合同」可以完全規範其運作，甚至可以說同時包含了買賣、承攬、運輸、技術、保管、倉儲、委託等合同內容，也涉及智慧財產權法內容，因此無法單純適用「買賣合同」或者承攬、運輸、技術、保管、倉儲、委託等單一合同規定，「代工合同」有其獨特性，儼然是《合同法》現有十五種合同類型之外的另一種獨特類型的合同。「代工合同」已經是一個事實存在且有其需要的合同型式，且依「代工合同」在大陸從事代工業的各大小企業使用機率之頻繁，與規範層面之深遠，「代工合同」對從事代工製造業者是有實質影響的，國家主管機關不應漠視「代工合同」的存在與明文規範的需求。

4.2.2 格式條款與合同法的衝突現況

按《合同法》第1條首要揭示了合同法的立法宗旨：「**為了保護合同當事人的合法權益，維護社會經濟秩序，促進社會主義現代**

化建設，制定本法。」，合同法也規定了合同當事人訂定合同時，必須遵循「雙方平等原則」[4]、「合同自由原則」[5]與「公平原則」[6]等基本原則，且按《合同法》第 54 條第一項規定，「在訂立合同時顯失公平的」，當事人一方有權請求人民法院或者仲裁機構變更或者撤銷合同；且當事人若只是請求變更，人民法院或者仲裁機構不得撤銷當事人之請求（第 54 條第三項）。《合同法》特別針對格式合同條款也做了規範，「**採用格式條款訂立合同的，提供格式條款的一方應當遵循公平原則確定當事人之間的權利和義務，並採取合理的方式提請對方注意免除或者限制其責任的條款，按照對方的要求，對該條款予以說明。格式條款是當事人為了重複使用而預先擬定，並在訂立合同時未與對方協商的條款。**」（第 39 條），「**格式條款具有本法第五十二條和第五十三條規定情形的，或者提供格式條款一方免除其責任、加重對方責任、排除對方主要權利的，該條款無效。**」（第 40 條）。

　　按合同法規定對照第 4.1.2 節所述各個格式合同條款內容，很明顯地已經抵觸了合同法基本原則，特別是當賣方（代工廠）已經提出異議要求修訂，卻被買方拒絕的情形，更是嚴重違反合同法的規範。或有不同意見者認為，即使是不平等、不公平的代工合同格式條款，但也是出於賣方自由意志下簽署的合同，買方並未以對賣方施以欺詐、脅迫的手段，但其實這只是簽訂合同形式上的自由平等，而非雙方就合同實質內容談判協商與要求修訂的地位與權利的自由平等，這正是格式條款為人詬病的關鍵問題，而

---

[4]　《合同法》第 **3** 條：合同當事人的法律地位平等，一方不得將自己的意志強加給另一方。

[5]　《合同法》第 **4** 條：當事人依法享有自願訂立合同的權利，任何單位和個人不得非法干預。

[6]　《合同法》第 **5** 條：當事人應當遵循公平原則確定各方的權利和義務。

這就必須連帶的一併探討《反壟斷法》的適用問題，請參閱本書
第 4.4 節。

4.2.3 完善合同法中格式條款的建議

　　承前所述代工合同格式條款對代工製造業的利弊得失，以及代
工合同格式條款與合同法的爭議，要完善合同法中的格式條款，筆
者建議如下：

1.新增代工合同於合同法

　　既然具有爭議的格式條款出自於「代工合同」，那麼若要完善
代工合同中的格式條款，正本溯源之計，首先即必須先把代工合同
正式列入《合同法》規範的合同類型，才能更名正言順地將合同法
許多原則性規定適用到代工合同。換言之，「代工合同」應該是《合
同法》所規範的合同類型之一，直接適用《合同法》的規定，而不
是做為《合同法》的特別法而去另外制定《代工合同法》。若有補
充修訂格式條款的必要，也是自《合同法》去進行修法，而自動適
用到所有合同類型，包括「代工合同」。

　　此外，如本書第 4.2.1 節中說明，「代工合同」是代工製造業所
普遍使用的合同，是一種具有多元性、綜合性買賣條件的合同，但
卻是《合同法》規範類型之外的新合同類型，與《合同法》中的「買
賣合同」有著很大的差別，因此無法單純適用「買賣合同」或者承
攬、運輸、技術、保管、倉儲、委託等合同，「代工合同」有其獨
特性，儼然是另一種獨特類型的合同。如此具有獨特性質的合同類
型，而且是被廣大代工製造業界所普遍使用，甚至於被一般的買賣
業所引用，有關權利義務的損益利害關係影響至鉅的合同，卻未被
既有的《合同法》所規範到，實體法律在規範現有經濟社會法律事

實的需求上顯然有所遺漏，因此，筆者認為應該將「代工合同」明文增訂於既有的《合同法》類型之中，使得規範現有國際代工製造法律事實的「代工合同」，能得到明文法律的支持與保障。

　　惟如何在《合同法》中去增訂「代工合同」的實質內容，這又是另一個涉及當事人重大權益的立法工程，如果只是把目前實務交易上常見的代工合同內容增訂於合同法中，顯然還不符合保護代工製造業者基本權益的期待，而且若是誤將現有常見的，具有市場優勢地位的買方所制定的具有壟斷協議性質的格式條款，增訂為《合同法》中「代工合同」的內容，則反而立下了保護壟斷者的惡法，更是適得其反！因此，要在《合同法》中增訂「代工合同」，必須非常謹慎，立法者更必須對現有代工製造業的運作模式，以及現行常用的代工合同中的若干問題，特別是與現行《反壟斷法》衝突的問題（請參閱本書第 4.4.2 節），先有清楚的理解，才能對症下藥完善立法。依筆者建議，至少必須重新考慮以下幾節重點。

2.當事人範圍之合理定義

　　如本書第 4.1.2 節說明，常見國際代工合同的格式條款就買賣雙方當事人的定義，除了簽署合同的買賣兩造公司之外，將所屬同集團的母公司（Parents Company）、分公司（Affiliate）、子公司（Subsidiary）及關係企業（Related Company），整個集團公司全都列入買方或賣方的範圍。如此擴大買賣雙方的定義範圍，在產品全球行銷的代工產業確實有其必要，也就是買賣雙方各由一家公司代表簽署合同後，則買方全球各地的關係企業公司，都可以就近向賣方在全球各地的關係企業公司下訂單，代工買賣條件都適用同一份代工合同約定，個自依據訂單及主合同行使權利履行義務，而不必個別重複協商談判合同條件，藉以爭取商場時效，並且有相同一致的買賣交易條件，避免不必要的爭議。

　　但問題在於，居市場優勢地位的買方制定格式條款，往往不採取公平、平等的原則，僅單向要求賣方整個集團公司都必須為履行合同義務負連帶責任，包括萬一發生品質瑕疵或專利侵權的賠償責任時，買方可以向賣方的任一關係企業公司或整個集團公司求償；但買方整個集團公司卻是個自獨立依代工合同行使權利、履行義務，互相之間不負連帶責任，若有任一買方集團公司未付貨款，賣方不得向其他買方集團公司請求付款。如果再加上其他的代工合同條件不利於賣方，則賣方整個集團公司都將處於不利益的代工合同格式條款風險之下。也就是說，常見強勢買方制定的格式條款的主要目的，並不在於為爭取時效，於事前讓集團公司適用相同一致的買賣條件，而是著眼於事後萬一發生爭議糾紛賠償責任時，可以要求賣方（代工廠）必須傾集團之力共同負連帶賠償責任，卻不論各集團公司是否有實質參與買賣交易供貨往來，更不管被列入賣方暨賣方連帶保證人範圍的其他集團公司，是否有合法授權同意擔任其保證人，或者該代表簽署代工合同的公司對其他集團公司是否有實質的管理約束權利，若是沒有，則即使強迫賣方簽署了買方制定的格式條款，對其他集團公司是否發生法律上的約束效力，也是大有疑問的。

　　有鑑於此，筆者建議在代工合同中就有關買賣雙方當事人（暨共同連帶保證人）範圍的定義上，必須合理的限縮其範圍，代表簽署代工合同者，必須符合以下條件：**（1）持有其他集團公司 50%以上股權或者董監事席次，而對該公司營運管理有實質監管能力或代表權者**；或（2）**有實質收發訂單參與買賣交易者**，才能視同同意自動適用這份代工合同，才受這份代工合同內容的約束，包括彼此擔當連帶保證人的責任。若否，代表簽署代工合同者就其他集團公司持股不足 50%以上，或者董監事席次也未過半，則對其他集團公司根本沒有實質管理能力，更不具有代表權，其在代工合同中代

表承諾做為當事人之一方，且做為共同連帶保證人，這樣片面的承諾根本不具合法的代表性，不發生法律上的效力。

3.合同法基本原則及格式條款規範的廣泛適用

《合同法》總則篇中有關訂立合同的各項基本原則，適用於分則篇中所有合同類型，若依筆者建議增訂「代工合同」類型時，「代工合同」自然也必須適用《合同法》各項基本原則的拘束。特別是《合同法》中針對「格式條款」的規範，更必須從嚴適用，但《合同法》有關「格式條款」的規範只有**第 39 條、40 條及 41 條**三條條文，若勉強將第 42 條有關締約過失責任的規定一併納入「格式條款」的規範，也就只有 4 條條文規範，如何充分運用這 4 條條文規定，甚至於進行必要的補充修訂，即有必要深入論述，請參閱本書第 4.3 節。

4.3　現行合同法格式條款的應用

如本書第 4.1.2 節所述，現行代工製造業界使用的「代工合同」中經常可見各種格式條款，一旦將「代工合同」增訂為《合同法》分則中的合同類型之一時，有關格式條款的規定，就成為「代工合同」中的重點。而目前《合同法》中有關格式合同條款的原則性規範雖然只有三條，但每一條條文都對現行常見的代工合同格式條款有非常重要的規範作用，若能充分地運用實施，對導正現行常見的不合理代工合同格式條款，相信可以發揮立竿見影的基本效果。

4.3.1 格式條款的基本原則與義務

　　按《合同法》第 39 條規定：「**採用格式條款訂立合同的，提供格式條款的一方應當遵循公平原則確定當事人之間的權利和義務，並採取合理的方式提請對方注意免除或者限制其責任的條款，按照對方的要求，對該條款予以說明。格式條款是當事人為了重複使用而預先擬定，並在訂立合同時未與對方協商的條款。**」。所謂的格式條款，是當事人為了重複使用而預先擬定，並在訂立合同時未與對方協商的條款，因為是為了重複使用而預先擬定，而在訂立合同時就不再與對方協商的條款，因此合同法便要求提供格式條款者，事先訂立格式條款時應注意及遵守的幾項基本原則及義務：

1.公平原則

　　提供格式條款的一方，應當遵循公平原則，來確定當事人之間的權利和義務。格式條款特別要求「公平原則」，格式條款也只有出現「公平原則」，這也正突顯出公平原則在格式條款中的重要性，格式條款的提供者在訂立格式條款規定當事人之間的權利和義務時，若不能遵循公平原則，只顧著完全維護自己的利益，而不相對公平的維護對造的基本利益，則可以想見這訂立出來的格式條款先天上已經失去公平性，在訂立合同時又不與對方協商，如此的條款怎麼會有利於合同的相對人，又怎麼會被接受。

　　但目前在代工業界現實的情況，秉持公平原則來訂立代工合同格式條款的企業固然是有，但更常見到的大多數單方面制定的代工合同格式條款，都是罔顧公平、平等原則的（參閱本書第 4.1.2 節），不但竭盡所能利用合同格式條款將買賣交易的風險與成本轉嫁給對方負擔，更拒絕對方有參與協商討論甚至於修訂格式條款的機

會，才會造成與《合同法》及《反壟斷法》衝突抵觸的情形，也正是本文所期盼能引起主管機關重視，並適度介入干預規範的重點項目。

2.主動提請注意之義務

提供格式條款的一方，應當採取合理的方式提請對方注意免除或者限制其責任的條款。提供格式條款者負有主動告知的義務，提請合同對方注意免除責任或者限制其責任的條款。唯此處有爭議的地方在於「免除或者限制其責任」，究竟所指的免除或者限制其責任的對象，是提供格式條款的一方，或者是相對的他方？對照於第40條規定：「**格式條款具有本法第五十二條和第五十三條規定情形的，或者提供格式條款一方免除其責任、加重對方責任、排除對方主要權利的，該條款無效。**」，顯見格式條款提供者自己訂立免除自己責任的格式條款是無效的，所以第39條所指「免除或者限制其責任」的對象，應該是指提供格式條款的相對的他方。

常見的免除責任條款，例如賣方就銷售的產品品質負有物之瑕疵擔保責任，即保固期限內之保固義務，但若是產品瑕疵的原因是因為買方原始設計不良，或是因為買方提供之原物料、零元件本身瑕疵所致，或是向買方指定之供應商所採購之的原物料、零元件本身瑕疵所致，則賣方例外的可以免除責任。至於有關限制其責任的條款，例如賣方就銷售提供給買方的產品品質負有物之瑕疵擔保責任，即使產品瑕疵的原因是因為買方原始設計不良，或是因為買方提供之原物料、零元件本身瑕疵所致，或是向買方指定之供應商所採購之的原物料、零元件本身瑕疵所致，賣方均必須負起物之瑕疵擔保責任，但賣方物之瑕疵擔保責任以人民幣伍佰萬元為上限，亦即雖然不能完全免責，但也只是負有最高上限賠償額度的責任，可以進一步透過購買產品責任險的方式來分散風險。

這都是有利於合同相對人的條款例外約定，但卻是對合同相對

人更進一步的保護作用，所以合同法也特別規定格式條款的提供者負有提請注意義務，而且應當採取合理的方式來提請對方注意，至於何謂「合理的方式」雖未明文規定，客觀言之，例如將該條款字體加黑，或以不同顏色列印顯示，或於條款文字旁以線條標示，甚至於口頭告知提請注意，只要能達到告知目的，應該都可以接受。

　　而從本條文規定似乎也間接表示，格式條款的提供者除了應當遵循公平原則確定當事人之間的權利和義務外，並且必須更進一步主動訂立免除或者限制合同相對人責任的有利條款，顯見立法者合理預見格式條款可能發生失之偏頗的弊病，所以在本條文就前後規範了共三道保護合同相對人的措施。

3.被動應要求說明之義務

　　格式條款的提供者應該按照對方的要求，對該條款予以說明。相較於前述兩點屬於格式條款提供者的主動義務外，**這是被動說明的義務，也是賦予合同相對人的主動權利**，當合同相對人對合同內的格式條款有疑問，不論是對內容公正性的質疑，或者是對其他任何條款內容有疑問，都可以向格式條款的提供者要求說明，格式條款的提供者即應該按照對方的要求對該條款予以說明。

　　至於格式條款的提供者說明的結果如何，是否滿足了相對人的提問，或者說明的結果只是更加確認格式條款確實有相對人所質疑的不盡公平或疏漏之處，那麼該如何處理該格式條款？該格式條款的效力又如何？則沒有進一步的明文規定。惟筆者認為，在格式條款提供者已經說明卻仍有爭議的情形下，除了必須回歸到合同法總則及其他實體法規的相關規定之外，應該更進一步明白規定格式條款的提供者即應該依相對人的要求修訂該格式條款，或者與相對人進行協商溝通，再據協商結果決定是否進一步修訂該格式條款。

4.單方免除自己責任、加重對方責任、排除對方權利的條款無效

按合同法第 40 條規定：「**格式條款具有本法第五十二條和第五十三條規定情形的，或者提供格式條款一方免除其責任、加重對方責任、排除對方主要權利的，該條款無效。**」，顯見格式條款提供者自己單方面制定格式條款，來免除自己責任、加重對方責任、排除對方主要權利，都是無效的，這條規定對現行常見的代工合同格式條款具有非常直接且重要的裁判價值，因為許多的代工合同格式條款正是買方或賣方單方面制定，而內容正都是免除其自己責任、加重對方責任、排除對方主要權利的（請參閱本書第 4.1.2 節）單方面約定，顯見當初合同法立法者在擬定格式條款時，就已經預見這些可能發生的弊端，所以明文規範這些格式條款無效。據此反面表述，合同雙方若要制定格式條款，就必須遵循不可利用格式條款單方面免除自己責任、加重對方責任、排除對方主要權利的原則，否則都是無效的。

5.一般法律行政法規的適用

《合同法》第 40 條規定，格式條款具有第 52 條「**（五）違反法律、行政法規的強制性規定。**」情形者，無效，可見一般的法律及行政法規規定，都可以做為評價格式條款效力的準則。也由於此條文規範的出口，筆者認為，雖然《合同法》第 39 條有關格式條款的明文規範只特別引用了《合同法》第 5 條的「**公平原則**」，但《合同法》總則篇第一章所規定各項訂立合同、履行合同的基本原則，本來就是適用於分則的各類型合同，因此，除了「公平原則」以外的「**雙方平等原則**」（第 3 條）、「**合同自由原則**」（第 4 條）、「**誠實信用原則**」（第 6 條）、「**合法與公序良俗原則**」（第 7 條）及「**依合同履行義務原則**」（第 8 條）等，以及《民法》總論篇第一章的

「**合法原則**」（第 6 條）、「**禁止權利濫用原則**」（第 7 條）等若干
基本原則規定，以及其他各章的民事行為相關規定[7]、現行一般的
法律及行政法規規定，都是可以被充分適用於格式條款的原則性
規範。

4.3.2 無效的格式合同條款

《合同法》雖然原則上同意格式合同條款的存在，因而規範了
訂立格式合同條款的基本原則與義務，但也為了預防格式合同提供
者過於濫用權力，所以也明文規定了格式合同條款無效的情形。依
第 40 條規定：「**格式條款具有本法第五十二條和第五十三條規定情
形的，或者提供格式條款一方免除其責任、加重對方責任、排除對
方主要權利的，該條款無效。**」，第 52 條規定：「有下列情形之一
的，合同無效：（一）一方以欺詐、脅迫的手段訂立合同，損害國
家利益；（二）惡意串通，損害國家、集體或者第三人利益；（三）
以合法形式掩蓋非法目的；（四）損害社會公共利益；（五）違反法
律、行政法規的強制性規定。」，**第 53 條**規定：「合同中的下列免
責條款無效：（一）造成對方人身傷害的；（二）因故意或者重大過
失造成對方財產損失的。」。

本條規定對現行許多顯失公平的代工合同格式條款具有很強
的規範性，舉凡「**提供格式條款一方免除其責任、加重對方責任、
排除對方主要權利的，該條款無效。**」，這一法條文意對目前許多
不公平、不合理的代工合同格式條款，具有當頭棒喝的效果，就以
智慧財產權侵權時相關的責任條款為例，有關代工產品涉及的專利

---

[7] 例如民法第 85 條有關合同的定義：「**合同是當事人之間設立、變更、終止
民事關係的協議。依法成立的合同，受法律保護。**」，換言之，非依法成立
的代工合同包括格式條款，即不受法律保護。

權、商標權及應用軟體的著作權等智慧財產權相關問題，特別是智慧財產權權利的歸屬，以及萬一發生侵權時的抗辯與賠償責任，是代工合同中非常重要的條款，因為攸關產品公開銷售的正當性、合法性問題，也正是因為攸關產品銷售權益經濟利益甚大，所以常常可見客戶擬定格式合同條款來極度自我保護，例如規定：「**凡於本產品中所含有的專利權、著作權等智慧財產權，都屬於買方所有；但若發生侵害第三人智慧財產權之情事時，製造商應該負責出面抗辯處理，並負責最終法院裁判的賠償金額。**」，將所有的權利與利益都由買方獨享，而將風險與成本由代工廠負擔。代工廠銷售的產品侵害他人智慧財產權時，代工廠原則上固然是要負責前述的協商抗辯及訴訟賠償等責任，但合理言之，若產品發生侵權的關鍵原因是以下任何一種情形時：a.因為買方自己提供的產品設計所致，b.買方變更了代工廠的原始設計所致，c.因為買方自己所提供之零元件所致，d.因為買方所指定之零元件供應商所供應之零元件所致者，則產品侵害他人智慧財產權不應該歸責於代工廠，應該免除代工廠之賠償責任，而由買方自行負責，或者由買方出面要求涉及侵權產品的直接供應商負責[8]。但是代工廠提出這樣的免責條款主張，卻往往不被提出格式條款的買方接受，**買方提出的格式條款已經強迫性、壟斷性地免除買方自己的責任，加重了代工廠的責任，排除了代工廠的主要權利，連提出補充修訂條款內容的機會都被排除、被拒絕，按照第 40 條之規定，這樣的格式條款都是無效的。但目前存在於代工製造業的實際情況是，諸多這類依法應該無效的代工合同格式條款，卻依然廣泛的存在於各家品牌大廠訂立的格式條款中，依然使得廣泛的代工業者基本權益受害無窮，卻不見受到**

國家主管機關任何的重視與協助。

此外，格式條款若具有合同法第 52 條第（五）點「**違反法律、行政法規的強制性規定**」，該條款也是無效，擴大了格式條款可受規範的實體法範圍，現行的法律、行政法規的規定，都可以藉以規範調控格式條款，例如《民法》第 85 條有關合同的定義規定：「**合同是當事人之間設立、變更、終止民事關係的協議。依法成立的合同，受法律保護。**」，換言之，非依法成立的代工合同，包括不符合法律規定的格式條款，都不受法律保護，等同是無效的、可以被撤銷的合同條款。此外，《反壟斷法》也是其中最直接受用的法律，奈何目前這些可藉以規範調控格式條款的規定似乎都被忽略了，而任由各家品牌大廠個自訂立的顯失公平合理的格式條款，繼續危害經濟市場中相對弱勢的代工廠。

又第 54 條規定：「**下列合同，當事人一方有權請求人民法院或者仲裁機構變更或者撤銷：（一）因重大誤解訂立的；（二）在訂立合同時顯失公平的。**」，**再次重申公平原則**，訂立合同時顯失公平的合同，當事人一方有權請求人民法院或者仲裁機構變更或者撤銷，也就等同是格式條款無效的另一條法律依據。

4.3.3 爭議格式條款的解釋原則

《合同法》第 41 條：「**對格式條款的理解發生爭議的，應當按照通常理解予以解釋。對格式條款有兩種以上解釋的，應當作出不利於提供格式條款一方的解釋。格式條款和非格式條款不一致的，應當採用非格式條款。**」，按此規定，可以歸納出幾點重要的解釋原則：

1.通常理解原則。合同當事人一方在未經協商討論下提出格式條款，其條款文義難免發生讓相對人有不同理解認知的情形，若相

對人在不同理解認知情形下簽署了合同,而日後對合同內的格式條款的理解發生爭議時,應當按照通常理解予以解釋。但是所謂的「通常理解」究竟是什麼樣的理解程度,於合同法中並未進一步定義說明,筆者認為應該指一般善意第三人客觀解讀所能理解的意義,而非全憑提供格式條款一方的主觀解釋。

2.合同條款提供者不利益原則。合同當事人雙方對同一格式條款,卻有兩種以上不同解釋的情形下,應當作出不利於提供格式條款一方的解釋,以保障他方相對人。此原則與德國民法典(Civil Code)的規定相同(Sec.305C. Surprising and ambiguous clauses),詳細內容請參閱本書第 5.2.2 節。

3.非格式條款優先原則。同一份合同中如果同時有格式條款和非格式條款,當格式條款和非格式條款不一致時,應當優先採用非格式條款。可見合同格式條款並不具有優越性或優先性,當對格式條款有兩種以上不同解釋的,應當作出不利於提供格式條款一方的解釋;而當格式條款和非格式條款不一致的,非格式條款效力優先,應當先採用非格式條款。

因此,當面對格式條款時,應該盡可能提出不同於格式條款的補充修訂意見,這樣日後才有機會爭取採用非格式條款。只是按目前的實務做法,代工合同中的買方訂立了格式條款,往往不允許賣方(代工廠)做任何的變更修改,此時代工廠只好另外書寫一份「補充協議書」,將所有對買方提供的格式條款的補充修訂意見表達於「補充協議書」中,然後要求買方將「補充協議書」與有格式條款的代工合同一起簽署用印,日後若發生爭議時,代工廠即有機會主張應優先適用「補充協議書」的約定。

但實務問題也在於,並非所有的買方都願意接受代工廠所提出的對格式條款的「補充協議書」,日後也就不會發生格式條款和非格式條款不一致的情形,只有格式條款可用,若對格式條款的理解

發生爭議時，也只有依據第 41 條規定，按照通常理解予以解釋，對格式條款有兩種以上解釋的，應當作出不利於提供格式條款一方的解釋。而所謂有利、不利的解釋依據，則必須廣泛的運用第 39 條及第 40 條有關格式條款的規定，也就間接的適用到合同法各項基本原則，以及現行的法律、行政法規的強制性規定，才能盡可能保障到提供格式條款的相對人。

4.3.4 格式條款不排除協商程序

依《合同法》第 39 條第 2 項有關格式條款的定義規定：「**格式條款是當事人為了重複使用而預先擬定，並在訂立合同時未與對方協商的條款。**」，筆者認為這是一項起了誤導作用的錯誤立法，會讓人誤以為合同當事人一方預先擬定的格式條款，在訂立合同時可以不與對方協商，而仍然發生法律上的效力。筆者認為這樣的立法解釋，不但有違《合同法》的基本原則，也與合同訂立簽署的實務操作過程不符，更起了誤導作用，讓各家大廠競相擬定格式條款又不與對方協商溝通的作風大行其道。

也有學者認為，對《合同法》第 39 條的規定應理解為，格式條款是指在訂立合同時不能與對方協商的條款，因為未與對方協商的條款，並不意謂條款不能與對方協商，某些條款有可能是能夠協商確定的，但條款的擬定者並沒有與對方協商，而相對人也沒有要求就這些條款進行協商，但這並不意謂著這些條款便屬於格式條款[9]。也就是說，「未與對方協商」只是構成格式條款的一個形式要件，但並不表示合同法允許格式條款可以不經過與對方協商的程序。

---

[9] 參閱王利明著《合同法研究》（第一卷），第 381 頁，中國人民大學出版社，2009 年 1 月出版。

　　學者更認為，格式合同條款是近代合同法產生的新問題，格式條款的產生具有其經濟上的必然性，它具體反映了現代化的生產經營活動高速度、低耗費、高效益的特點，體現了專業分工嚴明的科學性與複雜性，通過格式條款方式可以使訂約基礎明確、費用節省、時間節約，從而大大降低了交易費用，適應了現代社會商品經濟高度發展的要求，特別是運用在國際代工製造業上。然而，格式條款的使用也帶來了許多問題，由於格式條款是具有經濟上強勢地位的企業經營者所預先擬定的遊戲規則，利益之驅動常使其中包含諸多對合同他方不合理的條款，格式條款的廣泛運用，對契約自由原則、平等原則等合同基本原則造成巨大的衝擊與破壞，曾有美國學者稱其為「合同的死亡」[10]。因此，對格式條款有作出限制的必要性[11]。

　　因此，為了避免誤導大眾對格式條款效力的理解，同時維持合同制定過程的程序上正義，筆者認為此一條款應該加以修訂，甚至於應該明文訂定當事人的協商溝通是訂立合同所必要的程序要件，詳細理由請參閱本書第 6.2 章。

4.4 格式條款與反壟斷法

　　從前述例舉代工合同中常見格式條款的說明，明顯可見代工製造買賣業界普遍存在著強凌弱、大欺小的現象，原本應當公平合

---

[10] Grant Gilmore, The Desth of Contract（1974），轉引自梁慧星主編《民商法論叢》第 2 卷，第 456 頁，法律出版社 1994 年版。轉引自利明著《合同法研究》（第一卷），第 386 頁，中國人民大學出版社，2009 年 1 月出版。

[11] 參閱王利明著《合同法研究》（第一卷），第 384~388 頁，中國人民大學出版社，2009 年 1 月出版。

理、平等對待的代工買賣，卻透過格式條款，將代工買賣交易中應由雙方個自承擔的風險與成本，都一面傾斜的由代工廠一方獨力承擔，這種現象基本上已經抵觸了中國現行《合同法》及《反壟斷法》的基本原則規定。而事實上，現行《合同法》及《反壟斷法》的基本原則規定，是可以適用來規範代工合同格式條款，說明如下。

4.4.1 格式條款適用反壟斷法的正當性

依據《反壟斷法》第 1 條：「**為了預防和制止壟斷行為，保護市場公平競爭，提高經濟運行效率，維護消費者利益和社會公共利益，促進社會主義市場經濟健康發展，制定本法。**」，以及第 5 條：「**經營者可以通過公平競爭、自願聯合，依法實施集中，擴大經營規模，提高市場競爭能力。**」，《反壟斷法》明白揭示了立法目的除了在預防和制止壟斷行為外，也同時保障經濟市場的競爭行為。但若按市場經濟的本質而論，競爭就是市場經濟的本質特徵，市場經濟就是競爭經濟，通過競爭調動人們的積極性，通過競爭優化社會資源、顯現市場經濟的優越性，而《反壟斷法》是市場經濟發展到一定高度之後的產物，從這樣的市場經濟發展趨勢，可以理解《反壟斷法》是保護市場競爭，防止和制止有損競爭的市場壟斷行為，藉以提高經濟運行效率，維護經營者、消費者合法權益和社會公共利益，促進社會主義市場經濟健康發展的重要法律制度，可謂市場經濟的「經濟憲法」[12]。

再就《反壟斷法》第 2 條有關適用範圍的規定：「**中華人民共和國境內經濟活動中的壟斷行為，適用本法；中華人民共和國境外**

---

[12] 參閱史際春著《反壟斷法理解與適用》P.1~P.2，中國法制出版社，2007 年 10 月第 1 版。

的壟斷行為，對境內市場競爭產生排除、限制影響的，適用本法。」，
明顯的是兼採「屬地主義」與「效果主義」，也就是說除了在中國
境內從事經濟活動發生的壟斷行為，不論當事人為本國人（或本國
企業）或外國人（或外資企業），當然受到反壟斷法規範拘束外，
即使是在中國境外從事經濟活動的壟斷行為，只要其壟斷行為的效
果會對中國境內市場競爭產生排除、限制影響的，仍然適用《反壟
斷法》規範。以國際代工合同的性質言，不論是外資企業在中國投
資設立的分公司、子公司與中國境內企業訂定代工合同，或者是中
國境外的企業與中國境內企業在境外訂定代工合同，只要是代工合
同條款內容與《反壟斷法》立法目的相違背，構成壟斷行為，且對
中國境內市場競爭產生排除、限制影響的，都適用本法。因此，過
去多年來在中國境內蓬勃發展，為中國賺取巨額外匯，創造中國經
濟發展奇跡的代工製造產業，自 2008 年 8 月 1 日開始施行《反壟
斷法》之後所簽署的代工合同，都應該受到中國《反壟斷法》的規
範拘束當無疑義。

4.4.2　格式條款與反壟斷法的衝突

　　《反壟斷法》第 3 條規範了本法調整對象是針對壟斷行為，而
具體的壟斷行為包括：**（一）經營者達成壟斷協定；（二）經營者濫
用市場支配地位；（三）具有或者可能具有排除、限制競爭效果的
經營者集中**。而在代工製造業常見的格式條款中，最明顯違反的就
是第（二）項的「經營者濫用市場支配地位」的情形，依《反壟斷
法》第 3 條規範**「具有市場支配地位的經營者，不得濫用市場支配
地位，排除、限制競爭。」**，由本書第 4.1.2 節中所述的各類格式條
款，大多是具有市場支配地位的知名品牌大廠，挾其產品在消費市
場上幾近壟斷市場的優勢地位、支配地位，藉由強硬要求代工廠簽

署其格式條款，將產品生產製造與行銷保固等風險與成本，盡其可能的轉嫁給代工廠負擔，相對的，其自身承擔的風險與成本大幅降低了，更突顯了其在消費市場的競爭優勢，也就排除、限制了其他市場競爭者的競爭行為，明顯與《反壟斷法》的規範正面抵觸了。

又依《反壟斷法》第 14 條規定：「**禁止經營者與交易相對人達成下列壟斷協定：（一）固定向第三人轉售商品的價格；（二）限定向第三人轉售商品的最低價格；（三）國務院反壟斷執法機構認定的其他壟斷協議。**」，在代工合同的格式條款中，買方為了維護自己在市場上的競爭優勢，常見在合同中要求代工廠為其他第三人製造、銷售產品者，其價格不得更低於提供給買方的價格，而不論銷售的產品規格、數量等其他買賣的客觀條件是否相同。依如此約定的反面解釋，也就相當程度的固定了代工廠向第三人銷售商品的價格，或是限定了代工廠向第三人銷售商品的最低價格，也與《反壟斷法》的規範抵觸。

又依《反壟斷法》第 13 條第二項規定：「**本法所稱壟斷協議，是指排除、限制競爭的協議、決定或者其他協同行為。**」，亦即判斷壟斷協議的合理性及合法性的標準，在於其是否排除、限制及損害了競爭，若按此標準來看，則 4.1.2 節中所述的各類格式條款，都已經直接或間接的排除、限制了其他市場競爭者的競爭行為，都應該在《反壟斷法》的規範禁止之列。

至於達成並實施壟斷協議的後果，**由反壟斷執法機關責令停止違法行為，沒收違法所得，並處以上一年度銷售額 1%以上 10%以下的罰款**（《反壟斷法》第 46 條）；且若因實施壟斷行為，給他人造成損失的依法承擔民事責任（《反壟斷法》第 50 條），包括被合同相對人要求解除合同，並請求相應經濟損失的損害賠償。雖然《反壟斷法》有這樣的明文規範，但實際上由於一般代工製造業者對《反壟斷法》的普遍陌生，而反壟斷執法機關也普遍對代工製造業界使

用的代工合同格式條款內容陌生，且代工廠普遍仍然殷切需求代工訂單，甚至於對許多買方的格式條款內容缺乏解讀能力，因此鮮少有代工廠面對買方的格式條款時，能事前引用《反壟斷法》來向買方據理力爭，或者事後引用《反壟斷法》來向買方要求解除合同，並請求相應經濟損失的損害賠償。更是鮮少看到反壟斷執法機關對國際代工買賣交易的買方主動出擊，責令買方停止違法行為、沒收違法所得並處以罰款的，這都有賴對代工製造業者與國家反壟斷執法機關，同時就《反壟斷法》加大宣導教育的力度，而就《反壟斷法》的內容，也必須適度的補充解釋，以擴大《反壟斷法》的實踐成果。

4.4.3 擴大反壟斷法適用範圍的完善建議

《反壟斷法》規範適用的對象，就客體而言，是針對「壟斷行為」，此就《反壟斷法》第 2 條有關適用範圍的規定當無疑問，「**中華人民共和國境內經濟活動中的壟斷行為，適用本法；中華人民共和國境外的壟斷行為，對境內市場競爭產生排除、限制影響的，適用本法。**」，且是兼採「屬地主義」與「效果主義」，除了在中國境內從事經濟活動發生的壟斷行為，不論當事人為本國人（或本國企業）或外國人（或外資企業），即使是在中國境外從事經濟活動的壟斷行為，只要其壟斷行為的效果會對中國境內市場競爭產生排除、限制影響的，仍然適用《反壟斷法》規範。

而所謂的「壟斷行為」，依《反壟斷法》第 3 條規定包括：（一）**經營者達成壟斷協定，（二）經營者濫用市場支配地位，（三）具有或者可能具有排除、限制競爭效果的經營者集中**。就壟斷行為的具體類型而言，現代反壟斷法概括而言調整三種壟斷行為，構成了反壟斷法上「聯合限制競爭行為」規制、「濫用優勢和不公正行為」

規制、「企業結合控制」這三大制度，其中由以「濫用優勢和不公
正行為」最具代表性，因為這類行為的表現形式多樣且複雜多變，
主要有壟斷高價和不當低價購買、掠奪性定價或不當賤賣、不當拒
絕交易、限定交易、交易條件或價格的歧視、搭售或附加不合理的
交易條件、市場封鎖、設施壟斷、濫用智慧財產權和技術優勢[13]等
等，一般而言較少爭議。

　　但是就《反壟斷法》規範適用的主體而言，就有較大的解釋空
間。《反壟斷法》中有關壟斷行為主體，是採取較宏觀廣義的方式，
包括了從事商品生產、經營或者提供服務的經營者（第 12 條第一
項），行政機關和法律、法規授權的具有管理公共事務職能的組織
（第 8 條），行業協會（第 11 條）以及行業協會所組織的本行業的
經營者（第 16 條）。而其中與本章節探討代工合同格式條款較有關
聯的是「經營者」的範圍定義，依第 13 條規定：「**禁止具有競爭關
係的經營者達成下列壟斷協定：……。本法所稱壟斷協議，是指排
除、限制競爭的協議、決定或者其他協同行為。**」按此條款文意，
攸關《反壟斷法》適用對象範圍的有效擴大，筆者提出以下幾點補
充解釋，也據以做為放寬《反壟斷法》適用範圍的建議：

1.經營者的定義

　　依《反壟斷法》第 12 條規定：「**本法所稱經營者，是指從事商
品生產、經營或者提供服務的自然人、法人和其他組織。**」，有學
者認為，鑒於歐盟《競爭法》、德國《反限制競爭法》、日本《禁止
壟斷法》、美國《謝爾曼法》和《克萊頓法》、蘇俄的《競爭和壟斷
法》等外國法例和經驗，包括臺灣的《公平交易法》，中國《反壟

---

[13] 參閱史際春著《反壟斷法理解與適用》P.22~P.44，中國法制出版社，2007
　　年 10 月第 1 版。

斷法》中有關經營者的定義，不能僅指在法律上取得經營資格的自然人、法人和其他組織，也應包括為了經營者或企業的利益從事《反壟斷法》所規定行為的任何其他的人，如合夥人或股東、董事、經理和一般雇員、代理人等[14]。

依據前段所述，凡是從事商品生產、經營或者提供服務的自然人、法人和其他組織，包括合夥人或股東、董事、經理和一般雇員、代理人等，都可以稱為經營者，但若對應於代工製造業的代工合同，這裡所定義的「經營者」究竟是指買方經營者或是賣方經營者？或者同時兼指買賣雙方經營者？筆者認為是兼指買賣雙方經營者，從以下幾點可見：

（1）按《反壟斷法》立法技術來看，「**從事商品生產、經營或者提供服務行為的自然人、法人和其他組織**」，針對所從事的經濟行為，且可能是自然人、法人和其他組織，而不特定是買方或賣方，不是單純以賣方或買方來定義，明顯可見立法者就反壟斷法的適用主體原本即不侷限在賣方或是買方。

（2）再依「**禁止具有競爭關係的經營者達成下列壟斷協定：……。**」（第 13 條）、「**禁止經營者與交易相對人達成下列壟斷協定：…。**」（第 14 條）等條文文意觀之，要能達成協議者，必須是買賣雙方意思表示一致，因此本條款所指達成壟斷協定的經營者，當然不侷限為賣方或買方。

（3）若再以《反壟斷法》適用的客體針對「壟斷行為」以觀，在經濟市場中進行買賣交易的買方或賣方都有可能進行「壟斷行為」，更可以據以確認適用反壟斷法的經營者，是同時包括了在買賣交易中的買方或賣方。

---

[14] 參閱史際春著《反壟斷法理解與適用》P.46，中國法制出版社，2007 年 10 月第 1 版。

（4）若再以立法的目的論解釋，為了擴大《反壟斷法》的執法效果，沒有充分理由來限縮解釋主體適用範圍僅限於賣方或買方。

2.競爭關係的認定

依第 13 條：「**禁止具有競爭關係的經營者達成下列壟斷協定：⋯⋯。**」，按此條款文意，所禁止者是只針對「具有競爭關係」的經營者所達成的壟斷協議，反面言之，若經營者之間不具有競爭關係者，即使達成所列的壟斷協定，仍非《反壟斷法》所規範的物件。那麼何謂「具有競爭關係」？按一般商場運作理解，具有競爭關係者通常指的都是競爭同業，同為生產者、製造商、代工廠，或者同為購買者，二者處於同一個生產或銷售環節，這是「**橫向壟斷協定**」的主要特徵。

但若再對應於代工製造業的代工合同，這裡所定義的「具有競爭關係」的經營者，除了同為買方或賣方的當事人二者間具有競爭關係，禁止達成壟斷協議外，代工合同中的買賣雙方可否被「認定」或「視同」有競爭關係，而禁止達成《反壟斷法》所規範的壟斷協定？這就要先探究代工合同中的買賣雙方是否具有競爭關係，以及代工合同本身的性質而定。

一般的買賣合同當事人，一方購物，一方銷售，買賣雙方基本上應該是魚幫水、水幫魚的互助互利關係，應該不會發生所謂的競爭關係。但這也正是代工製造業的一種特殊現象，買賣雙方可以是互助互利關係，卻也可能形成競爭衝突的對立關係，關鍵原因就在於買賣產品中所包含的專利技術與智慧財產權，特別是擁有專利技術與智慧財產權的代工廠，其不僅有大批量生產產品的能力，更擁有改良及設計產品能力，通常都會獲得最多買方的青睞，藉重代工廠擁有的專利技術及量產能力來為其開發新產品，縮短自己研發的時間及成本，快速產出具競爭力的新產品進入消費市場。

　　但相對的，擁有專利技術與智慧財產權的代工廠，可以為 A 客戶提供代工服務，也可以同時或先後個別為 B 客戶提供代工服務，而相競爭的同業客戶 A 與 B 彼此間，為了盡可能掌握競爭優勢，不論是在產品的生產成本與售價上，或是在取得某項全新產品的獨家銷售權利上，或是為取得某項專利的智慧財產權，因此無所不用其極的在代工買賣合同上大做文章，特別是訂定了如前述章節的格式條款，以極盡保護自身權益之能事。相反的狀況，萬一 A 客戶和代工廠合同條件談不攏，代工合作破局，代工廠轉向與 B 客戶合作，則該代工廠與 B 客戶都同時成為 A 客戶的競爭者了。

　　由以上說明可知，在代工合同中的買賣雙方，既是互助互利的合作關係，但同時也包含隱藏了利益衝突的競爭關係，這種既想合作共生又要剝削自保，雙重矛盾的權利義務關係，在代工合同的格式條款中充分表露無遺。因此，代工合同中的買賣雙方，其實質關係在相當程度上，也可以說是具有競爭關係的經營者。

　　此外，不論代工合同中的買賣雙方是否具有競爭關係，也可以直接依據《反壟斷法》第 14 條禁止達成所列的壟斷協定（**縱向壟斷協定**），因為第 14 條的立法是直接禁止經營者與「**交易相對人**」達成下列壟斷協定的：「（一）**固定向第三人轉售商品的價格；（二）限定向第三人轉售商品的最低價格；（三）國務院反壟斷執法機構認定的其他壟斷協議。**」，據此，若是買方所制定的代工合同格式條款中，固定了向第三人轉售商品的價格，或限定了向第三人轉售商品的最低價格，都一樣是被《反壟斷法》禁止達成的壟斷協定。但事實上，這種情形發生機會可能較少，因為買方擬定的代工合同中談論到價格的，通常只會提到買方享有最低價以及要求調降價格的權利，而鮮少固定轉售商品的價格，或限定轉售商品的最低價格；反而應該有較多的機會適用「**國務院反壟斷執法機構認定的其他壟斷協議**」，只要國務院反壟斷執法機構有機會瞭解代工合同格

式條款內容之後，應該會有相當程度的認同代工合同格式條款是排除、限制競爭的協定，認定屬於壟斷協定。

3.代工合同與壟斷協議

《反壟斷法》所稱壟斷協議，概括式廣義言之，是指「**排除、限制競爭的協議、決定或者其他協同行為。**」（第 13 條第二項），同時也列舉式的具體列出以下壟斷協議的型態：「**（一）固定或者變更商品價格；（二）限制商品的生產數量或者銷售數量；（三）分割銷售市場或者原材料採購市場；（四）限制購買新技術、新設備或者限制開發新技術、新產品；（五）聯合抵制交易；（六）國務院反壟斷執法機構認定的其他壟斷協議。**」（第 13 條第一項）。而代工合同的性質，如本書第 4.2.1 節所述，代工合同是合同法規範類型之外的另一種具有多元性、複合性的合同，但並非所有的代工合同都是由具有優勢地位的一方濫用優勢地位而擬定的壟斷協議，因此，能否驟然將代工合同歸類為壟斷協議，仍有賴個案解讀認定。但至少如第 4.1.2 節列出的格式條款，顯失公平、合理的規定，又拒絕弱勢一方提出補充修訂要求者，則有構成壟斷協議之虞，即有可能成為由國務院反壟斷執法機構認定的其他壟斷協議。

因此，在代工製造業界具有優勢地位的一方，濫用優勢地位擬定代工合同格式條款，還是有相當大的可能性被認定為《反壟斷法》所禁止的壟斷協定，但這就有賴國務院反壟斷執法機構有機會瞭解代工合同格式條款內容，才能做出符合企業期待的裁量認定，當然更有賴於國內廣大眾多的代工製造業者，本身必須加強對代工合同條款內容的認識，並且能適時向反壟斷執法機構提出申訴，才能有效制裁濫用優勢地位的代工買方，充分彰顯《反壟斷法》制止壟斷行為、保護市場公平競爭、促進社會主義市場經濟健康發展的立法目的。

4.壟斷協議豁免條款

　　藉由前述說明，反壟斷執法機構及代工製造業者都提升了認定代工合同格式條款是否構成壟斷協議的能力，但《反壟斷法》第 15 條針對被認定為壟斷協定者，也規範了得以豁免的機會，只要經營者能夠證明所達成的協議屬於下列情形之一的，不適用本法第十三條、第十四條的規定：

（一）為改進技術、研究開發新產品的；

（二）為提高產品品質、降低成本、增進效率，統一產品規格、標準或者實行專業化分工的；

（三）為提高中小經營者經營效率，增強中小經營者競爭力的；

（四）為實現節約能源、保護環境、救災救助等社會公共利益的；

（五）因經濟不景氣，為緩解銷售量嚴重下降或者生產明顯過剩的；

（六）為保障對外貿易和對外經濟合作中的正當利益的；

（七）法律和國務院規定的其他情形。

　　不難想像委託代工的強勢買方，很容易以上述各點理由來排除被認定適用壟斷協議，例如第（一）點為了改進技術、研究開發新產品，要求代工廠提供所有專利技術的機密資料，而一經提供出來並使用於產品研發生產，智慧財產權即歸屬買方所有。又例如第（五）點，為了因應經濟不景氣變化，為緩解銷售量嚴重下降或者生產明顯過剩，要求即使已經簽發了訂單，也可以在交貨日前隨時通知代工廠取消訂單，或者無限期延後交貨，而不須對代工廠負任

何違約賠償責任。於此情形下，為了避免買方假藉理由排除代工合同被認定為壟斷協議的責任，應該從嚴審查認定買方經營者所主張的理由，特別是第 15 條後段規定的合理證明，**「屬於前款第一項至第五項情形，不適用本法第十三條、第十四條規定的，經營者還應當證明所達成的協議不會嚴重限制相關市場的競爭，並且能夠使消費者分享由此產生的利益。」**代工合同格式條款會不會嚴重限制相關市場的競爭，並且能夠使消費者分享由此產生的利益，不能僅憑買方經營者所主張的理由及證明，反壟斷執法機構應該主動從市場上去搜證瞭解，瞭解買方是否確實未壟斷市場、限制競爭，或者整個消費市場根本就是買方一家獨大無從比較。甚至於反壟斷執法機構應該接受代工廠所提供的反證，若代工廠能夠合理證明相關市場仍然處於限制競爭狀態，或者能夠證明消費者並未因此分享到任何產生的利益，則反壟斷執法機構應該從嚴審查認定買方經營者的豁免主張。

5.宣導教育

　　徒法不足以致行，《反壟斷法》自 2008 年 8 月 1 日開始出臺施行，確立了禁止壟斷協議、禁止濫用市場支配地位以及控制經營者集中三大制度。也許是因為大陸每年都有新出臺、新修訂的諸多法規規範，《反壟斷法》施行之初挾其經濟憲法之高度位階曾引起各界關注，但一般似乎都把《反壟斷法》規範的焦點，放在消費市場中相競爭的經營者是否壟斷市場，以及競爭地位的衡平問題，特別是針對佔有市場相對優勢地位的買方經營者，通常都是市場上已經具有相當知名度的品牌大廠大企業，一般人都是想著如何利用《反壟斷法》的規範來適度約束這些品牌大廠的銷售行為，避免其壟斷市場、壟斷價格，傷害了經濟市場中正常的競爭行為，進而傷害了一般消費大眾的權益。殊不知，在這些知名品牌大廠與一般消費者

之間，還有一道產品生產製造的環節，牽連數十萬家大中小型企業，以及數千萬的從業人員，比一般的消費者更迫切需要受到《反壟斷法》的保護，否則當全球金融危機、金額海嘯再度發生時，其受害結果恐怕將比 2008-2009 年間的金融危機時更加慘烈。

　　因此，值此後金融危機時代，恰巧《反壟斷法》出臺，應該將已經確立了禁止壟斷協議、禁止濫用市場支配地位以及控制經營者集中三大制度的精神，落實到更具體的經濟市場買賣交易條件中，特別是對代工製造業的代工合同的監管約束與指導，同時對反壟斷執法機構及廣大代工業者進行教育訓練及宣導，內容針對代工合同條款內容的認識，以及代工合同條款與《反壟斷法》可能發生衝突的條款及其法律效果。筆者認為，與一般中小型製造商、代工廠相較之下，越是規模龐大、資產雄厚、佔有市場優勢支配地位的大企業經營者，越應該有預判全球金融環境與經濟市場消長變化的能力，也越有承受經濟市場消長變化帶來經濟損失的承受能力，越應該善盡社會責任承擔較多的風險責任，而不是反過來利用市場優勢支配地位，制定代工製造買賣合同的格式合同條款，將生產、銷售及售後服務等過程中可能發生的風險與成本，強加於相對弱勢的製造商來承擔，一旦全球金融環境與消費市場發生衰退變化，任由優勢買方經營者自保求生，最大損失皆歸屬弱勢的代工廠承擔。舉凡有如此代工合同內容者，若實質上已足堪構成濫用市場支配地位與壟斷協議者，代工廠要有能力判定，也要有勇氣舉報或申訴，反壟斷執法機構更要有能力及勇氣受理及處理這樣的反壟斷案件，才能將《反壟斷法》的實踐價值發揮到極至！

第5章　國際代工合同的
宏觀定位與國際立法

　　國際代工合同在全球及中國都是個既存的事實，是已經存在多年的法律事實行為，是中國近代以來經濟發展成就最卓著、最快速的年代中，貢獻厥偉的經濟法領域內的法律事實行為，國際代工業務在後金融危機時代的中國更呈方興未艾之勢，但是國際代工合同在中國，卻一直被國家主管機關、法學界以及代工製造業界所忽略，甚至於不在現行《合同法》規範的有名合同類型之內，使得國際代工合同似乎是不受中國法律約束的外來企業文化，任由各家國際大廠制定的國際代工合同在中國百家爭鳴般爭相競用，更任由國際代工合同中諸多有失公平合理的格式條款，肆無忌憚的壓榨各代工廠的基本權利與利益，即使已經違反了現行《合同法》、《反壟斷法》及《民法》的基本原則也無人聞問干預。

　　為了扭轉此怪現象，必須從更宏觀的層面看待國際代工合同，它不僅僅是國際貿易買賣雙方當事人間的約定而已，更是跨國公司的活動及對其如何基本規制的問題，這是對外經濟貿易合作的相關法律問題，衍生的問題是國內產業政策、勞動和社會保障、跨國公司治理和監管、企業社會責任等問題。而當下立竿見影正本清源之計，必須使國際代工合同正式納入現行《合同法》規範，以便名正言順地接受《合同法》、《反壟斷法》以及其他現行國家法律、行政法規的監督與規範，於本章提出相關完善建議如下。

5.1 國際代工合同的宏觀定位

從國際代工合同條款內容所牽涉的領域範圍，以及代工合同實際協商與執行的過程來看，國際代工合同不僅僅是國際貿易買賣雙方當事人間的約定而已，更彰顯出合同兩造當事人所屬國家的相關配套管理政策，甚至關聯到所屬國家的支持程度、政策與立法，因此使得研究國際代工合同的立法完善問題，已經不僅只是研究代工合同的有無以及優劣利弊的問題，必須從更宏觀的層面去瞭解國際代工的本質、代工條件談判角力所反映的現實意義，和實際執行過程的牽連影響層面，才能知道如何完善國際代工合同的方向與內涵，論述如下。

5.1.1 對外經濟貿易合作

國際代工業務的本質，是國際間消費性產品的買賣雙方互補有無、各取所需的合作，通常是買方具有掌握市場銷售通路及訂單的優勢，但必須藉由具有低價量產能力的賣方（代工廠）的支援，才能保持產品在消費市場的競爭力；而賣方（代工廠）也為了賺取外資以維持基本的營運所需，甚至於身負為所屬國家招商引資振興經濟的戰略任務，因此竭盡所能地配合國外買方的需求，甚至於有國家的優惠政策支持，以協助代工廠爭取國際代工訂單。因此，國際代工業務的本質，可以說也是另一種典型的對外經濟貿易合作的模式，對極需要外來資金與技術藉以發展經濟的開發中國家而言，國際代工製造買賣業務的重要性，可能更大於一般農林漁牧礦等產品外銷的對外經濟貿易合作模式。

　　如本書第 1.2 節所述，製造業在中國國民經濟中處於主導地位，是自改革開放至今拉動中國經濟增長的主要行業，在中國《國民經濟行業分類》中，製造業分為 30 個大類、169 個中類、482 個小類，分別比國際標準產業分類多 7 個大類、108 個中類和 355 個小類，依據國務院第二次全國經濟普查領導小組辦公室於 2009 年 12 月 25 日發佈普查成果報告，國內生產總值（GDP）核算制度和第二次全國經濟普查結果，按照國際慣例對 2008 年全國 GDP 初步核算數進行了修訂，修訂後的 2008 年全國 GDP 總量為 314,045.0 億元，其中第二產業（製造業）增加值為 149,003.0 億元，占 GDP 的比重為 47.5%。雖然中國《國民經濟行業分類》並未將製造業進一步區別為一般製造業及代工製造業，但由大陸每年快速遞增已居世界第一的外匯儲備[1]金額來看，可以合理推論，製造業中的代工業產值對整體 GDP 表現佔有不輕的貢獻比重，也由此可見製造業及（或）國際代工製造業在大陸這些年來整體經濟發展過程中的重要性與重大貢獻。

　　但是單純以《中國國民經濟行業分類標準》中的「加工業」、「製品業」與「製造業」的行業類別，並無法忠實反映出該行業究竟是加工業、製品業或製造業的特質屬性，也就更無法判別何者是屬於「代工業」、「國際代工業」的行業了。唯若是從代工產品角度來看，以目前最典型的國際代工產品手機及個人筆記型電腦而言，不論是局部零元件（405 電子器件製造、4061 電子元件及元件製造）的代工生產，或是整機的代工組裝（401 通信設備製造、404 電子電腦製造），全部都屬於第 40 大類「通信設備、電腦及其他電子設備製造業」，由此明顯可見《中國國民經濟行業分類標準》中完全不存

---

[1]　2009 年中國吸收外資仍保持在 900 億美元的高位，已經連續 17 年位居發展中國家首位，而且中國至 2009 年 6 月底擁有的外匯儲備已經超過 2 萬億（23,992 億）美元，已經是外匯儲備全球第一的國家。國家統計局資料。

在「代工業」的概念。

　　國際代工製造業的存在與重要性是不容否認的事實，也是另一種典型的、重要的對外經濟貿易合作的模式，而目前針對國際代工製造業所需要經常性使用的國際代工合同，卻是呈現空白立法的真空狀態（請參閱本書第 5.3.1 節），因此，欲完善國際代工合同立法，從對外經濟貿易合作業務的宏觀角度切入，才能更切合實際現況。

5.1.2　對跨國公司活動的規制

　　承前所述，國際代工業務不但是一種對外經濟貿易合作的模式，國際代工買賣雙方就代工條件內容的協商談判與執行的過程，也是買賣雙方兩造公司之間的跨國經濟活動，而且從產品的生產地、交貨地與售後服務地來看，國際代工買賣的經濟活動跨國範圍，還不僅只於買賣雙方所屬國家而已。因此，規範國際代工買賣業務內容的國際代工合同，某種程度上等同是該跨國公司活動內容的約定，而這樣的約定是否應該受到適度的約束規制，或者應該在民事約定自由原則下放任其自由約定？衍生以下幾個值得關注的議題：

1.跨國公司活動的內容與正當性

　　以國際代工買方所在地來區分，國際代工買賣的訂單來源不外以下兩種：一是國際代工的買方（客戶）是在中國境外的公司，在國外下訂單給中國境內的賣方（代工廠），中國境內的賣方將產品代工製造完成後，隨即將代工產品送交客戶指定的交貨地點，可能直接出口，也可能先送交中國境內其他的代工組裝廠，組裝為成品後再出口或就地內銷。另一種情形是，國際代工的買方（客戶）已

經直接或間接的在中國境內設立了分公司或子公司（外資企業），
透過該中國境內公司下訂單給中國境內的賣方（代工廠），中國境
內的賣方將產品代工製造完成後，再將代工產品送交客戶指定的交
貨地點（同前述）。

惟不論國際代工的訂單是來自中國境內或境外，整個代工產品
的開發、量產、交貨及售後服務的作業程序（請參閱第 3 章）都是
相同的，基本上都可以視為跨國公司的活動，而這些基於國際代工
買賣關係而發生的跨國公司的活動，理論上當然都具有形式上的正
當性，但是若論及實質的代工買賣條件內容及協商過程是否同樣具
正當性，是否符合中國《合同法》規定的「**雙方平等原則**」（第 3
條）、「**合同自由原則**」（第 4 條）、「**公平原則**」（第 5 條）及「**誠實
信用原則**」（第 6 條），以及其他法律的基本原則性規定，則涉及到
對該跨國公司活動實質內容的監管，也就等同是對該跨國公司的治
理和監管的問題。

2.跨國公司的治理和監管

大陸自 1978 年施行改革開放經濟政策至今近四十年來，招商
引資工作未曾停歇，已經成功的將中國的經濟發展成就推升到歷史
的高峰，也成功的將全球許多知名企業招商引資到大陸投資，設工
廠、公司、辦事處，除了為大陸帶來可觀的投資建設及外匯收益，
更重要的是將外資企業的經營管理模式引進大陸，扶植了大陸本地
企業的成長壯大，總體招商引資的績效貢獻卓著，國人有目共睹。

也許正是多年以來招商引資的戰略任務使然，大陸對這些外資
企業一直都是寵倖有加但監管不足，筆者所指並不是就企業工安、
勞工權益或稅收稽查方面依法行政的監管工作，而是指對這些外資
企業的營運內容，是否會對其他企業或是消費者造成負面影響的監
管。特別是針對佔有市場壟斷性地位的大企業，以其單方面意思制

定的合同格式條款，究竟對其簽約對象的權益有無影響？以國際代工合同而言，一家具有市場壟斷性地位的品牌大企業，其制定的合同格式條款將一律適用於所有的供應商，其潛在影響所及將是環環相扣、相互影響的整個產業供應鏈，在 2008-2009 年全球金融危機期間，珠江三角洲及長江三角洲許多中小企業連續關廠倒閉，即為最好的事證。但即使金融危機過後，卻也不見主管機關對這方面有任何檢討與對策出臺，只當是體質不良的企業在全球金融風暴下自然淘汰，未能正確把脈探知病因，當然就無從對症下藥。

　　就公司法的角度而言，這些跨國公司外資企業在大陸的營運行為，是公司依法申請註冊設立後，不論是依國家特許、許可設立或依準則設立以後，在其營業目的範圍內的跨國公司治理行為，既然已經事先許可設立，國家主管機關原則上當然不須再介入營運管理，這部分已經是企業本身公司治理、內控管理的範疇。但是若當企業本身的公司治理、內控管理的諸多行為中，特別是日常對外的代工買賣交易，透過事先擬定好的代工合同格式條款，太過於自我保護公司權益，合同格式條款防衛過當，甚至已經直接違反了《合同法》的若干明文規定，明顯侵害了合同另一方的權益，此時國家主管機關是否有主動介入監管的義務，或者必須等待合同他方權益受害時提起訴願或訴訟程序，才被動的介入開啟調查、行政裁量或司法審判程序？顯然目前的情況是以後者居多，但這是否符合一般人民對國家機關及法律的期待與信賴，值得深究。

　　特別是在屬於買方市場的國際代工買賣業，即使賣方（代工廠）已明知買方擬定的代工合同格式條款，已經直接違反了《合同法》規定的雙方平等原則、合同自由原則及公平原則等基本原則規定，除非賣方已經決定不做這筆生意了，否則應該沒有任何一家賣方膽敢在還沒接到訂單之前，在合同協商階段就去向行政主管機關投訴或向法院提出訴訟，去控訴該代工合同格式條款的違法性問題，這

種情形有違常理,幾乎無期待可能性。因此,國家行政主管機關對跨國公司營運活動,包括對國際代工合同的內容,適時主動進行治理和監管,是有其正當性與必要性,即如同大陸先後頒佈施行**《勞動合同法》**(2008 年 1 月 1 日)及**《社會保險法》**(2011 年 7 月 1 日),對大陸境內的內外資企業聘僱員工的勞動條件及社保權益保護,明文進行干預及監管,立法的正當性不容質疑。

3.跨國公司的企業社會責任

有關在大陸境內跨國公司的經濟活動,除了國家行政主管機關應該適時干預,主動進行治理和監管外,跨國公司本身也必須有肩負企業社會責任的基本認知,不僅僅是對自己所屬母國負有企業社會責任,對其國際代工買賣業務的供應商所在的中國大陸,也應該同樣負起外資企業的社會責任,而不是只知利用大陸的勞力、天然資源及大陸政府的優惠政策。例如從事國際代工買賣的外國企業在中國投資成立分公司或子公司(外資企業),則對其在大陸的分公司、子公司所聘僱勞工的權益保障,也應該與在其自己母國的勞工權益保障,以相同或相近的水準要求標準,來滿足勞工法定權益的保障,不應有差別待遇。

此外,企業的社會責任並不是僅只於對勞工權益的保障而已,包括企業最基本的納稅義務,包括對所在環境不受工業污染的環保義務、對公共安全的維護義務,包括對所屬產業環境、產業秩序的維持,對消費者權益的保護,以及對節能產品的使用以減緩地球老化等等,而這些企業社會責任,是在中國大陸境內的所有內外資企業,都應該一體適用一致遵循的,當然也包括在大陸境內從事國際代工的買方,而且不論其在中國是否有投資設立分公司或子公司。然而這些所謂的企業社會責任,並不一定都已經有特定明文法律的規範要求,大多夾雜散置在各個不同項目類別的法令規範中,若企

業不能對自己應該肩負的社會責任有所自覺，並且將這些社會責任內化導入公司治理、內控管理的標準作業準則（Standard Operation Procedure, "SOP"）中，自發性的自我要求管理，則由國家主管機關主動適時介入管理即有其必要性與正當性。

舉例言之，在大陸目前非常盛行的國際代工買賣業，許多外資品牌大廠向大陸境內的代工廠委託代工製造生產產品，如果強勢的國際代工買方擬定了國際代工合同格式條款（請參閱本書第 4.1.2 節），而其中有些格式條款明顯違反了前述各項企業的社會責任要求，甚至已經直接違反了大陸現行的《合同法》、《反壟斷法》及（或）其他法律、法令或國家相關指導原則的規定，例如買方要求代工廠備料預作生產，但不代表買方即有下訂單採購的義務，即使買方已經正式下訂單委託代工生產了，買方也有權利隨時取消訂單，且不須負擔任何違約賠償責任，而這樣的格式條款不接受代工廠提出協商討論的要求，更不允許任何補充修訂。於此情形下，則各相關主管機關（例如：工商局）就有義務主動發起調查，並且適當的行政干預做出行政處分，若涉及其他民刑事法律責任者，即主動移送地方人民法院依法審理。

5.1.3　對國內產業政策的影響

承前所述，從宏觀的角度來看國際代工產業及國際代工合同，國際代工業務不僅是一種對外經濟貿易合作的模式，也是超越了買賣雙方所屬國家的跨國經濟活動，而有關規範國際代工買賣業務內容的國際代工合同，某種程度上等同是對跨國公司活動內容的約定，而這樣的約定是應該受到適度的約束規制，其影響層面不僅只於對該跨國企業，更將影響到大陸國內的產業政策，論述如下：

1.對整體經濟發展的影響

　　如本書第 1.2 節所述，製造業在中國國民經濟中處於主導地位，是改革開放至今拉動中國經濟增長的主要行業，在中國《國民經濟行業分類》中，製造業分為 30 個大類、169 個中類、482 個小類，分別比國際標準產業分類多 7 個大類、108 個中類和 355 個小類，依據國務院第二次全國經濟普查領導小組辦公室於 2009 年 12 月 25 日發佈普查成果報告，國內生產總值（GDP）核算制度和第二次全國經濟普查結果，按照國際慣例對 2008 年全國 GDP 初步核算數進行了修訂，修訂後的 2008 年全國 GDP 總量為 314,045.0 億元，其中第二產業（製造業）增加值為 149,003.0 億元，占 GDP 的比重為 47.5%。雖然中國《國民經濟行業分類》並未將製造業進一步區別為一般製造業及代工製造業，但由大陸每年快速遞增已居世界第一的外匯儲備[2]金額來看，可以合理推論，製造業中的代工業產值對整體 GDP 表現佔有不輕的貢獻比重，也由此可見製造業及（或）國際代工製造業在大陸這些年來整體經濟發展過程中的重要性與重大貢獻。從另一個現實角度言，大陸國際代工製造業在過去沒有國際代工合同，更未曾關注國際代工合同條件良莠不齊、公平合理與否的前提下，這麼多年來已經為大陸的整體經濟發展做出重大貢獻，如果國家主管機關能夠適時介入、適度干預，能夠更關注、爭取及維護中國國際代工業者簽署代工合同的權益，避免被國外客戶不合理的轉嫁成本、剝削利潤，相信國際代工製造業這些年來為大陸整體經濟發展的貢獻將更加可觀！

---

[2] 2009 年中國吸收外資仍保持在 900 億美元的高位，已經連續 17 年位居發展中國家首位，而且中國至 2009 年 6 月底擁有的外匯儲備已經超過 2 萬億（23,992 億）美元，已經是外匯儲備全球第一的國家。國家統計局資料。

　　惟回歸現實放眼未來，當今全球消費市場在「金磚四國」[3]等新興國家興盛發展的潮流趨勢，特別是中國大陸的國際代工製造業已經墊下良好基礎，已經將國際代工產業的運作方式內化移植，成功發展出自己的代工產業模式與經濟規模，而且在大陸境內已經自己形成了一個龐大的代工產業供應鏈結構，以比亞迪（BYD）及富士康（Foxconn）兩家超大規模的專業代工製造公司為例，代工產品範圍涵蓋了電動汽車、手機、家電用品、平板電腦，且零元件整合上下游產業，包含印刷電路板（PCB）、連接器、機殼、液晶顯示面板等，獲得國際品牌大廠採用，其不僅是國外代工客戶的重要代工廠，更是大陸境內許多零元件供應商及代工廠的最大客戶，由比亞迪及富士康所主導制定的代工合同，幾乎已經成為大陸整個代工製造業界奉為規涅的合同範本，其代工合同內容影響了整個大陸的代工製造業中下游的供應鏈廠商，更旁及相關的買賣業、服務業等其他產業，其影響層面與範圍之廣難以想像。

　　如上所述，代工合同內容良莠與否的影響層面，已經不僅僅是代工買賣雙方當事人之間的權利義務而已，在供應鏈各個企業之間相互要求、相互影響、相互觀摩與抄襲的情形下，代工製造業供應鏈最上層的買方制定的合同條款，往往會影響到整個代工製造業中下游供應鏈廠商及相關聯的其他產業，若是其中訂有不公平、不合

---

[3]　2003 年 10 月 1 日，美商高盛證券經濟研究部門的《99 號報告》，運用最新的人口統計預測、資本累積和生產力模型後，得出全球各國經濟成長曲線後指出，「金磚四國」——巴西（Brazil）、俄羅斯（Russia）、印度（India）及中國（China）經濟崛起，合組四國的起首英文字母，稱之為 "BRICs"（發音類似英文的磚塊 Brick），預測他們將逐步取代全球前六大經濟體的地位，其中，中國在未來兩年超過德國，在十一年後超過日本，在 2041 年將取代美國，成為世界第一大經濟體。但現今對照印證，中國在 2009 年 6 月外匯儲備已超越日本，而美國正陷入金融風暴中，中國經濟發展成為世界第一大經濟體的速度將超乎預期。

理的格式合同條款，更是有樣學樣的層層轉嫁給其他下游供應商，則整個代工製造產業，甚至是國家整個經濟體制下的產業，都將籠罩在一個大欺小、強凌弱、自私短視的不健康環境之下，對國家整體經濟的發展如何會有正面的影響及發展。反言之，如果國家主管機關能夠多關注國際代工市場的實際營運，適度的介入干預，運用行政權力制定產業政策給予行政指導，並針對國際代工合同內容加以明文規範，在整個供應鏈各個企業之間相互要求、影響、觀摩與學習下，形成正面的、積極的、良性循環的產業環境，相信對大陸未來的整體經濟發展都會有正面的影響。

2.對勞動保障層面的影響

2008-2009 年間全球發生金融危機，導致世界各國許多企業公司為了降低成本支出而紛紛裁員、減薪，甚至於歇業、關廠，體質不佳者則直接宣告破產倒閉，大陸境內許多大中小型的企業亦不例外，珠江三角洲及長江三角洲的許多內外資企業更形成裁員潮、關廠潮，這其中被影響到的勞工人數難以計數，單以外資富士康集團裁員人數可能就超過 15 萬人[4]。雖然嚴格分析起來，這些裁員、減薪、歇業、關廠的企業並非全部都從事國際代工業，也並非都因為國際代工合同不利益條款的因素所致，但不可否認的，舉凡是從事國際代工業者，在國際金融危機期間沒有不受嚴重影響者。

金融危機期間全球消費力驟降，全球消費市場瞬間急凍萎縮，國際品牌大廠在消費市場萎縮下產品滯銷，也只好緊急通知代工廠

---

[4] 據三星經濟研究院中國研究中心統計，2007 年富士康中國大陸員工達 75 萬人之多，而另一份截止日期為 2008 年 7 月 25 日的富士康內部統計文件表明，富士康十大事業群在中國大陸的員工為 65 萬人。一年之內，員工數量已經縮水 10 萬。中國新聞週刊 2008 年 10 月 29 日發佈，http://www.sina.com.cn。而實際上到 2009 年底金融危機結束前，保守估計裁員計畫 20%計算，單一家富士康集團裁員人數可能將逾 15 萬人。

要求暫停出貨，甚至直接告知取消所有的訂單，依據已經簽署的國際代工合同約定，要求暫停交貨或取消訂單都不必負任何賠償或補償責任。代工廠已經出貨、交貨者，也藉各種理由拖延或拒絕驗收，因為按代工合同約定，未經驗收通過即無付款義務。因此，舉凡是從事國際代工業者無不受損慘重，影響所及更是從事國際代工業的廣大勞工，輕者減薪、放無薪假，重者失業，甚至無薪資、資遣費可領，因為代工廠本身已經破產倒閉。這些都是曾經發生過的事實，究其原因，除了全球金融危機的經濟因素外，更是肇因於不利益的代工合同條款所致，當發生國際金融危機這樣的意外情況，買方可以肆無忌憚的主張停止出貨、取消訂單，而一切的風險及損失都由代工廠負擔，卻讓代工業的從業勞工受害最深、最直接。

因此，如果國家主管機關能夠多關注國際代工市場的實際營運，適度的介入干預，針對國際代工合同加以明文規範，增訂一章「代工合同」有名合同類型，立下公平協商的機制，強制適用現行《合同法》總則篇已經訂定了雙方平等原則、合同自由原則、公平原則及誠實信用原則等原則規定，令國際代工合同受到中國完善的立法保障，不再受國際品牌大廠買方制定格式條款的單方面約束，則在中國從事代工製造業者才能得到基本的代工合同權益保障，從事代工製造業的廣大勞工權益保障才有希望。否則，國際代工產業不被國家明確承認，國際代工的運作機制及合同條款完全受制於外人卻不受國家法律規範，對從事國際代工業的廣大勞工勞動權益的保障，將是空談。

3.對社會保障層面的影響

如本書第 1.2 節所述，製造業在中國國民經濟中處於主導地

271

■ ■ ■
國際代工合約解析

位，製造業占國內生產總值（GDP）的比重將近一半[5]，製造業及（或）國際代工製造業對大陸整體經濟發展具有重大貢獻，而其影響層面廣泛，不僅僅是帶動了整個製造業的產業發展，也連帶拉動了周邊關連的農林牧漁服務業、交通運輸、倉儲服務業、資訊傳輸、電腦服務和軟體業、批發和零售業、金融業、房地產業、租賃和商務服務業、……等第三產業[6]，幾乎是直接或間接的帶動了國家整體經濟框架下的各個民生產業，也因此使得國家整體經濟活潑發達起來，而直接受惠的，則是各行各業的從業人員勞工大眾，最低工資收入都大幅提升了[7]，消費能力增加，對民生用品的需求量也增加了，相對地更加刺激民生消費品市場的供需成長，使得生產製造民生消費品的代工訂單也增加了，整體經濟的供需發展形成一個積

---

[5] 依據國務院第二次全國經濟普查領導小組辦公室於 2009 年 12 月 25 日發佈普查成果報告，國內生產總值（GDP）核算制度和第二次全國經濟普查結果，按照國際慣例對 2008 年全國 GDP 初步核算數進行了修訂，修訂後的 2008 年全國 GDP 總量為 314,045.0 億元，其中第二產業（製造業）增加值為 149,003.0 億元，占 GDP 的比重為 47.5%。

[6] 第三產業包括了（一）農林牧漁服務業，（二）交通運輸、倉儲和郵政業，（三）資訊傳輸、電腦服務和軟體業，（四）批發和零售業，（五）住宿和餐飲業，（六）金融業、銀行業、證券業、保險業、其他金融業，（七）房地產業，（八）租賃和商務服務業，（九）科學研究、技術服務和地質勘查業，（十）水利、環境和公共設施管理業，（十一）居民服務和其他服務業，（十二）教育，（十三）衛生、社會保障和社會福利業，（十四）文化、體育和娛樂業，（十五）公共管理和社會組織。

[7] 2010 年 2 月 1 日上調最低工資，全國除港澳臺外的 31 個省份已有 27 個調整了最低工資標準，其中月最低工資標準最高的上海市為 1120 元，小時最低工資標準最高的北京市為 11 元，海南最低工資平均增幅達 37%，位列全國之首，新華地方 2010-8-18 11:58:24 發佈。至 2011 年又繼續上調最低工資，2011 年上半年中國已有北京、天津、山西等 18 個地區相繼調整了最低工資標準，目前中國月最低工資標準最高的是深圳市 1320 元，小時最低工資標準最高的是北京市 13 元，全國共有 13 個省份發佈了 2011 年度工資指導線，基準線多在 15% 以上。人力資源和社會保障部 2011-7-25 日下午召開二季度新聞發佈會，稿源：新京報[微博]2011-07-26 10:40:00 發佈。

極成長的良性循環。而中央政府扮演對整體經濟進行宏觀調控的操盤手，功不可沒，在經濟發展的戰略目標下，同時兼顧對勞工福利權益及國家整體社會福利的建設，按步就班的出臺各項配套法令，例如 2008 年 1 月 1 日起同時施行的《勞動合同法》及《企業所得稅法》，2011 年 7 月 1 日剛施行的《社會保險法》，並適時提出經濟宏觀調控政策，社會福利與社會秩序都能隨著經濟發展的成果得到保障。

　　大陸改革開放發展社會主義自由經濟，迄今近四十年的卓越成就，不但使得國家總體經濟成長，勞工所得提高，更逐步落實了對勞工權益與社會福利的保障，這正是在國家政策引導帶領下，逐步發展成型的良好產業環境使然。然而秉持實事求是的精神，務實檢視目前占大陸國內生產總值（GDP）比重將近一半的製造業及（或）代工製造業，其產業環境在國內雖然已經初具雛型，整個上下游供應鏈與關連產業之間的合作模式已經成型，但不可否認的，大陸的代工製造業仍然無可避免的受到國際品牌大廠操控代工條件，而國際品牌大廠的訂單又深受國際經濟興衰的影響，在目前歐債危機與美國國債高舉、信用降評等風波不斷，嚴重打擊投資人信心，使得全球股市繼 2008-2009 金融危機後又再次狂瀉大跌[8]，使得投資消費意願又趨於保守，全球消費市場又再次急凍萎縮，國際代工業者隨時有可能被通知取消出貨、取消訂單而平白受損，隨時有可能再一次面臨必須減薪、裁員、停工、關廠的窘境，又再度因為歐美國

---

[8] 中央社倫敦 2011 年 8 月 5 日綜合外電報導，由於擔心再度爆發金融危機，在亞洲與華爾街股市暴跌後，歐洲股市今天開盤也重挫大跌，創 14 個月新低點。中央社 2011 年 8 月 8 日報導，在美國總統歐巴馬和國會議員日前達成協議，提高美國政府 14.3 兆美元舉債上限後，因標準普爾公司（Standard & Poor's）摘除美國頂級債信評等，調降美國 AAA 信評至 AA+，市場開始擔心這個全球最大原油消耗國的經濟放緩程度惡化，燃料需求也減少，不僅使得油價大跌，股市單日也大跌逾 500 點。

家的經濟危機而平白牽連受害。

然而,在中國大陸是有足夠的主客觀條件,能令代工製造業者避免受到這樣牽連受害的危機。第一,在客觀條件上,大陸有能夠充分自給自足的廣大內需市場,足以支持各行各業的持續發展,在擴大內需的政策下,就能夠持續帶動大陸的經濟成長,正如國際金融危機期間的表現,大陸可以將國際金融危機的傷害影響降至最低程度,仍然保持世界第一的高度經濟增長率。因此,拋開國際代工市場,大陸本地境內就有足夠的代工市場需求來支持代工製造業,不假外求。第二,在主觀條件上,大陸中央政府有明確的經濟發展指標與策略,更有靈活機動的宏觀調控政策,順應國際經濟局勢變化的應變能力強,如今面對已經事實存在已久的國際代工產業及國際代工合同問題,只要中央政府意識到了這個產業的存在,也認知目前許多格式條款對代工廠殺傷力的嚴重性(請參閱本書第 4 章),願意制定項目來完善處理,那麼執行細節將不是難事(請參閱本書第 5.3.3 節及第 6 章)。如果國際代工合同在大陸能得到完善立法規範,將代工合同的內容約定原則導入正軌,則如久旱逢甘霖,對代工製造業者以及廣大勞工的基本權益保障將有莫大幫助,也將更有利於對各項社會福利保護政策的推動與落實。

5.2 國際代工合同的國際立法比較

有關於國際代工合同如何完善立法的相關問題,因為國際代工合同當事人中的買方大多是外國人,不論是法人或自然人,且國際代工合同又經常約定發生爭議訴訟時以買方所屬國家的法律為準據法,使得國際代工合同本身即具有涉外民事法律性質,因此從比較法的觀點,國際間國際代工產業發達國家的相關立法,原則上就

有參考學習的必要。然而令人感到尷尬的現實情況有二：一是如同本書第 1 章及第 4 章所述，由於國際代工業務演變發展的特殊需求背景，以及目前許多國外買方，極盡轉嫁產銷成本與風險之能事給賣方（代工廠），制定的國際代工合同格式條款極具爭議性，顯見國際代工合同的買賣雙方立場，先天上即具有對立性、衝突性。二是筆者以美洲、歐洲及亞洲國際代工產業發達地區，具代表性的美國、德國及韓國等國法律為研究對象，經比較有關該國國際代工相關的法律規定及代工合同相關規範，卻意外的發現美國、德國及韓國這些國際代工買賣交易盛行的國家，竟然都沒有針對國際代工買賣及代工合同的專屬成文法律規定，筆者謹就這幾個具代表性國家的國際代工買賣相關立法，摘要說明如下。

5.2.1　美國的相關立法

美國曾經是繼英國之後的第二個「世界工廠」，是全球生活消費產品最大的生產國、供應國，但現今美國境內的製造業蕭條沒落，但卻是全球最大的將生活消費產品委外代工製造的國家，例如 APPLE 的智慧型手機及筆記型電腦，NIKE、ADIDAS 的運動鞋、運動服等體育用品。

美國就國際代工買賣業務，或者說是把產品的生產製造委託給美國海外其他國家代工製造的業務，或是委託給美國境內的代工廠代工製造的業務，並沒有另外獨立的、專用的立法，都一律適用美國《統一商法典》（ Uniform Commercial Code，簡稱為 "UCC" ），UCC 規範了美國所有商業交易的型態，特別是第 2 章針對產品銷售（Sales）的相關規定，但是並看不出來有特別針對國際代工製造，或是針對一般的委外代工製造的買賣交易，有任何特別的、專屬的立法規範。除了 UCC 之外，就委外代工製造業經常需要使用的代

工合同相關規範，在美國也只有一部《契約法》（Contract Law）來規範所有的契約類型，但就如同大陸的《合同法》，美國雖然有一部《契約法》，但《契約法》內也沒有針對代工契約、代工合同有任何專屬的明文立法規範。

但是在 UCC 第 1 章的一般原則（ARTICLE 1 - GENERAL PROVISIONS）規定中，第 1-304 條規定誠信義務：「**任何在統一商法典下的合同或義務，都被賦予誠信義務來履行或強制執行。**」（§1-304. Obligation of Good Faith. Every contract or duty within [the Uniform Commercial Code] imposes an obligation of good faith in its performance and enforcement.），而所謂的「誠信」（good faith），依據第 1-201 條第（20）項的定義說明為：「**誠信，除了第 5 章另有規定外，意指事實上誠實而且遵行公平交易的合理商業準則。**」（§1-201. General Definitions. (20) "Good faith," except as otherwise provided in Article 5, means honesty in fact and the observance of reasonable commercial standards of fair dealing.）。UCC 第 1 章這一條「誠信義務」，執行合同權利義務必須遵行公平交易的合理商業準則，此一簡短的一般原則規定，具有非常高的指導功能，對目前國際代工合同中單方面制定的許多不公平、不合理、不誠信的格式條款，具有一針見血、當頭棒喝的指標意義。

UCC 第 2 章買賣（ARTICLE 2-SALES）的規定，雖然沒有特別針對國際代工製造或是一般委外代工製造的買賣交易規定，但是其中第 3 部有關合同的構成及一般義務（PART 3. GENERAL OBLIGATION AND CONSTRUCTION OF CONTRACT ）的規定，有兩個條文頗值得參考：

第 2-302 條，**不合理合同或條款**（§2-302.Unconscionable contract or Term）：（1）如果法院依法發現合同或者合同內任何條款在制定時是不合理的，使得法院可能拒絕執行該合同，或者僅執行該合同沒有

不合理條款的部分，或者可能限制該任何不合理條款的申請以避免
發生任何不合理的結果。（2）如果被訴請求或上訴到法院，就合同
或任何條款可能是不合理的，合同雙方應該被提供一合理的機會去提
出證據，為了商業性的規定、目的以及有效的促使法院做出決定。[9]

　　第 2-303 條，**風險的分擔與分割**（§ 2-303. Allocation or Division
of Risks）：　本條款分配雙方當事人之間的風險或負擔時，除非經
過同意，該合同不得只是轉移風險或負擔的分擔，也必須是風險或
負擔的分割。[10]

　　以上兩條條文，對照於目前國際代工業的現實狀況，很多由買
方單方面制定的國際代工合同格式條款，將消費市場變化風險與成
本負擔（例如備料生產、成品庫存、減價折讓、海外倉儲、退貨損
失、…等等的額外費用）等不當轉移給代工廠負擔，除非是他方當
事人（代工廠）明白表示同意的，否則規定無效。此條文規定與大
陸《合同法》第 40 條規定：「**格式條款具有本法第五十二條和第五
十三條規定情形的，或者提供格式條款一方免除其責任、加重對方
責任、排除對方主要權利的，該條款無效。**」，立法規範目的相同。
其他許多不公平、不合理的交易條款，一般善意第三人都可能認為

---

[9] § 2-302. Unconscionable contract or Term. (1) If the court as a matter of law
finds the contract or any term of the contract to have been unconscionable at the
time it was made the court may refuse to enforce the contract, or it may enforce
the remainder of the contract without the unconscionable term, or it may so
limit the application of any unconscionable term as to avoid any unconscionable
result. (2) If it is claimed or appears to the court that the contract or any term
thereof may be unconscionable the parties shall be afforded a reasonable
opportunity to present evidence as to its commercial setting, purpose, and effect
to aid the court in making the determination.

[10] § 2-303. Allocation or Division of Risks. Where this Article allocates a risk or
a burden as between the parties "unless otherwise agreed", the agreement may
not only shift the allocation but may also divide the risk or burden.

不合理的條款，法院是可能拒絕承認其效力的，或者僅是承認部分有效予以有限的執行；且有爭議時，法院應該給予當事人舉證說明的機會。UCC 的這些規定，對解決目前國際代工合同格式條款的許多爭議性問題，提供了法律依據。

5.2.2 德國的相關立法

德國是現今世界的工業發達國家之一，德國生產的產品向來以品質精良著稱於世，德國生產的產品即是品質的保證，然而德國在面臨生產成本高漲、日益嚴格的環保法規限制，以及消費市場消漲變化等等的現實條件下，也不得不採取將部分產品委外代工的方式，例如德國知名品牌代表的 SIEMENS 通訊產品，BOSCH 的五金工具機、汽車零元件等，發包委託在大陸、臺灣、馬來西亞等地代工生產，且代工訂單有增加的趨勢，於是 OEM、ODM 等國際代工業務在德國非常普遍，德國可以說也是國際代工產品的重要輸出國代表。

雖然 OEM、ODM 國際代工業務在德國非常普遍，但是德國就有關代工合同的明文立法是不足的，不過在德國《民法典》以及其他成文法中卻散佈著許多規定，是與國際代工合同的內容有關，值得未來進行代工合同成文法化時的借鏡參考，歸納摘要如下：

一、德國無合同法，民法典有合同條款但規範不足

德國就 OEM、ODM 等國際代工業務，並沒有特定的、正式的相應立法規範，甚至於連對 OEM、ODM 的名詞定義或相關概念的解釋都沒有。因為基本上德國並無《合同法》之類的明文立法，無從就 OEM、ODM 以及其他各種不同性質的合同做個別的明確規範。雖然德國《民法典》有二千多條條文，共分為總則、義務法、

財產法、親屬法及繼承法五編，其中第 2 編義務法有制定「Contract」（**合同**）一節[11]，但也只有 13 條條文，就合同生效、終止、合同行為能力、合同解釋等一般性規定，完全與國際代工合同無直接關聯。

二、須同時參照適用民法典及商法典等多部成文法的規定

因為 OEM 及 ODM 這一類的國際代工合同，在德國都屬於銷售性質的合同，因此舉凡所有關於「銷售合同」（Distribution Agreement）的法律、法規，都一律適用於 OEM、ODM 等國際代工合同。然而在德國即使是「銷售合同」，有關於銷售的權利義務的相關法律規定都不是很有連貫性、系統性，若要論較有結構性的立法，必須參閱德國《**民法典**》（Civil Code, Bürgerliches Gesetzbuch）[12] 以及德國《**商法典**》（Commercial Code, Handelsgesetzbuch）[13]。此外，國際代工合同中還有許多其他的個別條款規定，經常都必須另外適用《**競爭法**》（Competition Law）以及《**智慧財產權法**》（Intellectual Property Law）的相關規定。簡言之，國際代工合同在德國並無特定的單一立法，必須同時參照適用《民法典》、《商法典》以及《競爭法》、《智慧財產權法》等多部成文法律的規定。

---

[11] 德國《**民法典**》條文從 Section 1 到 Section 2385，二千多條條文共分為五編：總則（Book 1. General Part）、義務法（Book 2. Law of Obligations）、財產法（Book 3. Law of Property）、親屬法（Book 4. Family Law）及繼承法（Book 5. Law of Succession）。合同（Contract）規定於《**民法典**》總則編，Section 145~157，Title 3. Contract，Division 3. Legal Transactions，Book 1. General Part.

[12] 德國《**民法典**》英文版全文內容可參閱網址：http://www.gesetze-im-internet.de/englisch_bgb/index.html.

[13] 德國《**商法典**》英文版內容可參閱網：http://translex.uni-koeln.de/output.php?docid=600200.

三、德國民法典「標準條款」(Standard Business Terms)相關規定

德國《民法典》第 2 編義務法第 2 章是有關「**以標準商業條款擬定合同義務**」(Drafting contractual obligations by means of standard business terms)的相關規範[14],相當於大陸《合同法》的「格式條款」相關規定,但規範內容比大陸《合同法》的「格式條款」更多、更周詳。「Standard Business Terms」可以翻譯成「**標準商業條款**」、「**標準業務條款**」或「**標準交易條款**」等概念,惟不論中譯名詞何者較正確,關鍵重點在於針對「**標準條款**」,因此筆者直接簡譯為「**標準條款**」使用於本文。從 Sec.305(包括增訂 305a, 305b, 305c 及 306a 四條文)到 Sec.310 共有 10 條條文,這 10 條條文揭示了標準條款的定義,以及許多值得參考的重要原則,摘要說明如下:

1.標準條款的定義。標準條款是將超過兩份以上的合同的所有合同條款事先格式化,由合同一方(使用者)提供給另一方後,做為另一方參與合同的方式。這種標準業務條款方式,不論是以完全獨立於合同之外的模式,或是做為合同的部分文件,且不論其數量、字體或是採取何種合同形式,都無關緊要。**合同條款之所以不會成為標準條款,是因為買賣雙方曾經仔細的協商討論過合同條款**(Sec.305 para. 1)。按此條文規定,標準條款的要件包括:(1)曾經一致地使用在數份合同(即如同該條款是明顯的使用在標準合同內的標準條款,或是一致的使用在超過 2 份以上的合同內),且(2)買賣雙方在簽署合同之前,不曾個別地討論過這些條款。

2.經過個別同意的條款,效力更優先於標準條款(Sec.305b.

---

[14] Division 2. Drafting contractual obligations by means of standard business terms, Book 2. Law of Obligations, 10 條條文請參閱【附錄 3】。

Priority of individually agreed terms）。

3.發生爭議條款的解釋，以不利益制訂標準條款的一方為原則：標準條款裡的條款在一般情形下，特別是有關合同的外觀展現，是如此不尋常的令合同另一方不期待去遭遇到，不得做為合同的一部分。任何關於標準條款發生爭議的解釋，應該以不利於標準條款的制訂者（User）的原則來解釋（Sec.305C. Surprising and ambiguous clauses）。

4.標準條款與其他條款的相斥性。如果標準條款的全部或部分，並未成為合同的一部分或無效時，則合同的其他條款有效（Sec.306（1））。在標準條款未成為合同的一部分或無效的範圍內，則合同的內容依據法定條款來決定（Sec.306（2））。如果堅持標準條款，則合同是無效的，即使考慮到在前述第（2）項中可以進行變更，也是不合理的為難他方（Sec.306（3））。

5.禁止迴避條款。在本章中所規定標準條款的各項原則規範，即使假藉其他條文結構來迴避，依然必須適用（Sec.306a. Prohibition of Circumvention）。

6.標準條款若有「不當歧視」的行為將被認定無效。若標準條款裡的條款有違反誠信原則（good faith）、不合理的不利於（unreasonable disadvantage）他方當事人時，該條款是無效的；所謂不合理的不利於他方，包括因為該條款不明確及難以被理解（not being clear and comprehensible）所引起者（Sec.307 Abs. 1）[15]。所謂不合理的不利於他方，如果發生爭議時，判斷依據在於該條款是否：（a）無法與重要的法定原則相容，背離了重要的法定原

---

[15] 依據德國《民法典》中的「一般條款」（General Terms and Conditions）第307 條「對內容合理性的檢測」（Test of reasonableness of contents）第 1 項規定對他方「不當歧視」（*inappropriate discrimination*）的行為將被認定無效。條文全文請參閱【附錄 3】。

則；或者（b）限縮了該合同本質上固有的重要的權利或職責，以至於危害了該合同目的的完成（Sec.307. Test of reasonableness of contents）。

7.明定標準條款無效的情形。德國民法典 Sec.308 及 Sec.309 特別規定列舉出標準條款無效的情形，共有 21 項，其中 Sec.308 規定「**有再評價可能性的禁止條款**」（Prohibited clauses with the possibility of evaluation）有 8 項，有再評價可能，相較於 Sec.309 即非絕對無效之意，摘要說明如下：

（1）表示接受或履行的時限要求（Period of time for acceptance and performance）。標準條款制定者（"User"）制定的條款，不合理的長期保留自己權利，或者明顯不足的時間要求他方表示接受或拒絕要約或執行某種行為表現；這不包含保留權利不行使，直到第 355 條（1）、（2）項及第 356 條要求撤銷或返還的權利期限屆滿之後。

（2）額外的期限（Additional period of time）。標準條款制定者制定的條款，違反法定條款，為自己不合理的長期保留權利，或者明顯不足的額外時限要求他方執行制定者要求的某種行為表現。

（3）保留撤銷權（Reservation of the right to revoke）。標準條款制定者制定的合同權利，為自己免除履行合同條款義務，而不須在合同內記明任何客觀的裁量理由；這不適用在持續履行的義務。

（4）保留修訂權（Reservation of the right to modify）。標準條款制定者制定的合同權利，自己有權去修訂已經承諾的行為表現或者可以違反它；除非當考慮制定者的合同利益，該合同的修訂或違反是他方可以合理預期的。

（5）虛偽聲明（Fictitious declarations）。合同他方藉由標準條款制定者制定的條款作出聲明，當執行或省略某明確行為時，將

被制定者視同已履行或未履行，除非：a.合同他方已經被賦予合理
期限去表達聲明，而且 b.制定者同意在期限開始時就特別去提請他
方注意他的行為在合同中所被預定的意義。

（6）**虛偽接受**（**Fictitious receipt**）。標準業務條款制定者制
定的條款提供制定者作出聲明，特別重要的是這聲明視同已經被合
同他方所接受了。

（7）**合同廢止**（**Reversal of contracts**）。標準條款制定者制定
的條款規定，當發生合同一方要撤銷合同或發出終止合同通知的情
事時，制定者可以要求：a.不合理的高額賠償金，做為解約一方利
用事件、行使權利或其解約行為的回報；或者 b.不合理的高額費用
補償金。

（8）**履約不能**（Unavailability of performance）。標準條款制定
者制定的條款，在第（3）項保留撤銷權情形下，同意制定者可以
在無履約能力時，有權免除自己履行合同的義務，如果制定者不同
意：a.將履約不能情事通知合同他方，而沒有不當誤誤；而且 b.補
償合同他方應穫補償金，也沒有不當延誤。

Sec.309 規定「**無再評價可能性的禁止條款**」（Prohibited clauses
without the possibility of evaluation）有 13 項，也就是絕對無效的條
款，即使有違反法定條款規定的違規行為是被允許的，但標準條款
中的下列規定仍是無效的，摘要說明如下：

（1）**以短期通知增加價格**（**Price increases at short notice**）。
藉由標準條款提供增加了在合同訂定後四個月內因產品交付或提
供服務產生的貨款，但這不適用於有關持續履行義務的產品交付或
提供服務行為。

（2）**拒絕履約的權利**（**Right to refuse performance**）。藉由標
準條款：a.將合同他方依據 Sec.320（Defence of unperformed contract）
被授予的拒絕履約權利（即「同時履行抗辯權」），被排除或禁止；

或者 b.將合同他方基於相同的合同關係被授予的保留權利，被排除或禁止，特別是因為對標準條款制定者的違約行為的認知而產生的保留權利。

（3）**禁止抵銷**（**Prohibition of set-off**）。藉由標準條款使合同他方被剝奪就無可爭議的，或是已經最終確立無可上訴的請求權，主張抵銷的權利。

（4）**警告通知與設定期限**（**Warning notice, setting of a period of time**）。藉由標準條款，使制定者免除自己依法定要求應給予合同他方的警告通知，或是應設定要求履行或補正的期限。

（5）**損害賠償的一次性請求權**（**Lump-sum claims for damages**）。合同中標準條款制定者就損害賠償或跌價賠償的一次性請求權，如果：a.在個案中可被含括的一次性請求權，超過了正常情形下或習慣性發生跌價損失所可預期的損失金額；或者 b.合同他方未被明確許可去揭示其損害或跌價損失，或者根本不會發生，或者大量地少於一次性請求的金額。

（6）**約定的違約金**（**Contractual penalty**）。標準條款制定者藉由標準條款承諾，當受領不能、受領遲延、付款違約或合同他方免除自己合同義務等情事發生時，制定者應該被給付約定的違約金。

（7）**傷害生命、身體或健康以及重大過失時責任的排除**（**Exclusion of liability for injury to life, body or health and in case of gross fault**）：

a.**對生命、身體及健康的傷害**（**Injury to life, body or health**）。任何排除或限制因為制定者的過失違約，或法定代表人的故意或過失違約，或個人用來履行制定者的義務，而造成對生命、身體及健康的傷害的損害賠償責任。

b.**重大過失**（**Gross fault**）。任何排除或限制因為制定者的重大過失造成違約，或是制定者的法定代表人因故意或重大過失的違

約，或個人用來履行制定者的義務，而造成對生命、身體及健康的傷害的損害賠償責任。

前述 a.和 b.情形不適用於有線電車、無線電車以及供一般大眾運輸服務的汽車所依據《乘客運輸法》（Passenger Transport Act., [Personenbeförderungsgesetz]）授權的運輸及收費原則發生的責任限制；前述 b.情形也不適用於經州政府核准的樂透彩券及遊樂（gaming）合同的責任限制。

（8）其他違約責任的免除情形（Other exclusions of liability for breaches of duty）：

a.免除使自己不受合同拘束之權利（Exclusion of the right to free oneself from the contract）。 標準條款制定者因物之瑕疵或工作瑕疵應負起違約責任，卻免除或限制了合同另一方免除自己合同義務的權利（如「同時履行抗辯權」）。這不適用於第（7）項情形下的運輸及收費原則發生的責任限制。

b.瑕疵（Defects）。 合同中的條款關於供應新出產產品以及工作表現：

aa）責任免除並轉嫁第三人（Exclusion and referral to third parties）。 因為就全部或有關個別部分的瑕疵，導致對制定者的請求權被排除、對第三人賦予請求權的限制，或者基於前法院所做對第三人採取作為的裁定；

bb）違約補正的限制（Limitation to cure）。 對制定者的賠償請求權全部或僅有關補正權利個別部分被限制，此請求權利並未明示保留給合同他方有權去主張降低採購價格，若該補正無效，或者除非重建工作是瑕疵責任的主題，由他方決定撤銷合同效力與否。亦即合同他方應有相對的抗辯權利，去主張減價或撤銷合同。

cc）違約補正的費用（Expenses for cure）。 違約的制定者為了補正目的應負擔必要費用的義務，特別是負擔運輸費用、員工差旅

費用、生產及物料成本等，都被排除或限制。

dd）暫緩補正（Withholding cure）。制定者視全部或部分費用先付款後再著手補正，但這些費用與瑕疵責任卻是不成比例的。

ee）中斷發生瑕疵的通知期限（Cut-off period for notice of defects）。標準條款制定者為合同他方因為不明顯的瑕疵發出訂定中斷期限的通知，而該中斷期限比在 ff）允許的期限更短。

ff）較容易訂定的期限（Making limitation easier）。因引用第 438 條（1）.2 及第 634a 條（1）.2 的案例中發生的瑕疵對制定者賠償請求權的限制是較為容易，或者在其他案例中取得，自法定期限的開始起算少於一年的期限。

（9）在義務持續期間（Duration of continuing obligations）。在合同關係中的主題，規範標準條款制定者經常性的交貨，或者是經常性提供服務或工作表現：

a.）在該合同期間約束合同他方超過 2 年以上，

b.）默許延展合同關係超過 1 年，而此延展對合同他方也有拘束力，或

c.）如雙方原始即同意的，在合同期限屆滿之前，通知期限逾 3 個月，或者由合同他方負擔費用默許的延展。

這不適用於關於產品銷售即附屬在一起的供應合同，就保險合同或在著作權的持有者與請求權人以及著作權在《著作權及相鄰權利管理法》（Act on the Administration of Copyright and Neighbouring Rights [Gesetz über die Wahrnehmung von Urheberrechten und verwandten Schutzrechten]）的意義下募集社會之間的合同。

（10）變更合同另一方當事人（Change of other party to contract）。在採購、融資或服務合同中，或任何可使第三人取得或可能取得權利或義務的合同中的標準條款，用以取代制定者（in place of the user），除非，在該條款中：a.該第三人已經確認姓名，

或 b.該合同另一方已經被賦予可以免除自己合同義務的權利。

（11）代理人被授權洽商合同的責任（Liability of an agent with power to enter into a contract）。制定者藉由條款被賦予代理人，為合同他方洽談合同：a.就代理人本身主要負責的某負債或義務，沒有清楚、獨立的聲明。b.當代理權未被授權，其責任將在第 179 條之後。

（12）舉證責任（Burden of proof）。制定者藉由條款更改對不利於合同他方的舉證責任，特別是藉由：a.強加給後者（合同他方）在歸屬於制定者的責任環境下的舉證責任，或者 b.促使合同他方確認一些事實。此項並不適用在收到個別簽署或提出有個別合格電子簽章的確認通知。

（13）通知及聲明的格式（Form of notices and declarations）。嚴謹的方式，或有特別的接獲通知的收據要求。

8.標準條款的適用範圍（Sec.310 Scope of application）

（1）Sec.305（2）和（3）以及 Sec.308、Sec.309 不適用於標準條款用於與企業負責人簽署的合同。Sec.307（1）及（2）仍適用於前述情形，除非造成 Sec.308 及 Sec.309 的無效情形。

（2）Sec.308 及 Sec.309 不適用於電力、天然氣、地區性供熱或供水的供應商合同，針對從訂單對供應電力、天然氣、地區性供熱或供水給標準客戶的一般條款，在供應網對特別客戶在不減損供應條件、對客戶不利條件的前提下的電力、天然氣、地區性供熱或供水等供應合同。為了處理地下污水，第一句仍適用於對合同所作必要的修訂。

（3）在企業和消費者之間的合同（消費合同），這部分的規則適用以下條款：1.標準條款將被視為已經過企業的說明，除非該標準條款是由消費者引用到合同裡。2.德國民法典 Sec.305c（2）、Sec.306 及 307 到 309，以及民法點總則編第 46b [Einführungsgesetz zum Bürgerlichen Gesetzbuch] 都適用於事先格式化的合同條款，即使後者只是為了在某時機下非經常重複使用的目的，且為了事先格式化的理由，對消費者的意願並無影響。3.當判斷在 Sec.307（1）及（2）下不合理的不利條款時，對另一方參與合同的客觀環境必須被同時考慮。

（4）標準條款不能適用在繼承法、親屬法及公司法的領域，或集體式合同、個人隱私領域的工作合同，或公共領域的建設合同。當標準條款適用到聘僱合同時，適用勞動法令的特徵規定必須合理的描述說明，Sec.305（2）及（3）不得適用。集體式合同、個人隱私領域的工作合同或公共領域的建設合同，在 Sec.307（3）的意義下都相等於法律條文

9.法律事務違反法定禁止規定，無效，除非該法規會導致不同的結論（Sec.134 Statutory prohibition）。

10.法律事務違反公共政策者，無效（Sec.138（A））。

上述德國民法典中有關標準條款（Standard Business Terms）的各項原則性規定，筆者儘量貼近原文意思翻譯成中文，文法與意義理解上難免有突兀之處，但仍不失其高度參考價值。雖然德國法院曾經做出許多的解釋說明，去定義所謂的對他方不當歧視的意見，然而在德國實務至今仍難以有效界定區別有效與無效條款之間的明確界線。因此我們必須接受現行德國民法典中一般原則性條款可能導致結果的高度不確定性，也因此不難理解在國際貿易實務中，為何有關合同準據法的選擇通常不會優先選擇德國法[16]。

---

[16] 德國漢堡 Corinius LLP 律師事務所律師 Dr.Daniel Esklony 表述意見，但依筆者實務經驗，在與全球其他國家代工客戶協商國際代工合同時，確實鮮少選擇德國法律為準據法，但是若與歐洲國家的代工客戶協商國際代工合同時，卻經常優先選擇德國法律為準據法，畢竟德國法律立法體系完備，

5.2.3 韓國的相關立法

　　亞洲四小龍之一的韓國，也是從國際代工起家的工業發達國家，現在則是國際代工與自有品牌兼重發展，且也將自有品牌的商品委外代工，例如 SAMSUNG 及 LG 的家電產品、手機等產品，發包委外代工在臺灣、大陸、新加坡等地生產。因此國際代工業務與代工合同，在韓國也是非常普遍為人所知，且 OEM 還比 ODM 更為人所熟知[17]。

　　然而有關國際代工的相關規範，韓國並未針對 ODM 或 OEM 的國際代工業務有個別專設的立法，但是韓國的《**轉包合同公平交易法**》（Fair Transactions in Subcontracting Act.）第 2 章針對「**轉包交易**」（Subcontract Transaction）類型的交易行為（即代工買賣），凡是以轉包交易型態進行的買賣交易活動，都賦予「**委託製造**」（entrustment with manufacturing）的義務。換句話說，如果 ODM 或 OEM 的國際代工業務是以轉包交易（Subcontract Transaction）形態進行的買賣交易活動，而且也構成「委託製造」（entrustment with manufacturing）義務的要件，就必須要適用《**轉包合同公平交易法**》的規定。

　　至於國際代工合同的型態，韓國並無《合同法》，但是在《民法》（Civil Act）中有「合同」（Contracts）專章來規範合同行為，但是並無特別針對 OEM、ODM 或其他任何代工型態的合同設有規

　　且與大陸、臺灣同為大陸法系國家，許多的法律原則概念相同，委託當地律師處理實務個案，溝通法律意見較易理解。

[17] 據韓國律師 Mr.Junshik Kim 表示，為韓國首爾 HWANG MOK PARK P.C.法律事務所主持律師，協助本文提供韓國有關國際代工業務的相關法律資訊。

定，參閱韓國《民法》PART III. Chapter II[18]。當面對不平等、不合理的買賣交易格式條款時，韓國僅能依據**《壟斷條例》**（Monopoly Regulation）、**《公平交易法》**（Fair Trade Act）以及前述的**《轉包合同公平交易法》**的相關規定來評斷處理。例如**《轉包合同公平交易法》**第 8 條（1）段 2 項明文規定「禁止專制獨斷的取消合同或變更委託製造」，一旦違反了本條規定，韓國公平交易委員會（Korean Fair Trade Committee，簡稱"KFTC"）可以命令要求更正該有疑問的合同條款，並對違法者課徵罰款。然而，必須注意以下現實的情況：（1）在這種轉包交易（即代工買賣）的形態下，KFTC 通常是不會自己主動發起調查，這意謂著承包者（代工製造廠、賣方）必須自己向 KFTC 提出訴願，而在此同時，承包者必須面對喪失生意機會的風險，因為轉包代工的客戶幾乎不可能會和對其交易條件提出訴願的承包者繼續做生意。（2）KFTC 就任何這樣的訴願案件的裁判，考慮許多客觀環境因素，結果通常都是只針對交易中存在重大的不公平情事；換言之，KFTC 不會對輕微的或難以明確認定的違法行為做出裁判，即使做了裁判，判決結果通常也不太具有嚴重性。

　　針對不平等、不合理的代工買賣交易條款，雖然可以適用韓國民法第 103 條（**法律規定違反社會道德**）「**任何法律規定所欲達到的主旨目的違反善良風俗或其他社會道德者，應該無效且作廢。**」的規定[19]，但理論上第 103 條是使用在特殊環境下最後引用求助的依據，如果當法院見解認為承包者受到補償是已經被保證的，但是

---

[18] 韓國《民法》（Civil Act）在 2007 年之後進行些微的修訂，但是英文版的《民法》至今只有 2007 年版。

[19] Articles 103(Juristic Acts Contrary to Social Order): A juristic act which has for its object such matters as are contrary to good morals and other social order shall be null and void. SECTION 1 Genreral Provisions, CHAPTER 5 JURISTICS ACTS.

又找不到認定違法的明確法律可引用時，可適用第 103 條規定，但依據此條文也只能判決該不公平的買賣交易條款無效，並無法使得承包者能得到更多的補償保障。

　　簡言之，國際代工合同在韓國只要不違反行政命令，主要還是由市場機制來決定，在國際代工市場通常都是買方市場的環境下，買方佔有合同條件談判的優勢地位是無可避免的事實，且在韓國向 KFTC 提出訴願，從做生意的立場而言也並非是最有效的方法，綜合考慮諸多現實環境因素下，在韓國引用公平交易法的規定，成為向買方爭取公平合理交易條件較可行的法律依據。

5.3 國際代工空白立法的省思

5.3.1 國際間空白立法的現實理由

　　第 5.2 節中就美國、韓國及德國這三個具代表性的國際代工大國的立法比較，筆者發現，在國際間盛行多年的國際代工業務，規範國際代工業務以及代工合同的專屬立法竟然是一片空白，國際代工產業出現與事實脫節的「空白法」現象，筆者分析歸納其中潛在的現實理由如下：

　　1.委外代工者的既得利益考慮。從國際代工業務中委外代工的買方立場言，在現行法下進行對國外的委託代工業務，如果沒有不利於自己的現行法，國際代工業務中的買方當然不會放棄既得利益，不必積極主動的去要求做任何的修法或立法。更何況依買方所制定的代工合同格式條款，通常都約定代工合同內容爭議的解釋或仲裁訴訟時，是依據買方所屬國家的法律為準據法，並且以買方所在地的管轄法院為第一審管轄法院，所以從委外代工的買方立場

言，就實際利害關係考慮，並無變更其國內現行法的需求。換言之，若期待委外代工的買方進行限縮自己權益的修法、立法，不異緣木求魚，幾無期待可能性！

2.代工廠的談判籌碼與實益考慮。從國際代工業務中接受代工的賣方（代工廠）立場言，即使其發現買方所制定的代工合同格式條款有諸多不平等、不合理之處，但礙於國際代工市場似乎永遠是買方市場，屈居弱勢的賣方縱使提出任何修訂合同條款的意見，不見得能被買方所接受，甚至因此喪失買方的代工訂單。若是賣方所屬國家為了保障自己國民的代工廠權益，修訂或制定了國際代工相關的立法規定，但是如同前述，依買方所制定的代工合同格式條款約定，代工合同內容發生爭議時的解釋或仲裁訴訟，是依據買方所屬國家的法律為準據法，並且在買方所在地的管轄法院為第一審管轄法院，因此即使賣方所屬國制定了代工相關法律，也是被排除適用，僅能空歎英雄無用武之地！

3.代工市場競爭下的委屈求全。如同前述之例，接受代工的賣方（代工廠）即使發現買方所制定的代工合同格式條款有諸多不平等、不合理之處，並且提出修訂意見，準備堅持到底與買方好好溝通，但是在代工市場日益白熱化的競爭環境下，各家代工廠競相殺價降格以求，明知有不利益的代工合同條件，為了搶訂單也只好委屈求全照單全收，其他空有理想的代工廠只怕曲高和寡，再繼續堅持協商爭取合理合同格式條款者，恐怕連在代工市場競標入圍的機會都沒有，更遑論去修改制定公平合理的代工合同條款及倡議相關立法。也因此更加助長國際代工的買方，肆無忌憚的制定完全自我防衛的代工合同格式條款。

4.空白立法下濫用民事契約自由原則。在目前許多現實利益衝突的因素下，國際代工產業以及國際代工合同所需要的法律規範呈現空白立法狀態，也就在這樣明文法律規範的空窗期，使得「民事

契約自由原則」成為目前國際代工合同最有力的法源依據[20]，但也因為太過濫用「民事契約自由原則」，使得目前的國際代工產業百家爭鳴似的，竭盡所能競相提出各種代工合同格式條款，只要對方最終簽署用印，代工合同便生效，至於合同是否符合程序正義經過雙方平等協商，似乎已經不被關注，也似乎無法可管！

　　5.全球金融危機的驗證與啟示。自 2008 年下半年開始到 2009年底，全球爆發了一場有史以來最嚴酷的「金融海嘯」（Financial Tsunami）、「金融危機」（Financial Crisis）[21]，在金融危機發生期間，買方制定的國際代工合同格式條款充分發揮展現了對賣方（代工廠）的殺傷力，買方因市場需求驟減而極力的緊急通知賣方延後交貨，或者直接取消全部訂單，而對賣方不須負任何賠償或補償義務。賣方受此驟變因應不及，現貨及庫存成品、半成品及物料損失難以計數，造成眾多代工廠停工、歇業，甚至於破產倒閉，卻無從對買方求償。國際代工的買方經過這次金融危機之後，更加體認到制定自我保護的格式條款有其必要性，一時間國際各家品牌大廠競相提出更加周密而嚴格的代工合同格式條款。相對的，國際代工的賣方（代工廠）經過這次金融危機，充分感受到買方的格式條款殘

---

[20] 除了民法「民事契約自由原則」的一般概念外，《合同法》第 4 條：「當事人依法享有自願訂立合同的權利，任何單位和個人不得非法干預。」，也是合同自由原則的具體規定。

[21] 自 2008 年下半年開始，美國因房市泡沫化及次級房貸問題，引發雷曼公司倒閉及美國銀行、花旗銀行等大型金融機構重大虧損瀕臨倒閉等重大經濟危機，連動性的引爆了全球金融危機，世界各國的股票、基金、房地產幾乎同步暴跌，許多中、大型金融機構與民營企業都相繼爆發嚴重財務危機，公司企業進行減產、裁員及關廠等連鎖倒閉風潮不斷，即便是 2007 年仍排名世界第八富有國家的北歐小國冰島也瞬間宣布國家瀕臨破產，美國、英國、蘇俄等昔日歐美經濟強權國家都傳出經濟衰退訊號，全球性的金融風暴、經濟危機如同勢不可擋的海嘯般侵襲，國際財經傳媒稱之為一場有史以來最嚴酷的「金融海嘯」（Financial Tsunami）、「金融危機」（Financial Crisis）。

酷無情的殺傷力後,是否也能從中得到相應的啟示,進而去做些改革,或者仍然礙於現實需求而無力改變;而其國家主管機關是否仍然消極不作為,或者根本就渾然不知現況,值得各代工廠及其國家主管機關深思檢討。

6.國家政策支持與國力展現。前述 1.至 5.項的理由,反映出國際代工買賣雙方立場先天的衝突性與對立性,其實也正反映出買賣雙方所屬國家對國際代工產業的支持政策,也間接反映出買賣雙方經濟實力及國力的強弱。現今國際將產品發包委託國外代工的國家,大多是歐美經濟發達國家的品牌大廠,除了消費市場供需消漲變化之外,因為在本國生產成本高,環境及勞工保護法令執法日嚴,為了迴避或降低產銷及營運管理的費用、風險及法律責任等因素考慮,於是才將產品發包委託給在經濟發達程度相對較落後的國家的代工廠去進行生產,在此出發點前提下,不難理解為何買方制定的代工合同格式條款總是有欠公允。而經濟發達程度相對較落後的國家,為了招商引資發展經濟以建設本國,對客戶、投資者制定的有欠公允的代工合同格式條款總是不予干涉,至少在一定的過渡期間內如此,即使是經歷過了全球金融危機的殘害亦然。因此,可以說代工買賣雙方所屬國家,不但是買賣雙方背後的支持者,也是該國國際代工產業策略與相關法律規範的決策者、制定者,而礙於現實需求國力軟弱無法強力執行者眾,這也正是國際代工空白立法的關鍵主因。

5.3.2 臺灣代工立法條件先天不足

臺灣可以說是從事國際代工起家,代工製造業在 1970 年代前後創造了臺灣經濟起飛的經濟奇跡,臺灣曾經是全球的代工王國,家電、電子、運動用品、玩具、紡織、……等等「MIT」(Made in

Taiwan）產品行銷充斥全球市場。然而，在國際代工產業非常盛行的臺灣，也沒有針對國際代工產業以及國際代工合同有任何的專屬立法規範，即使是在最具有代工優勢的年代，也不曾考慮過這類立法。因為臺灣與德國、韓國的法律都同屬大陸法系，臺灣就國際代工產業以及代工合同的規範，就如同德國及韓國一樣，並無專屬特定的單一立法，必須同時參照適用臺灣的《民法》、《公司法》、《公平交易法》、《消費者保護法》、《專利法》以及《營業祕密保護法》等多部法律的規定；而且臺灣也沒有《合同法》，甚至在《民法》中也沒有「合同」專章來規範合同行為，只有在民法債篇第二章各種之債的 24 個類型中，第一節「買賣」有較為直接關聯的規範，但是僅以「買賣」一節要來規範內容繁雜的國際代工行為及代工合同，顯然不足。

　　自 1990 年後至今，臺灣也因為建廠、產銷、營運管理等費用成本高漲，勞工權益及環保法律要求日益嚴厲，迫使代工產業外移到大陸及東南亞其他國家，其中以大陸為台商代工廠西移集結最多之地，台商也因此將國際代工產業的成功經驗複製到大陸發展，更形成了【臺灣接單，大陸生產，全球行銷】的新國際代工營運模式，這種結合了大陸與臺灣優勢在大陸生產外銷的產品，國際間賦予了「MIC」產品新的定義——「Made in Chiwan」，「MIC」產品成為全球消費市場的時尚新寵。於此情形下，除了前一節所述國際代工空白立法的各項現實的理由仍然存在不變外，而臺灣更已經將代工重心外移，臺灣既然已經不是代工生產的主要行為地，較之從前，更是失去了就國際代工產業以及代工合同提出修法、立法的立場與契機。從另一個現實需求的角度言之，因為【臺灣接單，大陸生產，全球行銷】的新國際代工營運模式，臺灣已經將代工重心西移至大陸，臺灣前百大製造廠直接或間接的，幾乎已經全數在大陸投資設廠，台商在大陸的營運收益，成為維持臺灣本島經濟成長不墜的重

要依靠，大陸若能就國際代工產業以及代工合同明文訂定規範標準，臺灣也將雨露均霑受益無窮。

5.3.3 大陸領先立法的開創性與必要性

　　中國大陸自 1978 年實施改革開放政策至今近四十年，經濟水準呈跳躍式的成長，給中國的現代化帶來翻天覆地的改變，創造中國近代以來的另一個經濟強權盛世。而大陸這些年來的經濟發展，製造業扮演重要的角色，特別是從事代工製造業已逾二十餘年，如今的中國大陸已經是繼英、美、日之後的「世界工廠」，是全球消費性產品最大的代工製造重心，在 2008-2009 年全球金融危機期間，大陸更是展現出穩定世界經濟局勢、帶動世界經濟發展的重要影響力，可以合理預見，國際代工製造產業在中國大陸仍然將持續興盛一段期間（請參閱本書第 1.3.2 節）。

　　大陸既然是目前全球消費性產品最大的代工製造重心，對世界經濟的復甦與成長也具有舉足輕重的影響力量，就有關國際代工產業以及代工合同規範的立法問題，筆者認為大陸具有領先全球著手進行相關立法的主客觀條件，由中國大陸率先立法具有開創性與必要性，筆者認為有七大理由支持，說明如下：

　　1.大陸是全球代工製造業的重心，有其主觀上管理規範的必要。在第 5.3.1 節中分析國際間有關國際代工空白立法的幾點原因，在大陸依然存在，但所不同的是，大陸的國際代工規模更大於其他國家。依據中國國家統計局公告的《中國國民經濟行業分類標準》，雖然無法明確區別統計國際代工製造業的經濟產值（參閱本書第 1.2.1 節），但是依據國務院第二次全國經濟普查領導小組辦公室於 2009.12.25 發佈普查成果報告，國內生產總值（GDP）核算制度和第二次全國經濟普查結果，按照國際慣例對 2008 年全國 GDP

初步核算數進行了修訂，修訂後的 2008 年全國 GDP 總量為
314,045.0 億元，其中第二產業（製造業）增加值為 149,003.0 億元，
占 GDP 的比重為 47.5%，由此可以合理推論，製造業中的代工業
產值對整體 GDP 表現佔有近乎一半的貢獻比重。

　　可見代工產業對中國大陸整體 GDP 的貢獻與影響之大，針對
代工產業，大陸若沒有自己的明文立法規範，任由國際代工的國
外買方制訂代工合同格式條款來主導交易條件（參閱本書第 4.1
節），對大陸的代工製造業而言，等於是代工的交易規則與基本權
益完全受制於人，更是對大陸國家經濟生產總值的一大潛在風
險。因此，大陸就有關國際代工產業以及代工合同，以先發制人
之勢，主動積極著手研究相關的規範立法，絕對有其主觀上的必
要性。

　　**2. 大陸有自給自足的內需市場，客觀環境也有法律規範的需
求。** 大陸不但是全球代工製造業的重心，大陸本地也是十三億人口
的廣大消費市場，因此在大陸的代工製造業者擁有得天獨後的先天
優勢地位，就是即使拒絕了國外買方的代工訂單，也能有來自本國
國內廣大的內需市場訂單，因此大陸的代工廠能有強力的談判籌碼
與國際客戶協商爭取代工交易條件。更何況國際代工買方在中國委
託代工，有許多買方最終覬覦的目標正是大陸的消費市場，希望能
在大陸代工生產後，更直接在大陸銷售產品。因此，大陸的代工產
品供應內需市場，既是國家鼓勵擴大內需政策的邊際效益，也是國
外委託代工者預期搶攻的市場，針對代工產業的運作以及代工合同
的相關規範，自然也有其客觀環境的規範需求。

　　**3. 大陸國力日益精實強大，具穩定及引導全球經濟重要影響
力。** 大陸發展社會主義計劃經濟，至今逾三十年的卓越成效，不但
充分展現了大陸發展經濟的硬實力，更為將來經濟發展的升級轉型
奠下了厚實的基礎。今日大陸已經是外匯儲備全球第一的國家，在

2009 年已經超越日本成為世界第二大經濟體,更有外商經濟研究部門分析推估全球各國經濟成長曲線後指出,「金磚四國」(BRICs)中的中國,未來將取代美國成為世界經濟體的新霸主[22]!中國大陸經濟發展的成效與實力是舉世有目共睹,大陸的經濟政策與國際經濟局勢的安定與否緊密互動,對全球經濟的穩定與發展具有重要的影響力。因此,中國大陸以其全球新經濟領袖之姿,就與各國緊密往來的國際代工業務以及代工合同的事實需求,制定一套有系統的明文規範,相信國際間不會有太多反對意見,甚至會更獲得國際間的肯定與支持。

4.金融危機後檢討反思,公權力適度干預更具正當性。 全球金融危機發生後,國際間開始反思檢討國際金融危機的發生原因,以及當前解救之計與日後預防之道,海峽兩岸的財經法律學者普遍認為:**「全球金融危機的爆發既是金融監管體系的失敗,也是傳統資本市場制度的失敗。金融危機的爆發既宣佈了資本唯利是圖的營利模式的破產,揭開了強化公司社會責任運動的歷史序幕;也暴露出了公司自治和契約自由的失靈現象,指出了加大投資者和金融消費者保護力度的改革方向;更折射出商業倫理與信託義務的約束機制的軟弱無力,凸顯了公權力適度干預市場活動的正當性、合法性與緊迫性。因此,在後金融危機時代,認真反思傳統的財經法律制度的設計漏洞及其背後的思維盲點,正確處理好自由與安全、創新與**

---

[22] 2003 年 10 月 1 日,美商高盛證券經濟研究部門的《99 號報告》,運用最新的人口統計預測、資本累積和生產力模型後,得出全球各國經濟成長曲線後指出,「金磚四國」──巴西(Brazil)、俄羅斯(Russia)、印度(India)及中國(China)經濟崛起,合組四國的起首英文字母,稱之為"BRICs"(發音類似英文的磚塊 Brick),預測他們將逐步取代全球前六大經濟體的地位。其中,中國在未來兩年超過德國,在十一年後超過日本,在 2041 年將取代美國,成為世界第一大經濟體。臺灣《商業週刊》2005 年 2 月 901 期 P.100~P.115。

監管、自治與干預、公平與效率之間的辯證關係，對於預防和化解未來的世界性金融風險，推動全球經濟的可持續、和諧發展，具有**重大的現實意義與理論價值**」[23]。值此後金融危機時代，所謂的「自由經濟」、「經濟自由」或「契約自由」，都不再是縱容商人毫不受法律約束及國家行政機關介入的經濟活動，據此同理，不只是針對金融相關法規，對大陸整體 GDP 表現占 47.5%近乎一半貢獻比重，與國家經濟發展有密切關聯的國際代工產業相關立法與政策，國家也必須適度展現公權力，去干預市場活動的正當性、合法性、緊迫性，特別是公平性，要有更創新的想法，針對既有存在的任何有違國際代工市場交易的正當性、合法性、緊迫性與公平性的現象，都應以前瞻、創新、宏觀的眼光與思維，包括打破「民事契約自由原則」的思維窠臼，強制立法排除不公平、不合理的國際代工合同格式條款，大膽提出相應的修法意見。

5.大陸代工市場自成一局，代工成文立法具指標意義。暫且拋開國際代工市場不談，單就大陸本國境內就有超過十三億人口的消費市場，大陸的消費市場本身已經存在了，更是國內外各商品廠商必爭之地。此外，代工製造業在大陸已經有超過二十年的實踐經驗，大陸本地的代工廠過去為外商、台商代工，現今也為許多大陸本地的品牌商品代工。隨著大陸經濟的起飛成長，大陸許多本土品牌產品已經達到一定的經濟規模，也開始發包委外代工，例如：聯想、海爾、華為、比亞迪等，大陸本土品牌產品委託大陸本地代工廠代工生產，不論是產品整機生產組裝，或者只是代工生產關鍵零元件，大陸本地的代工市場已經自成一局，而且擁有很大的內需消費市場。因此，不論是為了規範國際代工或是國內代工的業務，大

---

[23] 參中國人民大學劉俊海教授於 2010 年 5 月 11 日發表於臺北東吳大學舉行的「2010 海峽兩岸財經法學術研討會——後金融危機時代兩岸財經法制新趨勢」的開幕詞。

陸國家當局針對代工產業儘速明文立法，對國內以及國際間都將具有劃時代的領先指標意義。

6.勞動合同法及社會保險法施行，開創性立法成功的既有經驗。國際代工合同的明文法律規範一旦制定施行，必定會對國際代工產業許多業者造成不小的衝擊影響，但無庸多慮，因為適應新法施行的陣痛期是必然的，但有益於多數人的正當立法，最終還是會受到人民支持的。以 2008 年 1 月 1 日頒佈施行的《**勞動合同法**》及《**企業所得稅法**》，以及最新出臺 2011 年 7 月 1 日開始施行的《**社會保險法**》為例，正是大陸近年來成功的開創性立法的最佳典範。大陸過去招商引資多年，以極大的融通尺度提供給投資人許多的投資優惠條件，其中包括對企業稅收的減免，以及勞工相關權益的處理彈性，例如：聘僱方式、聘僱期間長短的決定、勞工保險金等「社保五金」[24]投保資格與人數的決定，在各個地方政府與投資人之間都有商議的不規範空間，讓投資人節省下不少的稅賦及人事費用成本。但是《**勞動合同法**》頒佈施行之後，有了成文法律的明文規定，廣大勞工的基本權益獲得了法律的保障，但相對的就引起了內外資企業的反彈意見，不過最終還是讓內外資企業都能信服與遵行，證

---

[24] 按大陸國家政策及法律規定，企業主應為員工繳納**勞工保險金**、**職工養老儲備保險金**（按年工資總額的 8%控制，其中 2%由國務院編列預算負擔，5%由企業負擔，1%個人負擔由企業自工資中扣除代繳）、**住房公積金**（按職工工資的 5%）、**生育補助金**（按職工工資的 0.7%，由企業負擔）及**失業保險金**（按職工上年度月平均工資的 3%控制，其中 2%由企業負擔，1%個人負擔由企業自工資中扣除代繳）等俗稱「五金」的費用，依規定這五金是必須按員工人頭數如實提撥繳納，但因為許多企業主認為大陸勞工流動性高，足額如實提撥五金只是造成企業主額外的負擔與無謂的損失。故實際操作上常常並未按實際人數足額提撥五金，而是按一定的人數比例來提撥五金，如此作法實質上是與法不符的違法行為，但在過去卻是為了招商引資提供給投資人優惠條件下不成文的"擦邊球"的實際操作方式，近年來已逐步要求規範以符合法律要求。

明《**勞動合同法**》是能夠約束內外資企業以保障廣大勞工權益的成功立法。

　　2011 年 7 月 1 日出臺施行的《**社會保險法**》，建立了社會保險的基本法律框架，明文強制規定「**中華人民共和國境內的用人單位和個人依法繳納社會保險費，……**」（第 4 條），「**用人單位應當自行申報、按時足額繳納社會保險費，非因不可抗力等法定事由不得緩繳、減免。職工應當繳納的社會保險費由用人單位代扣代繳，用人單位應當按月將繳納社會保險費的明細情況告知本人。**」（第 60 條），對廣大就職勞工及用人單位都有明文的規範要求，對勞工保險權益是一大福音，但對企業主又是一筆龐大的社會保險費成本支出，難免引來企業界的諸多意見。全國人大常委會委員、全國人大法律委員會委員沈春耀認為：「先解決有沒有的問題，再逐步解決保障水準低、標準待遇不公平等問題。」，只要能夠把社會保險的基本制度、基本權利義務和推進方向通過法律形式確定下來，就是一大進步[25]。

　　同樣的，國際代工合同相關立法的影響層面及人數之多，較之《勞動合同法》及《社會保險法》恐有過之而無不及，一旦決定修法、立法之後，必定會引來國內及國際間的關注與壓力，但只要確認此項立法是正確的、必要的，有利益於大陸代工製造業、從業人員，以及國家現在及未來對國際代工產業規範的掌控主權，即應義無反顧的儘快執行。先解決代工合同法有沒有的問題，再逐步解決規範的水準、標準公平與否的問題，等看到立竿見影的立法實益後，終將得到人民的認同與支援，更何況代工合同法的立法已經有了既有《**合同法**》的框架基礎支持。

---

[25] 新華網 2010-10-29 報導《社會保險法出臺給老百姓帶來什麼？》，【南方週末】本文網址：http://www.infzm.com/content/51913

　　7.以既有合同法框架為基礎，宏觀微調補充立法可行性高。 有鑒於前述各點理由，一旦認同國際代工合同相關立法確實有其必要，決定著手進行立法，筆者認為可行性極高，立法技術不會太難，只要就現行的《**合同法**》框架基礎加以完善修訂補充，在分則現有 15 種合同類型之外增訂一章「代工合同」類型，並且於總則的原則性規定中，針對國際代工產業的特性及現存問題進行補充修訂，相信即可以最經濟便利的修法方式，達到立竿見影的規範效果。有關國際代工合同於《**合同法**》中如何完善立法的詳細內容，請參閱本書第 6.3 節。

第 6 章　代工合同於合同法的完善立法

承前說明，國際代工合同確實有加以明文立法規範之需求與必要，至於國際代工合同應該如何於合同法中完善立法，筆者認為最經濟便利的方法，就是利用現有《合同法》的框架為基礎，新增「代工合同」為《合同法》分則的有名合同類型之一，並將《合同法》的基本原則以及格式條款的規定加以補充修訂，特別是將協商程序明文規定為《合同法》基本原則之一，適用於所有合同包括「代工合同」的格式條款，詳細內容說明如下。

6.1 新增代工合同為有名合同類型

6.1.1 新增有名代工合同的必要性

如本書第 4.2.1 節所述，國際代工合同是國際代工製造買賣業所經常使用的合同，但是國際代工合同卻非現行《合同法》所規範的有名合同類型，也與《合同法》中的「買賣合同」有著很大的差別，因為國際代工合同是一種具有多元性、綜合性買賣條件的合同，其實質約定內容包含了更複雜的交易模式、交易流程與交易條件，甚至可以說同時包含了買賣、承攬、運輸、技術、保管、倉儲、委託等合同內容，也涉及智慧財產權法內容，「買賣合同」規範內

容明顯不足以用來規範代工製造買賣業務的全部內容，因此無法單純適用「買賣合同」或者承攬、運輸、技術、保管、倉儲、委託等合同，「代工合同」有其獨特性，儼然是另一種獨特類型的合同。如此具有獨特性質的合同類型，而且是被廣大代工製造業界所普遍使用，甚至於被一般的買賣業所引用，有關權利義務的損益利害關係影響至鉅的合同，卻未被現行的《合同法》所規範，實體法律在規範現有經濟社會法律事實的需求上顯然有所遺漏，也顯示出現行的《合同法》規範的有名合同類型，確實也有規範不足有待補強的地方。

誠如經濟法學大家史際春教授所言：「**《合同法》的出臺，僅為中國加強合同法治創造了一個有利條件，不但不是充分條件，而且只是一個很微弱的積極因素。合同法治的建立和完善，有賴於各方面經濟改革的深化、司法水準的提高，通過不懈努力提高整個社會的合同法律關係的實現程度，在此基處上達致社會的高度信用。**」[1]，《合同法》的出臺並不代表對各個合同種類規範需求的完備，僅僅是為了合同法治的建立和完善，提供了一個便利操作的平臺，當「代工合同」的現實存在與需求，已經明白突顯出現行《合同法》規範類型的不足時，我們當有義務利用此現有平臺補充現行《合同法》的不足，也藉此使得代工合同法律關係在整個社會中的實現程度，得到成文法律的支持。

再從現行《合同法》分則中對合同類型的規範言，「**不同合同領域的社會關係性質不同，相應的合同法律規範也就分屬不同的法律部門，構成了不同的合同制度。不同性質的社會關係領域，同時存在合同關係以及對各種合同關係進行有效法律調整的實際需**

---

[1]　參閱史際春著《合同法的喜與憂》，收錄於史際春著《探究經濟和法互動的真諦》第439頁，法律出版社2002年6月1版。

要，是劃分不同合同制度的客觀依據。」[2]，國際代工製造買賣業務內容的多元化與複雜關係，使得「代工合同」不但具有獨特且豐富的社會關係，其內容更包含了多元而複雜的法律效果有待明文加以規範調整。因此，筆者認為將「代工合同」類型明文增訂於現有的《合同法》框架之中，使得現實存在的「代工合同」能得到明文法律的支援與保障，同時也充實完善了《合同法》調整社會關係領域的內涵，立法上兼具了必要性與正當性。

6.1.2 利用現行合同法框架的立法優勢

從立法程序而言，既然肯定了「代工合同」的獨特性與必要性，如何以最經濟便利的立法或修法程序來達到最大的效果，筆者認為沒有比自現行的《合同法》中直接進行修法更好的方法，藉用現行《合同法》完善的基本框架，於分則合同類型中增訂「代工合同」，再於總則中的原則性條款做一些微調補充修訂，不但可以立即發揮立竿見影的立法效果，也將使得現行《合同法》的內容更加充實完善。

隨著經濟社會的不斷發展變化，不同的合同類型應運而生，不同合同類型的法律規範自然有其需求，甚至於現有的合同類型規範內容都有不合時宜有待補充之處，因應目前及未來國際間及大陸本地代工市場的需求，現行的《合同法》分則規範了 15 種有名合同類型[3]，增訂一章「代工合同」類型，具有修法、立法的正當性。

2　參閱史際春著《應當確立不同合同制度》，收錄於史際春著《探究經濟和法互動的真諦》第 430 頁。

3　現行《合同法》分則自第 9 章到 23 章分別規範了買賣合同、供用電水氣熱力合同、贈與合同、借款合同、租賃合同、融資租賃合同、承攬合同、建設工程合同、運輸合同、技術合同、保管合同、倉儲合同、委託合同、行紀合同、居間合同等 15 種合同類型。

並且於總則編針對合同的一般規定中，已經訂定了「**雙方平等原則**」（第3條）、「**合同自由原則**」（第4條）、「**公平原則**」（第5條）及「**誠實信用原則**」（第6條）等原則規定，也針對合同訂立的主觀、客觀各項要件有完整的規範，獨缺有關目前國際代工產業所使用代工合同的規範。因此，利用現行合同法已有的框架基礎，只要針對國際代工產業的特性及現存問題進行補充修訂，明確訂立遵循規範，即可以最經濟便利的方式完成「代工合同」的立法工程。

總言之，「代工合同」在大陸明文立法，不但具有規範廣大代工產業的客觀需求，在主觀條件上更是具有先天性的優勢。至於國際代工合同於《合同法》中如何完善立法的詳細內容，請參閱本書第6.3節。

6.1.3 新增代工合同的立法方向建議

至於如何在《合同法》中增訂「代工合同」的實質內容，這是另一個涉及合同當事人重大權益的立法工程，如果只是把目前實務交易上常見的代工合同內容增訂於合同法中，顯然還不符合保護代工製造業者基本權益的期待，而且若是誤將具有市場優勢地位的買方所制定的，具有壟斷協議性質的代工合同格式條款，增訂為《合同法》中「代工合同」的內容，則反而立下了保護壟斷者的惡法，更是適得其反。因此，要在《合同法》中增訂「代工合同」，必須非常謹慎，立法者更必須對現有國際代工製造業的運作模式，以及現行常用的國際代工合同中的若干具爭議性格式條款，特別是與現行《反壟斷法》衝突的問題（請參閱本書第4.4.2節），先有清楚的理解，才能對症下藥完善立法。依筆者建議，至少必須掌握以下幾個立法的方向：

1.按代工作業流程分節規定。如本書第3章所論述典型國際代

工合同的框架內容，分為前言、產品研發階段、產品量產階段、產品交貨階段、售後服務階段及其他約定條款等六個單元，於《合同法》分則中增訂「代工合同」一章時，也可比照按國際代工作業流程方式，分成六個小節個別摘要規範。因此，代工合同於《合同法》內的立法結構上可以清楚定位，並且有邏輯性的制定規範條文。

　　2.當事人範圍之合理定義。如本書第 3.1.1 節及第 4.2.3 節的說明，常見代工合同的格式條款，擴大了買賣雙方當事人的定義範圍，除了簽署合同的買賣兩造公司之外，將所屬同集團的母公司、分公司、子公司及關係企業，整個集團公司全都列入買方或賣方的範圍。如此擴大買賣雙方的定義範圍，在產品全球行銷的代工產業確實有其必要，藉以縮減個別協商締約時間，提高生產發貨銷售時效，並且有相同一致的買賣交易條件，避免不必要的爭議。但問題在於，如此格式條款的主要目的，只是著眼於事後萬一發生爭議糾紛賠償責任時，可以要求賣方（代工廠）必須傾集團之力共同負連帶賠償責任，卻不論各集團公司是否有實質參與買賣交易供貨往來，更不管被列入賣方暨賣方連帶保證人範圍者，是否有合法授權同意擔任其保證人，或者該代表簽署代工合同的公司，對其他集團公司是否有實質的管理約束權利，若是沒有，則即使強迫賣方簽署了買方制定的合同格式條款，對其他集團公司是否發生法律上的約束效力，也是大有疑問的。有鑑於此，筆者建議在代工合同中，必須先就買賣雙方當事人（暨共同連帶保證人）的定義，合理的限縮其範圍。

　　3.補充修訂合同法的基本原則及格式條款規範。如本書就各種格式條款（第 4.1.2 節）以及格式條款與合同法衝突現況（第 4.2.2 節）的說明，《合同法》總則編中有關訂立合同的各項基本原則，適用於分則編中所有合同類型，若依筆者建議增訂「代工合同」類型時，「代工合同」自然也必須適用《合同法》各項基本原則的拘

束，特別是合同法中針對格式條款的規範，更必須從嚴適用，但合同法現有關於格式條款的明文規範只有**第 39 條、40 條及 41 條三條條文**，勉強可將第 42 條有關「**締約過失責任**」規定也視為是格式條款的規範，也僅有四條條文，相較於內容繁雜的代工合同顯然不足。因此，如何於合同法總則編的基本原則規定中，加以補充修訂，特別是針對格式合同條款缺乏他方參與協商討論合同的現況，將協商程序明文訂定為訂定合同的基本原則，任一方合同當事人看到不利益的格式條款，都有提出意見要求協商修訂的機會，那麼現有格式條款的缺失弊病，至少可以得到預防的機會，欲徹底根除則必須有更周詳的配套條款，詳細內容請參閱本書第 4.2.3 節及第 6.3 章。

4.代工合同內含國際代工合同。本書雖然以國際代工合同為研究主題，但落實到修法、立法的原則性建議，必須同時考慮大陸本地的代工製造產業生態，於合同法分則編以「代工合同」為名增訂有名合同專章，將比以「國際代工合同」為名更具周延性，因為在大陸的代工製造產業發展至今，已經不僅是純為國際品牌大廠代工而已，為大陸境內的內外資企業代工，已經自成一局成就廣大的代工市場供應鏈，若是以「國際代工合同」為名設立專章，將限縮了本章適用的主體對象範圍。因此，筆者建議以「代工合同」為名增訂有名合同專章，適用於所有在大陸境內從事代工製造業者，包括為國際大廠進行代工的國際代工業者。

6.2 增訂協商程序為合同法基本原則

由於《合同法》第 39 條第 2 項有關格式條款的定義規定：「**格式條款是當事人為了重複使用而預先擬定，並在訂立合同時未與對**

方協商的條款。」，筆者認為這是一項起了誤導作用的負面表述立法，容易令一般人望文生義誤認為「**在訂立合同時未與對方協商的條款**」也是可以合法有效存在的條款，造成國內外各家大廠競相於代工合同中擬定格式條款，卻又不與對方協商溝通的歪風大行其道。也有學者認為這是一個缺乏法律效果的不完整的法律規範，僅規定提供格式條款一方負有提請注意或說明的義務時，但卻未規定違反這些作為義務時的法律責任為何[4]。因此，筆者認為此一條款應該加以修訂，甚至於應該在《合同法》總則編內，就明文訂定合同當事人的協商程序是訂立合同的必要程序要件，詳細理由及修法建議論述如下。

6.2.1　格式條款誤導性立法的釐清

關於《合同法》第 39 條第 2 項有關格式條款的定義規定：「**格式條款是當事人為了重複使用而預先擬定，並在訂立合同時未與對方協商的條款。**」，筆者尚不敢大膽斷言這是一項錯誤立法，謹較保守的認為這是一項起了誤導作用的負面表述立法，容易令人望文生義誤認為「**在訂立合同時未與對方協商的條款**」也是可以合法有效存在的條款。依法論法，就這一法律條文的解釋，不能僅僅就表面文意解釋，筆者認為應該從法理解釋，才能進一步釐清確認此一條文的立法真意。

從法理學談法律規範，「**法律規範是通過規定社會關係參加者的權利與義務來確認、保護和發展一定的社會關係的。法與權利、義務的概念不可分，任何法律規範直接、間接都是關於社會成員權**

---

[4]　蘇號朋著《論格式條款訂入合同的規則》，載於《第二屆「羅馬法、中國法與民法法典化」國際研討會論文集》，第 270~272 頁。

利義務的規範。」,「**法是對已有的或可能有的權利義務關係的認
可。**」[5],按此法理衍義說明,《合同法》第 39 條第 2 項有關格式
條款的定義規定,應該是通過國際代工製造買賣業務參加者的買賣
雙方的權利與義務,來確認、保護和發展代工合同格式條款的實質
內容關係。代工合同格式條款的法律規定,與代工合同雙方當事人
權利、義務的概念不可分,任何代工合同格式條款的法律規範,直
接、間接都是關於國際代工製造買賣業務的買賣雙方的權利與義務
的規範。更進一步言之,《合同法》第 39 條第 2 項有關格式條款定
義的法律規範,應該是對已有的或可能有的代工合同雙方當事人權
利義務關係的認可。

　　按前一段的法理衍義說明,更簡單的說明是,所有合同條款的
法律規範,都是就發生合同關係的雙方當事人的權利與義務,在協
商機會與地位上的平等規範。因此在解釋法律條文的爭議時,就不
應該僅偏重於詮釋某單方的權利或義務,而完全忽略了另一方的權
利或義務的有利詮釋。更具體言之,解讀**《合同法》第 39 條第 2
項「格式條款是當事人為了重複使用而預先擬定,並在訂立合同時
未與對方協商的條款。」**的規定,該條文規定只是就擬定格式條款
的目的和結果的表面敘述,而中間可能發生過的合同雙方協商討論
過程規範都省略了,但並不能據此即認定格式條款當然排除了合同
雙方協商討論過程的必要性。

6.2.2 協商程序是最基本的必要程序

　　在筆者認為,協商程序是訂立合同前後過程中最基本,也是最

---

[5]　參閱孫國華、朱景文主編《法理學》,法的外部特徵,第 34 頁,中國人民
　　大學出版社 1999 年 11 月 1 版。

必要的程序，總和其理由摘要論述如下：

　　1.依據《合同法》總則編規範的「**雙方平等原則**」（第 3 條）、「**合同自由原則**」（第 4 條）及「**公平原則**」（第 5 條）等原則規定，合同當事人雙方應立於平等地位，自願訂立合同，遵循公平原則確定各方的權利和義務，其基本精神內涵脫離不了雙方溝通協商的過程，若不允許另一方就合同條件參與協商表達意見，怎能說是平等、自願的訂立合同？若合同當事人之一方連參與協商表達意見的權利都沒有，又如何確保合同權利義務的公平性？從另一角度言之，訂立的合同是否平等、自由、公平的評價標準，除了在於合同條款內容客觀成果的展現外，更在於合同當事人訂立合同過程是否符合「程序上的正義」[6]，讓合同當事人有完全參與、充分溝通的機會。《合同法》規定的雙方平等原則、合同自由原則及公平原則等，其規範的精神內函實際上也就包含了雙方平等協商、自由協商及公平協商的溝通過程，否則如何冀望達到平等、自由與公平的目標。特別是針對代工合同中的格式條款，提供格式條款的一方所擬定的條款內容，更難期待能完全符合平等、自由與公平的要求。因此，若格式條款完全排除了在訂立合同時與對方協商的機制，可以說在締約程序上就已經違背了合同法的基本原則精神內涵的。

　　2.再就本條文本身內容來說，「**格式條款是當事人為了重複使用而預先擬定，並在訂立合同時未與對方協商的條款。**」，只是客

---

[6] 所謂「程序上的正義」，程序正義理念是法治理念的重要組成部分。所謂程序正義，一般是指一項具有正當性的法律程序或者法律實施過程。程序正義不僅有助於形成正確的裁判結果、實現實體正義，而且本身具有獨立價值，這些價值包括公平、公正、合理等。樹程序正義理念是實現傳統法理念向現代法理念轉變、推進社會主義法治建設的重要內容。參閱黑龍江大學法學院於海生著《程序正義理念：法治精神的重要內涵》，發表於 2008 年 11 月 17 日人民日報，新華網 http://news.xinhuanet.com/theory/2008-11/17/content_10368752.htm。

觀描述格式條款完成的過程，按文意解讀，合同當事人之一方為了重複使用而預先擬定格式條款，在訂立合同時，若對方就該預先擬定好的格式條款內容經過審閱後沒有異議，認為不須再經過協商討論、補充修訂，那麼這份預先擬定好的格式條款在訂立合同時，即使未經過再與對方協商討論的程序，也可以直接簽署合同。但並不表示若對方就該預先擬定好的格式條款內容有異議時，仍然可以不經過協商討論、不理會對方異議，就直接簽署合同，否則不就明顯違反了前述《合同法》要求的雙方平等、自由及公平等基本原則的精神。

3.更何況按照同條前項規定：「**採用格式條款訂立合同的，提供格式條款的一方應當……按照對方的要求，對該條款予以說明。**」，顯見若對方就格式條款有疑問、有異議的，仍然可以提出要求，提供格式條款的一方就必須按照對方的要求，對該條款予以說明。惟這裡所謂對方的「**要求**」，並未明文是什麼要求，但也未限制要求的範圍；而這裡所謂對該條款予以「**說明**」，似乎也僅只於回應說明，並未明文強制規定必須協商討論，甚至於進一步修訂該格式條款。但客觀合理的解釋，若對方就格式條款有疑問、有異議時，除了要求提供格式條款的一方加以說明外，若對其說明不滿意、不能接受，進一步要求與提供格式條款的一方協商討論格式條款，甚至於要求補充修訂格式條款內容，都是非常合理的要求，提供格式條款的一方就必須按照對方的要求予以說明，甚至於應對方的要求開啟協商討論程序，進而修訂格式條款內容，則雙方來回溝通協商的過程勢必在所難免。因此，若於合同法中明文排除與對方協商的機制，不但在立法解釋上不當限縮解釋立法目的，與第 1.點及第 2.點所述立法原則顯然更自相矛盾。

4.再就實務操作上一般訂立簽署合同的作業程序，鮮少不經過協商討論的過程，即使合同內容依據過去交易習慣事先擬定，交易

條件內容已經儘可能符合當事人雙方對公平、合理的期待，雙方對合同實質內容沒有爭議，但至少就合同何時簽約，合同正式生效日期，是否須舉辦正式簽約儀式、雙方簽約代表人層級、簽約後的業務開展等程序安排問題，也必須經過協商討論後才能明確，而不論協商方式是當面開會討論，或是以信件、電話、傳真、電郵等方式進行。雖然也有直接將書面合同彼此傳遞輪流簽署即完成生效者，但畢竟不是業界訂立合同的常軌慣例，否則日後仍難免就合同格式條款實質內容，或合同成立生效與否的程序問題發生爭議。

5.以目前代工製造業界簽署代工合同的真實運作現況而論，代工製造業界居優勢地位之一方提供的格式合同條款，大多數難以期待能夠充分滿足相對人對公平、合理交易條件的期待，而更令人感受到不公平、不合理的，是面對這樣的格式合同條款，相對人竟然連提出協商討論要求補充修訂的機會都被拒絕，只能表達同意或不同意簽署合同與否，同意簽署者就有獲得買方訂單的機會，拒絕者即無任何洽談交易訂單的機會。因此，針對格式合同條款內容進行溝通討論的協商程序，是絕對有其必要的，更不應該自合同法中將當事人雙方的協商機制給明文排除，否則將造成國內外各家品牌大廠更加漠視與供應商平等協商、公平協商的機制，使得顯不公平合理的格式條款更加不受約制的盛行其道。

6.2.3　協商程序在合同法的修訂建議

依據以上理由，既然協商程序在訂立合同的過程中佔有重要地位，為避免不必要的適用上爭議，甚至於誤導大眾，立法宜明確化，筆者建議將《合同法》中相關的法條略加補充修訂，並附註理由說明如下：

條文	原條款內容	修訂後條款內容	修訂理由
第 5 條	當事人應當遵循公平原則確定各方的權利和義務。	當事人應當遵循公平原則協商確定各方的權利和義務,包括雙方當事人的範圍及所負權利義務的內容,不應單方面免除、擴大或限縮。	明確規範公平協商的機制,程序上必先協商而後確定各方的權利和義務。公平協商的內容予以確立。
第 39 條	採用格式條款訂立合同的,提供格式條款的一方應當遵循公平原則確定當事人之間的權利和義務,並採取合理的方式提請對方注意免除或者限制其責任的條款,按照對方的要求,對該條款予以說明。 格式條款是當事人為了重複使用而預先擬定,並在訂立合同時未與對方協商的條款。	採用格式條款訂立合同的,提供格式條款的一方應當遵循公平原則確定當事人之間的權利和義務,並採取合理的方式提請對方注意免除、擴大或者限制其責任的條款,按照對方的要求,對該條款予以說明,或與對方進行協商修訂。 格式條款是當事人為了重複使用而預先擬定,並在訂立合同時,經對方檢視同意後,得不與對方協商的條款。	公平協商既是訂立合同之必要程序,若對方就格式條款有異議,除要求說明外,也有權要求協商修訂。且格式條款若不與對方協商,須經對方檢視同意;若對方檢視後有不同意者,雙方仍須另行協商討論。 擴大對方責任的格式條款,亦屬常見,應列入說明或協商修訂之範圍。

6.3 代工合同於合同法的完善立法工程

　　現行《合同法》的框架內容已經頗為完整,只是缺乏有關國際代工合同的相關規範,因此,欲著手進行將「代工合同」納入現行合同法框架內的完善立法工程,筆者認為只要利用現行合同法已有的框架基礎,針對國際代工產業的特性及現存問題進行補充修訂,即可以最經濟便利的方式完成「代工合同」的立法。更進一步明確言之,從現行合同法總則編的一般原則及格式條款個別補充修訂,

再於分則編增訂「代工合同」的有名合同類型相關規範，個別論述如下。

6.3.1　增訂總則編一般原則性條款

現行《合同法》總則編針對合同的一般規定，已經訂定了**雙方平等原則**（第 3 條）、**合同自由原則**（第 4 條）、**公平原則**（第 5 條）及**誠實信用原則**（第 6 條）等原則規定，但是針對目前代工合同常見的具爭議性的問題，筆者認為還應該明文增加以下幾個非常基本但重要的原則性條款規定：

1.協商原則。

將第 5 條補充修訂：「**當事人應當遵循公平原則協商確定各方的權利和義務。**」，將第 39 條補充修訂：「**採用格式條款訂立合同的，提供格式條款的一方應當遵循公平原則確定當事人之間的權利和義務，並採取合理的方式提請對方注意免除、擴大或者限制其責任的條款，按照對方的要求，對該條款予以說明，或與對方進行協商修訂。格式條款是當事人為了重複使用而預先擬定，並在訂立合同時，經對方檢視同意後，得不與對方協商的條款。**」，理由說明請參閱本書第 6.2 章。

2.當事人範圍與權利義務平等原則。

目前常見國際代工買方制定的代工合同格式條款，不當擴大了合同當事人的範圍，將買賣雙方當事人的子公司、母公司、關係企業等都納入買賣雙方當事人範圍，而不問其彼此之間的持股比例、董監事席位或是實際營運管理上，是否具有實際管理權利；同時，代工合同格式條款更進一步規定，各個賣方（代工廠）相互間必須

共同為履行合同義務互負連帶保證責任，但是買方相互間就個自履行合同義務卻不互負連帶保證責任（請參閱本書第 4.1.2 節 1.及 4. 點），明顯有違當事人範圍與當事人義務對等的公平原則。

目前代工合同格式條款最為人詬病的問題，除了沒有協商機制，不尊重合同對方表達意見的基本權利外，就是代工合同格式條款制定者單方面免除、擴大或限縮了彼此的權利或義務，例如買方正式下訂單給賣方之後，可以隨時取消訂單的全部或一部分，而不須負任何賠償或補償責任，單方面免除了自己的違約責任。又例如賣方（代工廠）依據買方提供的產品原始設計代工生產，產品銷售到市場後，被第三人指控侵害其專利權，並請求巨額損害賠償，卻必須由賣方負擔全部的專利侵權賠償責任，單方面擴大了賣方的責任範圍，免除、限縮了自己應負的專利侵權賠償責任。類似這種單方面免除、擴大或限縮了彼此權利義務的不公平條款，在代工合同格式條款中履見不鮮。

因此，筆者建議直接於第 5 條再補充修訂原則性規定如下：「**當事人應當遵循公平原則協商確定各方的權利和義務，包括雙方當事人的範圍及所負權利義務的內容，不應單方面免除、擴大或限縮。**」。

3.明文適用補充立法原則。

除了合同法第 1 章的若干原則性規定之外，民法通則第 1 章也有許多的民事行為基本原則規定可以適用於合同法，例如「**合法原則**」（第 6 條）、「**禁止權利濫用原則**」（第 7 條）。此外，違反法律、行政法規的強制性規定的合同既然無效（合同法第 52 條），則許多現行法律及行政法規的強制性規定，也就當然成為訂定合同不可忽略的指導規範，也就當然成為合同法的補充立法。因此，筆者建議於合同法總則第 1 章的一般原則性規定中，明文規定其他現行法

律、行政法規的強制性規定的適用原則，建議將第 7 條補充增訂第 2 項，全文如下：「**當事人訂立、履行合同，應當遵守法律、行政法規，尊重社會公德，不得擾亂社會經濟秩序，損害社會公共利益。民法及其他現行有效的法律、行政法規與本法規定不抵觸者，均適用之。**」，如此，將使規範合同法的法律、法規依據更加周延且明確適用。

6.3.2　擴大補充格式條款相關規範

《合同法》有關「格式條款」的規範只有第 39 條、40 條及 41 條三條條文，顯然不足以規範、解決目前代工合同格式條款的許多具爭議性問題（請參閱本書第 4.1.2 節、第 4.2.2 節），要妥善規範這問題，除了應嚴格執行、善加利用現有合同法格式條款的規定（請參閱本書第 4.3 章）之外，筆者認為有必要借鏡國外的相關立法，特別是德國民法典「標準條款」（Standard Business Terms）的相關規定（參閱本書第 5.2.2 節），因為大陸與德國同為大陸法系國家，且德國民法典就合同「標準條款」的規定比美國、韓國相關規定更周詳且深入，非常適合做為大陸合同法格式條款修訂補充的參考。以下幾點重要的原則，筆者建議必須優先修法補充：

1.格式條款不排除協商程序。依《合同法》第 **39** 條第 **2** 項有關格式條款的定義規定：「**格式條款是當事人為了重複使用而預先擬定，並在訂立合同時未與對方協商的條款。**」，筆者認為這是一項起了誤導作用的立法，會讓人誤以為合同當事人一方預先擬定的格式條款，在訂立合同時可以不與對方協商，而仍然發生法律上的效力。筆者認為此一條款應該加以修訂，甚至於應該明文訂定當事人的協商溝通是訂立合同所必要的程序要件，詳細理由及補充修訂內容請參閱本書第 6.2 章。

2.經過個別同意的條款，效力更優先於標準條款。目前國際代工買賣交易若是遇到買方堅持使用其預先擬定好的格式條款，又不允許任何修改，若是賣方（代工廠）也非常堅持要求修改，則實務上的權宜變通作法，通常是另外簽署一份補充協定，另外約定記錄雙方的補充修訂意見，在此情形下，「經過個別同意的條款，效力更優先於標準條款。」，即有其規範意義。建議於第 41 條補充：「**對格式條款的理解發生爭議的，應當按照通常理解予以解釋。對格式條款有兩種以上解釋的，應當作出不利於提供格式條款一方的解釋。格式條款和非格式條款不一致的，應當採用非格式條款。經過個別同意的條款，效力更優先於標準條款。**」

3.禁止迴避條款。在本章中所規定標準條款的各項原則規範，即使假藉其他條文來迴避，依然必須適用本章中所規定標準條款的各項原則規範。建議以獨立條款專門明文規定此一原則性規定，例如增訂第 41 之 1 條：「在本章中所規定格式條款的各項原則規範，即使假藉其他條文來迴避，依然必須適用本章中所規定格式條款的各項原則規範。」。

4.格式條款若不合理的不利於他方當事人將被認定無效。若格式條款不合理的不利於他方當事人時，該條款是無效的；所謂不合理的不利於他方，包括因為該條款不明確及難以被理解所引起者。所謂不合理的不利於他方，如果發生爭議時，判斷依據在於該條款是否：（1）無法與重要的法定原則相容，背離了重要的法定原則；或者（2）限縮了該合同本質上固有的重要的權利或職責，以至於危害了該合同目的的完成。德國民法典將此條文獨立於 Sec.307 條單獨規定，而不是列入 Sec.308 及 Sec.309 的各種標準條款無效情形之一，可見「不合理的不利於他方當事人」的標準條款、格式條款，是具有特別可非難性的無效事由，而此一情形也正是一針見血的直指目前國際代工合同格式條款被詬病的普遍通病。建議於第

40 條補充修訂：「**格式條款具有本法第五十二條和第五十三條規定情形的，或者提供格式條款一方免除其責任、加重對方責任、排除對方主要權利，或其他明顯不合理的不利於對方的情形，該條款無效。**」

5.增加格式條款無效的情形。《合同法》明文規定格式條款無效的情形只有第 40 條及第 52 條、53 條所列共 10 種情形[7]，而德國民法典 Sec.308 及 Sec.309 特別規定列舉出標準條款無效的情形共有 21 項，扣除掉相同及類似的規定，尚有以下幾點明文格式條款無效的情形值得參考，建議增訂第 40-1 條：除前一條規定外，格式條款具有以下情形的，該條款無效：

（1）表示接受或履行的不合理時限要求。標準條款制定者制定的條款，不合理的長期保留自己權利，例如買方要求延後出貨、暫緩交貨，卻沒有期間限制，藉以逃避付款義務（參閱本書第 3.3.2 節（三））；或者明顯不足的時間要求他方表示接受或拒絕要約或執行某種行為表現，例如買方要求賣方接到訂單後 24 小時內必須回覆意見，若未回覆即視同接受訂單，而不問訂單內的採購數量及交期、交貨地點等客觀條件的合理評估確認時間需求（參閱本書第 3.3.2 節（二））。

（2）不合理的額外的期限（Additional period of time）。格式條款制定者制定的條款，為自己不合理的長期保留權利，例如買方

7　《合同法》第 40 條規定：「**格式條款具有本法第五十二條和第五十三條規定情形的，或者提供格式條款一方免除其責任、加重對方責任、排除對方主要權利的，該條款無效。**」第 52 條規定：「**有下列情形之一的，合同無效：（一）一方以欺詐、脅迫的手段訂立合同，損害國家利益；（二）惡意串通，損害國家、集體或者第三人利益；（三）以合法形式掩蓋非法目的；（四）損害社會公共利益；（五）違反法律、行政法規的強制性規定。**」第 **53 條規定：「合同中的下列免責條款無效：（一）造成對方人身傷害的；（二）因故意或者重大過失造成對方財產損失的。**」

要求賣方必須如期出貨到買方指定的海外倉庫，保持基本庫存水位，但必須等買方自該倉庫取貨出來之後才算交貨完成，買方才有進一步驗收、付款的義務，但買方何時自該倉庫取貨卻沒有期間限制（參閱本書第 3.4.5 節）；或者明顯不足的額外時限要求他方執行制定者要求的某種行為表現，通常發生在緊急訂單採購交貨，或者瑕疵品回收返修的完成時限要求。

（3）**單方面保留撤銷權、修訂權**。格式條款制定者制定的合同權利，為自己免除履行合同條款義務，而不須在合同內記明任何客觀的裁量理由，例如買方已經正式下訂單給賣方後，卻可以在交貨日前隨時通知賣方取消訂單。格式條款制定者制定的合同權利，自己有權去修訂已經承諾的行為表現或者可以違反它，例如買方已經正式下訂單給賣方後，卻可以在交貨日前隨時通知賣方要求變更訂單的數量、價格、交期或交貨地點（參閱本書第 3.3.2 節（三））。

（4）**不當的虛擬聲明及虛擬接受**。格式條款制定者制定的條款規定，合同他方當執行或省略某明確行為時，將被制定者視同已履行或未履行，例如買方制定的格式條款規定，買方下訂單給賣方後 1 日內，賣方若未回覆表示異議，則視同賣方接受該訂單。除非：a.合同他方已經被賦予合理期限去表達聲明，而且 b.制定者同意在期限開始時就特別去提請他方注意他的行為在合同中所被預定的意義，該虛擬聲明始有效。此外，格式條款制定者制定的條款規定，制定者作出的聲明即視同已經被合同他方所接受了，而不問他方是否已確實收到聲明通知，也不問他方有無異議，此類條款也應無效。

（5）**不合理的合同廢止條件**。格式條款制定者制定的條款規定，當發生合同一方要撤銷合同或發出終止合同通知的情事時，制定者可以要求：a.不合理的高額賠償金，做為解約一方利用事件、行使權利或其解約行為的回報；或者 b.不合理的高額費用補償金。

（6）**履約不能時片面免除自己履約義務**。格式條款制定者制定的條款規定，在第（3）項保留撤銷權情形下，制定者在無履約能力時，可以有權免除自己履行合同的義務；除非制定者同意：a.將履約不能情事通知合同他方，而沒有不當延誤；而且 b.補償合同他方應穫補償金，也沒有不當延誤。

（7）**以短期通知不當增加或減少價格**。藉由格式條款提供增加了在合同訂定後三個月（一季度）內因產品交付或提供服務產生的貨款，但這不適用於有關持續履行義務的產品交付或提供服務行為。

（8）**不當排除或禁止法律賦予的權利**。藉由格式條款：a.將合同他方依據民法被授予的拒絕履約權利（即「同時履行抗辯權」）排除或禁止；或者 b.將合同他方基於相同的合同關係被授予的保留權利排除或禁止，特別是因為對格式條款制定者的違約行為的認知而產生的保留權利。

（9）**不當禁止抵銷權的行使**。藉由格式條款剝奪合同他方就無可爭議的，或是已經最終確立無可上訴的請求權，主張抵銷的權利。

（10）**免除自己法定通知義務或應給予他方的期限利益**。藉由格式條款使制定者免除自己依法定要求，應給予合同他方的警告通知，或是應設定要求履行或補正的期限。

（11）**傷害生命、身體或健康以及重大過失時損害賠償責任的排除**。

（12）**其他違約責任的免除**。

（13）**更改對不利於合同他方的舉證責任**，特別是藉由：a.強加給後者（合同他方）在歸屬於制定者的責任環境下的舉證責任，或者 b.促使合同他方確認一些事實。此項並不適用在收到個別簽署或提出有個別合格電子簽章的確認通知。

（14）**通知及聲明的特別格式要求**。嚴謹的方式，或有特別的接獲通知的收據要求。

6.法律事務違反公共政策者，無效。因為「公共政策」的判斷依據與標準比「公共利益」明確；而且，「公共政策」的執行與展現出來的「公共利益」有時候無法成正比，公共政策的實施有時無法滿足所有人的利益，所以德國民法典以法律事務違反公共政策者無效的規定，值得學習。**建議於合同法第 52 條合同無效的情形第（四）點補充修訂為「（四）損害社會公共利益、公共政策；」，將公共政策做為公共利益的補充。**

除了前述各項重點，筆者未將德國民法典第 310 條明定格式（標準）條款的適用範圍（Sec.310 Scope of application）引用進來，該條文採取排除法規範，認為某些格式（標準）條款不能適用於電力、天然氣、地區性供熱或供水的供應合同，某些格式（標準）條款不能適用於企業和消費者之間的合同（消費合同），格式（標準）條款也不能適用在繼承法、親屬法及公司法的領域，或集體式合同、個人隱私領域的工作合同，或公共領域的建設合同；某些格式（標準）條款也不得適用到聘僱合同（請參閱本書第 5.2.2 節三、8.）。筆者未將其引用的理由有三：第一，這些範圍專案或與公共利益、公共政策有關，或已有現行法律規定，有違者無效，已有相應的規定，不須再重複規範。第二，若能按照本書各點補充修法建議，將現有合同法內的格式條款規範適當擴充，則前述各項領域的合同，即使未被明文排除格式條款的適用，也有足夠的法律條文來妥善規範保護。第三，該德國民法典有關格式（標準）條款適用範圍的規定，也是原則性的規定居多，詳細內容規範尚不充分，故未參照列入。但是未來大陸合同法若進行修法時，為了杜絕爭議在後，寧可明文禁止在前，是可以重新考慮將此原則列入詳細規範。

6.3.3　代工合同立法框架內容建議

綜合本文所述，國際代工業務在大陸既已現實存在且運作多年，在大陸現行的《合同法》內增訂「國際代工合同」專章，具有修法、立法的必要性與正當性。而為了順應現行《合同法》的框架基礎，除了在總則編增訂與國際代工有關的各項基本原則性規定外，在分則編自第 9 章到 23 章分別規範了 15 種有名合同類型[8]之外，筆者建議增訂第 24 章「代工合同」，將代工合同（包含國際代工合同）明文予以規範，使得代工合同正式納入《合同法》的規範與保障。

惟有關「代工合同」此一專章的內容要如何規劃其立法結構，一來因為筆者並無實際參與立法的經驗，就明文立法的編排方式與措詞用字的精準要求，恐仍須委託國家立法機關專門人員負責制定；二來因為整個國際代工業務的內容龐雜（請參閱本書第 3 章），其框架結構與篇幅內容可長可短，還是留待將來有機會實際立法時，再由參與立法的學者專家們研議決定。因此，筆者僅就「代工合同」將來進行立法時應掌握的方向與原則，提出建議如下：

1.按實際作業流程訂定立法基本框架。 如本書第 3 章所述的典型國際代工合同的框架內容，是按照國際代工業務實際的營運過程前後階段來制定，反映國際代工業務的真實現況、需求與約定重點，也正是必須將國際代工合同明文立法規範的重點。因此，筆者建議將新增的第 24 章「代工合同」內容，參照本書第 3 章所述國

---

[8]　現行《合同法》分則自第 9 章到 23 章分別規範了買賣合同、供用電水氣熱力合同、贈與合同、借款合同、租賃合同、融資租賃合同、承攬合同、建設工程合同、運輸合同、技術合同、保管合同、倉儲合同、委託合同、行紀合同、居間合同等 15 種合同類型。

際代工合同的框架內容，區分成「**通則**」、「**研發**」、「**量產**」、「**交貨**」、「**售後服務**」及「**國際代工**」等6節，將3.1合同前言及3.6其他約定事項都併入「**通則**」中，再於各節中個別制定各階段的規範重點。

2.國際代工合同為代工合同特別類型規定。「國際代工」做為「代工合同」章中的獨立一節，將國際代工合同做為一般代工合同的特別類型規定，因為在大陸的代工製造產業發展至今，已經不僅是純為國際品牌大廠代工而已，大陸境內的內外資企業從事代工製造已經自成一局，大陸境內本身已經是一個廣大的代工市場，若是以「國際代工合同」為名，將限縮了本章適用的主體範圍，以「代工合同」為名增訂有名合同專章，適用於所有在大陸境內從事代工製造業者，將比以「國際代工合同」為名更具周延性。

3.可以適用第9章買賣合同的規定。雖然國際代工業務的內容多元而複雜，但本質上仍然是一種代工產品的買賣行為，只是買賣交易的前後過程較為冗長，涉及的各個相應支援單位較多，而且通常代工訂單是買方持續不斷的下單，賣方持續而重複的生產、交貨，這是與一般一次性消費的買賣行為最大的不同處。因此，《合同法》分則第9章「買賣合同」共有46條條文，只要與代工合同不衝突者，原則上都可以適用到新設立的「代工合同」章中；換言之，只要是分則第9章「買賣合同」就買賣交易的基本規範已經有規定的，在新增訂的「代工合同」章中就不需要重複規定了，既避免疊床架屋重複立法，也適度減少代工合同的規範篇幅。

4.各節規範內容參照本書創新立法。因為整個國際代工業務的內容龐雜（請參閱本書第3章），其框架篇幅可長可短，留待將來參與立法的學者專家們研議決定，筆者在此僅建議就第1.點所述的「**通則**」、「**研發**」、「**量產**」、「**交貨**」、「**售後服務**」及「**國際代工**」各節內容，參照本書第3章及第4章所反映的各個作業階段的問

題，在第 9 章「買賣合同」已有規定的買賣交易規範之外，針對代工合同的特色與問題，去蕪存菁擇要提出突破性的創新立法，例如於第 2 節「研發」中規定智慧財產權的所有權與侵權責任歸屬，於第 3 節「量產」中規定採購數量預估與訂單合理處理的相關規範。詳細內容請參閱本書第 6.3.4 節。

6.3.4　合同法修訂後新舊條文對照

　　總合本文就「國際代工合同」於現行《合同法》內的完善立法工程，已經提出若干項的修訂意見，特別是建議增訂的第 24 章「代工合同」的概要內容，為方便比較與理解，於本文最後以表列式提出新舊條文對照表如下：

總則

條文	原條款內容	修訂後條款內容	修訂理由
第 1 章　一般規定			
第 5 條	當事人應當遵循公平原則確定各方的權利和義務。	當事人應當遵循公平原則協商確定各方的權利和義務，包括雙方當事人的範圍及所負權利義務的內容，不應單方面免除、擴大或限縮。	明確規範公平協商的機制，程序上必先協商而後確定各方的權利和義務。公平協商的內容予以確立。
第 7 條	當事人訂立、履行合同，應當遵守法律、行政法規，尊重社會公德，不得擾亂社會經濟秩序，損害社會公共利益。	當事人訂立、履行合同，應當遵守法律、行政法規，尊重社會公德，不得擾亂社會經濟秩序，損害社會公共利益。現行有效的法律、行政法規與本法規定不抵觸者，均適用之。	明文規定其他現行法律、行政法規的適用原則，以擴大規範合同法的法規範圍。

第 2 章　合同的訂立		
第 39 條	採用格式條款訂立合同的,提供格式條款的一方應當遵循公平原則確定當事人之間的權利和義務,並採取合理的方式提請對方注意免除或者限制其責任的條款,按照對方的要求,對該條款予以說明。 格式條款是當事人為了重複使用而預先擬定,並在訂立合同時未與對方協商的條款。	採用格式條款訂立合同的,提供格式條款的一方應當遵循公平原則確定當事人之間的權利和義務,並採取合理的方式提請對方注意免除、擴大或者限制其責任的條款,按照對方的要求,對該條款予以說明,或與對方進行協商修訂。 格式條款是當事人為了重複使用而預先擬定,並在訂立合同時,經對方檢視同意後,得不與對方協商的條款。	公平協商既是訂立合同之必要程序,若對方就格式條款有異議,除要求說明外,也有權要求協商修訂。且格式條款若不與對方協商,須經對方檢視同意;若對方檢視後不同意,雙方仍須另行協商討論。擴大對方責任的格式條款,亦屬常見,應列入說明或協商修訂之範圍。
第 40 條	格式條款具有本法第五十二條和第五十三條規定情形的,或者提供格式條款一方免除其責任、加重對方責任、排除對方主要權利的,該條款無效。	格式條款具有本法第五十二條和第五十三條規定情形的,或者提供格式條款一方免除其責任、加重對方責任、排除對方主要權利,或其他明顯不合理的不利於對方的情形,該條款無效。	增加概括規範方式,完善格式條款無效事由。
第 40-1 條	(無)	除前一條規定外,格式條款具有以下情形的,該條款無效: 1. 表示接受或履行的不合理時限要求。 2. 不合理的額外的期限。 3. 單方面保留撤銷權、修訂權。 4. 不當的虛擬聲明及虛擬接受。 5. 不合理的合同廢止條件。 6. 履約不能時片面免除	比照德國民法典,增加格式條款無效具體事由,更加完善規範。

		自己履約義務。 7. 以短期通知不當增加或減少價格。 8. 不當排除或禁止法律賦予的權利。 9. 不當禁止抵銷權的行使。 10. 免除自己法定通知義務或應給予他方的期限利益。 11. 傷害生命、身體或健康以及重大過失時損害賠償責任的排除。 12. 其他違約責任的免除。 13. 更改對不利於合同他方的舉證責任。 14. 通知及聲明的特別格式要求。	
第 41 條	對格式條款的理解發生爭議的，應當按照通常理解予以解釋。對格式條款有兩種以上解釋的，應當作出不利於提供格式條款一方的解釋。格式條款和非格式條款不一致的，應當採用非格式條款。	對格式條款的理解發生爭議的，應當按照通常理解予以解釋。對格式條款有兩種以上解釋的，應當作出不利於提供格式條款一方的解釋。格式條款和非格式條款不一致的，應當採用非格式條款。經過個別同意的條款，效力更優先於標準條款。	另行簽署補充協定來變更修訂格式條款，是目前實務上權宜作法，故按現行實務作法提出補充修訂。
第 41 之 1 條	（無）	在本章中所規定格式條款的各項原則規範，即使假藉其他條文來迴避，依然必須適用本章中所規定格式條款的各項原則規範。	預防變相逃避責任的禁止迂迴條款。

	第三章　合同的效力		
第 52 條	有下列情形之一的，合同無效： （一）一方以欺詐、脅迫的手段訂立合同，損害國家利益； （二）惡意串通，損害國家、集體或者第三人利益； （三）以合法形式掩蓋非法目的； （四）損害社會公共利益； （五）違反法律、行政法規的強制性規定。	有下列情形之一的，合同無效： （一）一方以欺詐、脅迫的手段訂立合同，損害國家利益； （二）惡意串通，損害國家、集體或者第三人利益； （三）以合法形式掩蓋非法目的； （四）損害社會公共利益、公共政策； （五）違反法律、行政法規的強制性規定。	公共利益的判定標準不易認定，公共政策可以做為明確的補充原則。

分則

條文	原條款內容	修訂後條款內容	修訂理由
		第 24 章　代工合同	
		第 1 節　通則	
第 428 條	（無）	【代工合同的定義】代工合同是出賣人（賣方）依據買受人（買方）持續性訂單代工生產後，分批交貨轉移標的物的所有權於買受人，買受人支付價款的合同。	
第 429 條	（無）	【代工合同的內容】代工合同的內容除了買賣合同的一般規定外，包括研發、量產、交貨及售後服務等階段的相關規定。	
第 430 條	（無）	【代工產品的範圍】代工產品應明確約定產品名稱及規格，若未明確約定者，應做合理的限縮解釋，以簽署合同時賣方已經或即將公開銷售之產品為限。	

第 431 條	（無）	【當事人的範圍】代工合同買賣雙方當事人的範圍應該平等規範，不得單方面擴大或縮減當事人的範圍。 買賣雙方之關係企業若列為當事人，必須實際上具有逾 50% 的控股或被控股關係。	
第 432 條	（無）	【保密義務】買賣雙方應相互對他方提出的機密資訊負保密義務，雙方就機密資訊的範圍定義應該平等一致。	
第 433 條	（無）	【合同期間及終止】代工合同有效期間應該明確約定，未約定生效日者，以雙方最後簽署完成之日為生效日。 代工合同未約定終止日者，雙方都有權隨時要求終止合同，但必須至少於 30 天前以書面通知他方，最長以 90 天為限。	
第 434 條	（無）	【保險】為保證賣方合同義務之履行，買方得要求賣方購買相關的保險，但保險種類及保險金額應該經過買賣雙方協商後合理決定之。	
第 435 條	（無）	【買賣合同的適用】本法買賣合同章之規定，與本章不抵觸者，適用之。	
第 2 節　研發			
第 436 條	（無）	【產品規格】代工產品的規格應事先明確約定，研發過程中要求變更規格的一方，應負擔變更的成本及相應法律責任風險。	
第 437 條	（無）	【樣品承認標準】代工產品研發完成後的樣品承認，應依據買賣雙方事先約定的產品規格，或經雙方同意變更後的規格為標準。	
第 438 條	（無）	【智慧財產權的歸屬】代工合同買賣雙方所提供的智慧財產權，用以研發代工產品者，屬於個別提供者所有；若因此研發出新的智慧財產權，由買賣雙方共有為原則，亦得經雙方公平協商決定之。	
第 439 條	（無）	【智慧財產權的侵權責任】代工產品若發生侵害第三人智慧財產權之情形時，賣方應負責立即回應處理；但若發現侵權原因係因買方提供之原始設計所致，或買方變	

		更賣方之原始設計所造成者,則應由買方負責處理,包括經終審判決後的侵權損害賠償責任。	
第 440 條	(無)	【競業禁止的條件】買方若要求賣方不得將產品出售給其他第三人,應有相應的滿足賣方的合理對價條件,並且在期間、區域及產品類別上明確限制,不得概括式禁止競業。	
第 441 條	(無)	【模具設備所有權】代工生產產品的模具及設備若由買方提供者,其所有權屬於買方所有,買方得隨時請求賣方返還。若約定模具、設備由賣方提供,再由買方訂購產品中攤提償還者,在全部費用攤提償還前,所有權屬於賣方所有。	
第 3 節　量產			
第 442 條	(無)	【採購數量預估】買方提出未來產品採購預估數量,若於合同中約定僅供賣方備料參考,賣方無最低數量之備料義務。若雙方約定依據採購預估數量進行採購與最低備料數量的明確比例者,則從其約定。	
第 443 條	(無)	【訂單】賣方接獲買方正式簽發採購訂單後,應於合理期日內明確回覆買方接受訂單與否,若逾期未回覆,視同拒絕接受該訂單。 訂單經賣方回覆確認後,買方若欲變更訂單內容,或欲取消訂單數量之全部或部分,應依與賣方事先約定之提前通知期限提出書面通知,並補償賣方因此所受之損失及增加之費用。 買方若欲要求賣方延後交貨,最長不得超過 6 個月,屆期不論買方提貨與否,視同完成交貨,買方應立即給付貨款,貨物之所有權與風險均歸屬買方負擔。	
第 444 條	(無)	【包裝及標示】產品之內外包裝及標示,應依買賣雙方之約定,若無約定,賣方應依業界一般習慣進行包裝及標示。 買方若要求加註商標及服務標章之使用,	

		買方應保證合法授權賣方使用；若發生侵害第三人商標權之情形，買方應負責處理並負擔相應之費用，包括最後經終局裁判應負之賠償或和解費用。	
		第 4 節　交貨	
第 445 條		【交貨期限】代工產品的交貨期限應依據經賣方確認後之訂單上記載，一經確認後若要求變更、提前或延後交期，適用第 443 條有關訂單變更、取消及延後之規定。	
第 446 條		【交貨地點】代工產品的交貨地點應依據經賣方確認後之訂單上記載，一經確認後若買方要求變更交貨地點，雙方應協商運輸費用合理的相應增減。	
第 447 條		【物流倉庫】買方若要求賣方將產品先送交買方臨近之物流倉庫，待買方自物流倉庫提貨後始完成交貨，賣方有權自行決定物流倉庫。若由買方付費指定物流倉庫者，賣方仍應有權與物流倉庫業者協商相關權利與義務。 產品置於物流倉庫應約定合理期限，最長以 6 個月為限，買方逾期仍未自物流倉庫提貨者，視同賣方已完成交貨，產品所有權及風險皆移轉予買方，且買方應付貨款視同到期。	
第 448 條		【驗收】買賣雙方應明確約定產品的驗收時間、地點、驗收標準及完成期限，依約定進行驗收，買方逾期未完成驗收者，視同驗收通過。	
第 449 條		【付款】買方負有付款之義務，適用本法第 159 條至第 161 條之規定。	
		第 5 節　售後服務	
第 450 條		【保固期間】產品出售後的合理保固期間由買賣雙方協商決定，瑕疵產品於保固期間的維修或以新品更換，由賣方決定之。保固期過後，買賣雙方得另行約定維修服務之期間及方式。	

第 451 條		【維修服務】買賣雙方針對代工產品銷售於全球後的維修服務，得另訂維修服務合同詳細約定之，維修服務合同之訂定適用本法總則編之一般規定。	
第 452 條		【重大瑕疵】重大瑕疵的定義及處理方式，應由買賣雙方事前明確約定，特別是構成產品回收的標準、處理方式及費用負擔。未約定者，依據一般產品物之瑕疵擔保責任處理。	
第 453 條		【連帶保證人】買賣雙方應平等、明確的約定彼此的連帶保證人範圍，保證人的保證義務內容約定也應平等、明確。	
第 454 條		【抵銷權】抵銷權的行使，適用本法第 99 條及第 100 條之規定。	
第 455 條		【賠償責任上限】賣方得與買方約定最高賠償責任上限金額，並以此做為保險金額購買保險，確保各項保證責任之履行。	
第 6 節　國際代工合同			
第 456 條		【國際代工合同的定義】國際代工合同是出賣人（賣方）或買受人（買方）之一方位於大陸境外，賣方依據買方持續性訂單代工生產後，分批交貨轉移標的物的所有權於買受人，買受人支付價款的合同。	
第 457 條		【運輸方式及條件】買賣雙方應依據國際商務貿易條款規範，約定產品運輸之方式以及個自承擔之風險與費用。	
第 458 條		【一般代工的準用】除本節之規定外，國際代工合同適用本法代工合同的一般規定。	
第 459 條		【爭議處理及準據法】有關國際代工合同發生爭議時，適用本法第 128 條及第 129 條之規定。	

附則			
第 460 條	第428條　本法自 1999年10月1日起施行,《中華人民共和國經濟合同法》、《中華人民共和國涉外經濟合同法》、《中華人民共和國技術合同法》同時廢止。	第 460 條　本法自 1999 年 10 月 1 日起施行,《中華人民共和國經濟合同法》、《中華人民共和國涉外經濟合同法》、《中華人民共和國技術合同法》同時廢止。本法自20××年×月×日修訂公佈施行。	

結論

　　本文論述期間至此總結之際，國際經濟局勢未曾真正好轉，回顧過去，自 2008 年中至 2009 年底全球暴發金融危機之後，繼之歐債危機、美國被調降信用評等、全球經濟恐發生二次衰退等等負面消息不斷，全球股市又重跌到幾近谷底部位，全球各大企業又再次面臨經濟面與市場面的雙重衰退困境，又再次看到企業臨危求生的各種因應對策，企業分割、整併、出售者有之，例如：美國惠普（HP）切割個人電腦事業部，日本松下、東芝、日立三公司合併面板事業部，美國摩托羅拉（Motorola）出售整個手機事業部給 Google。企業大規模裁員者有之，例如：大陸台商龍頭富士康在 2011 年初就預告將裁撤員工 10 萬人，裁員幅度將達到 20%；歐洲最大銀行匯豐（HSBC）因正開始進行刪減支出計畫，可能將裁員超過 1 萬人；美國也因為經濟復甦乏力，企業裁員力度加大，2011 年 5 月美國公共和私營部門的僱主共裁員 178 萬人，是 2010 年 8 月以來的最高水準，其中 166 萬人是被私營部門所解僱[1]；美國及歐洲的各大銀行也因為金融不振持續縮減成本，於 2011 年裁員逾 10 萬人，單單匯豐銀行（HSBC）全球就裁員 3 萬人。驚見全球各大知名企業此起彼落的大動作，無怪乎全球經濟衰退的隱憂一直揮之不去。

　　然而更進一步的隱憂是，如果這些全球知名大企業分割、整併、出售資產及裁員等因應經濟疲軟不振的策略仍不奏效，那麼為了更進一步減少企業損失，有效節省營運成本及費用支出的必然做

---

[1]　阿波羅新聞網 2011-07-22，來源：華爾街日報，網址引用：http://tw.aboluowang. com/news/data/2011/0722/article_129758.html

法，就是停止各項採購，通知其中下游所有的代工廠、供應商取消已經正式發出的採購訂單，或是無期限的要求延後交貨，或是要求大幅度減價、要求延長付款期限或變更付款條件，或者假藉理由拖延驗收或驗收不通過而拒絕付款等等，各代工廠、供應商在沒有合同保護下，或是空有合同但盡是買方制定自我保護的格式條款，則代工廠、供應商也只能默默承受一切的損失，豪無異議抗辯餘地，資本不豐、體質不佳的代工廠、供應商，恐怕又要再次面臨2008-2009全球金融危機期間減薪、裁員、歇業甚至關廠倒閉的窘境，再度顯現出目前火熱的國際代工市場，竟然沒有任何國際代工合同明文規範的現實缺失。深究其原因，突顯出三大問題：一、從事國際代工業者以及國家主管機關，普遍都對國際代工合同的理解不足，將其視同一般的買賣，即如同《合同法》第174條所反映的心態，「法律對其他有償合同有規定的，依照其規定；沒有規定的，參照買賣合同的有關規定。」。二、在無成文立法規範約束下，目前大多由買方擬定的代工合同格式條款，皆極盡轉嫁風險與成本、自我保護之能事，對廣大代工廠的基本權益，具有極大影響力與殺傷力。三、突顯出國際間以及大陸本地對國際代工合同明文立法的一片空白，更突顯出由大陸國家立法制定國際代工合同明文且合理規範的迫切需要。

為此，筆者構思如何能使得相關主管機關認同國際代工合同的立法需要，筆者從國際代工產業現實面的存在與貢獻著手，論述代工製造業的多元概念、產生原因、業務範圍以及產業特性，說明代工業與一般買賣業、製造業或加工業的不同。再依據中國國家統計局公告的《中國國民經濟行業分類標準》，以及國務院第二次全國經濟普查成果報告，製造業（第二產業）占全國 GDP 幾近一半（47.5%）的比重，貢獻卓著，但因《中國國民經濟行業分類標準》並未將「製造業」更細分為「一般製造業」、「代工製造業」或「國

際代工製造業」，而現行《合同法》分則規範的有名合同類型中，也沒有「國際代工合同」或「代工合同」，現有法律規範與法律事實行為顯然出現落差。繼而依據筆者從事國際代工製造業多年的實務經驗，針對目前常見的國際代工合同內容，按實務運作前後過程劃分不同階段，個別論述說明各個作業階段的條約規範重點。此外，特別論述常見的買方制定的格式條款內容，對賣方（代工廠）基本權益的嚴重影響與傷害，尤其是格式條款與現行《合同法》及《反壟斷法》既有規範的抵觸衝突，卻又無人聞問干預的奇特現象，主要肇因於代工廠及主管機關對國際代工產業以及國際代工合同的陌生。藉由說明現實的國際代工合同內容與缺失，以及相應的立法規範之不足，論證確實有將「國際代工合同」明文立法、修法，納入成文法律規範的必要性、正當性與適法性。

最後，筆者以美國、韓國及德國等國際代工製造買賣盛行的具代表性國家，進行有關國際代工合同法律規範的國際立法比較與學習，並提出最經濟便宜的立法、修法途徑建議，就是利用大陸現行《合同法》的基本框架基礎，針對國際代工合同的需求加以補充修訂，於總則編增加若干原則性規範，特別是學習德國民法典標準條款（Standard Business Terms）的詳細規定之精華，大幅度增訂有關格式條款的相關規定，並且於合同法分則篇增訂第 24 章「代工合同」有名合同類型，在不與既有買賣合同或其他有名合同類型重複或衝突前提下，按國際代工業務實務運作前後過程共劃分成「通則」、「研發」、「量產」、「交貨」、「售後服務」及「國際代工」等 6 小節，再於各節中個別制定各階段的規範重點，完成「國際代工合同」於現行《合同法》內的完善立法工程。

筆者認為，當前全球經濟局勢多變，而國際代工製造產業的興衰直接受到全球經濟局勢的變化影響至鉅，而越是佔有市場優勢地位的品牌大廠，較之相對弱勢的代工廠，應該更具有前瞻市場變化

及承受意外風險的能力，更應該承擔較多的社會責任。換言之，也就更不應該利用本身的優勢地位，來制定過度自我保護的代工合同格式條款，將代工市場變化的風險成本強加於相對弱勢的代工廠。而中國大陸正當全球代工製造業的集散中心，不僅為全球各大廠牌產品代工，大陸境內本身也已經形成一個龐大的代工產業供應鏈市場，足以自給自足供應大陸本地的消費市場。因此，代工合同（含國際代工合同）在大陸有其客觀情勢的需求，再加上大陸現行的《合同法》已經有良好的合同框架基礎，因應現實需求完成「國際代工合同」於現行《合同法》內的完善立法工程，在立法技術上是絕對可行的。而且，大陸國力日益精實強大，在全球金融危機期間至今，充分展現了穩定世界金融、引導全球經濟正向發展的影響力量，在可預見的未來即將成為世界經濟體的新霸主，若中國大陸能率先全球將「國際代工合同」納入明文法律規範，將整個代工產業的交易秩序引導至一個平等、合理的產業環境中，透過成文法律的規範，杜絕大欺小、強凌弱的代工產業歪風，不僅僅是對全球從事國際代工貿易的國家起了領導作用，對在大陸境內所有從事代工產業的內外資企業（包括台商）買賣雙方，更具有實質的規範與保護作用，這不僅是弱勢的代工業者之福，更是代工業眾多的從業勞工之福。

最終，若廣大勞工的工作權益與福利得以確保，則內需消費市場的動力來源才能穩固，再藉擴大內需市場拉動大陸整體經濟的發展，則不論全球經濟局勢多變，大陸國家整體經濟與民生經濟都能維持正向的循環發展中，大陸人民經濟水準提升了，臺灣的企業與人民也雨露均霑受惠了，待海峽兩岸的民生經濟水準隔閡問題不存在，甚至於必須倚賴大陸經濟了，則海峽兩岸不論政治意識如何分合變化，至少民生經濟能和平交流發展，這是筆者的衷心盼望！

參考文獻

（1）中文參考文獻

林家亨著《ODM 大破解—國際代工設計製造買賣合約重點解析》，秀威資訊，2008 年版。

王利明著《合同法研究》（第一卷），中國人民大學出版社，2009 年 1 月。

王利明著《合同法研究》（第二卷），中國人民大學出版社，2006 年 12 月。

伍忠賢著《鴻海藍圖》，五南圖書出版公司，2007 年 2 月出版。

史際春主編《經濟法》，中國人民大學出版社，2005 年版。

史際春、鄧峰著《經濟法總論》，法律出版社，1998 年版。

史際春、鄧峰主編《經濟法學評論》（第 4-5 卷），中國法制出版社，2004 年版。

史際春、溫燁、鄧峰著《企業和公司法》，中國人民大學出版社，2001 年版。

史際春著《探究經濟和法互動的真諦》，法律出版社，2002 年 6 月 1 版。

李巍著《聯合國國際貨物銷售合同公約評釋（第 2 版）》，法律出版社，2009 年 10 月 1 日版。

張新寶著《定式合同基本問題研究》，載《法學研究》，1989 年 6 月。

韓世遠著《合同法總論》，法律出版社，2004 年 4 月版。

羅培新著《公司法的合同解釋》，北京大學出版社，2005 年 9 月版。

黃越欽著《論附合契約》，載鄭玉波編《民法債編論文選輯》上冊，五南出版社，1984 年版。

李勇軍著《合同法原理》，公安大學出版社，1999 年版。

巫文勇、韓利琳著《中國「三資企業法」存在的問題與完善討論》，西南政法大學。

吳坤著《解讀公司法修訂案》，中國普法網。

吳越著《「個性化」的有限責任公司》，西南政法大學。中國普法網。

王東敏著《三資企業法與公司法修訂—公司法修訂暨外商投資立法研討會》。

《中國外資法與公司法的衝突》，參閱網頁：http://www.guanghua.wang.com.cn。

卞耀武、李飛主編《公司法的理論與實務》，北京，中國商業出版社，1994年4月版。

高尚全著《中國的經濟體制改革》，北京，人民出版社，1991年4月，第一版。

石芳玲著《三資企業如何適用大陸公司法》。

《中國加入WTO後三資企業法的可能變革》，經濟管理文摘，2003-11-6。

劉俊海著《新公司法的制度創新：立法爭點與解釋難點》，法律出版社，2007年2月版。

潘靜成、劉文華主編《經濟法》，中國人民大學出版社，1999年版。

劉文華著《中國經濟法基礎理論》（1987年手稿），學苑出版社，2002年版。

孫國華、朱景文主編《法理學》，中國人民大學出版社，2004年版。

徐孟洲主編《稅法》，中國人民大學出版社，1999年版。

許明月主編《經濟法學論點要覽》，法律出版社，2000年版。

張文顯主編《法理學》，高等教育出版社，2003年版。

周旺生著《法理探索》，人民出版社，2005年版。

汪湧著《談格式條款與消費者權益保護》，載於《政治與法律》，1993年4月。

王傳麗著《格式條款中的免責條款》，載於《法學評論》，1988年1月。

高聖平著《論格式合同》，載於宋海萍等：《合同法總則判解研究與適用》，人民法院出版社，2001年版。

詹森林著《定型化約款之基礎概念及其效力之規範》，載於《法學叢刊》第158期，第143頁。

杜軍著《格式合同研究》，群眾出版社，2001年版。

周林彬主編《比較合同法》，蘭州大學出版社，1989年版。

梁慧星主編《社會主義市場經濟管理法律制度研究》，中國政法大學出版
　　社，1993 年 4 月版。

梁慧星主編《民商法論叢》第 9 卷，北京法律出版社，1998 年月。

謝次昌著《中國市場法學》，中國政法大學出版社，1993 年。

余寄生著《健全格式條款的調控機制》，載於《法學》，1991 年 9 月。

蘇號朋著《論格式條款訂入合同的規則》，載於《第二屆「羅馬法、中國
　　法與民法法典化」國際研討會論文集》，第 270~272 頁。

中華人民共和國合同範本彙編：http://www.junfanglaw.com/hetong/

（2）外文參考文獻

【美】格蘭特・吉爾莫著《契約的死亡》，曹士兵、姚建宗、吳巍譯，中
　　國人民大學民商法學博士點專業主文獻 P.142—P.191，中國人民大學
　　研究生院，2007 年 1 月。

【日】內田貴著《契約的再生》，胡寶海譯，中國人民大學民商法學博士
　　點專業主文獻 P.192~P.261，中國人民大學研究生院，2007 年 1 月。

【德】康拉德・茨威格特，海因・克茨（H. Ko: tz）著《合同法中的自由
　　與強制》，孫憲忠譯，中國人民大學民商法學博士點專業主文獻
　　P.262~P.278，中國人民大學研究生院，2007 年 1 月。

【德】康拉德・茨威格特，海因・克茨（H. Ko: tz）著《合同法中的自由
　　與強制》，孫憲忠譯，載於梁慧星主編《民商法論叢》第 9 卷，北京
　　法律出版社，1998 年月。

【德】馬克思著《資本論》（第一至三卷），中共中央馬克思、恩格斯、列
　　寧、史達林著作編譯局譯，人民出版社，1975 年版。

【德】馬克斯・韋伯著《論經濟與社會中的法律》，張乃根譯，中國大百
　　科全書出版社，1998 年版。

【美】E・博登海默著《法理學、法律哲學與法律方法》，鄧正來來譯，中
　　國政法大學出版社，1999 年版。

【德】G・拉德布魯赫著《法哲學》，王樸譯，法律出版社，2005 年版。

【英】約翰・奧斯丁著《法理學的範圍》，劉星譯，中國法制出版社，2002
　　年版。

【英】伊特揚著《現代契約法的發展》，載《外國民法資料選輯》，法律出版社，1983 年版。

【英】P.S.阿迪亞著，趙旭東等譯《合同法導論》，法律出版社，2002 年版。

【德】卡爾.拉倫茨（K. Larenz）著，王曉曄、邵建東、程建英、徐國建、謝懷拭譯《德國民法通論》（上、下冊），法律出版社，2006 年 6 月版。

【德】迪特爾.梅迪庫斯（D. Medicus）著，邵建東譯《德國民法總論》，法律出版社，2006 年 2 月版。

【德】C.W.卡納里斯著，楊繼譯《德國商法》，法律出版社，2006 年 9 月版。

德國《民法典》英文版，參網址：http:/www.gesetze-im-internet.de/englisch_bgb/index.html.

德國《商法典》英文版，參網址：http://translex.uni-koeln.de/output.php?docid=600200.

附錄

1.中國國家統計局國民經濟行業分類與代碼（GB/T 4754-2002）

門類	大類	中類／小類　類別名稱
A 農、林、牧、漁業		
B 採礦業		
C 製造業	13 農副食品加工業	1310 穀物磨制
		1320 飼料加工
		133 植物油加工
		1331 食用植物油加工
		1332 非食用植物油加工
		1340 制糖
		135 屠宰及肉類加工
		1351 畜禽屠宰
		1352 肉製品及副產品加工
		136 水產品加工
		1361 水產品冷凍加工
		1362 魚糜製品及水產品幹醃制加工
		1363 水產飼料製造
		1364 魚油提取及製品的製造
		1369 其他水產品加工
		1370 蔬菜、水果和堅果加工
		139 其他農副食品加工
		1391 澱粉及澱粉製品的製造
		1392 豆製品製造
		1393 蛋品加工
		1399 其他未列明的農副食品加工
	14 食品製造業	**141 焙烤食品製造**
		1411 糕點、麵包製造
		1419 餅乾及其他焙烤食品製造
		142 糖果、巧克力及蜜餞製造
		1421 糖果、巧克力製造

		1422 蜜餞製作
		143 方便食品製造
		1431 米、面製品製造
		1432 速凍食品製造
		1439 速食麵及其他方便食品製造
		1440 液體乳及乳製品製造
		145 罐頭製造
		1451 肉、禽類罐頭製造
		1452 水產品罐頭製造
		1453 蔬菜、水果罐頭製造
		1459 其他罐頭食品製造
		146 調味品、發酵製品製造
		1461 味精製造
		1462 醬油、食醋及類似製品的製造
		1469 其他調味品、發酵製品製造
		149 其他食品製造
		1491 營養、保健食品製造
		1492 冷凍飲品及食用冰製造
		1493 鹽加工
		1494 食品及飼料添加劑製造
		1499 其他未列明的食品製造
	15 飲料製造業	1510 酒精製造
		152 酒的製造
		1521 白酒製造
		1522 啤酒製造
		1523 黃酒製造
		1524 葡萄酒製造
		1529 其他酒製造
		153 軟飲料製造
		1531 碳酸飲料製造
		1532 瓶（罐）裝飲用水製造
		1533 果菜汁及果菜汁飲料製造
		1534 含乳飲料和植物蛋白飲料製造
		1535 固體飲料製造
		1539 茶飲料及其他軟飲料製造
		1540 精製茶加工
	16 煙草製品業	1610 煙葉複烤
		1620 捲煙製造

		1690 其他煙草製品加工
	17 紡織業	**171 棉、化纖紡織及印染精加工**
		1711 棉、化纖紡織加工
		1712 棉、化纖印染精加工
		172 毛紡織和染整精加工
		1721 毛條加工
		1722 毛紡織
		1723 毛染整精加工
		1730 麻紡織
		174 絲絹紡織及精加工
		1741 繅絲加工
		1742 絹紡和絲織加工
		1743 絲印染精加工
		175 紡織製成品製造
		1751 棉及化纖製品製造
		1752 毛製品製造
		1753 麻製品製造
		1754 絲製品製造
		1755 繩、索、纜的製造
		1756 紡織帶和簾子布製造
		1757 無紡布製造
		1759 其他紡織製成品製造
		176 針織品、編織品及其製品製造
		1761 棉、化纖針織品及編織品製造
		1762 毛針織品及編織品製造
		1763 絲針織品及編織品製造
		1769 其他針織品及編織品製造
	18 紡織服裝、鞋、帽製造業	1810 紡織服裝製造
		1820 紡織面料鞋的製造
		1830 制帽
	19 皮革、毛皮、羽毛（絨）及其製品業	1910 皮革鞣制加工
		192 皮革製品製造
		1921 皮鞋製造
		1922 皮革服裝製造
		1923 皮箱、包（袋）製造
		1924 皮手套及皮裝飾製品製造
		1929 其他皮革製品製造
		193 毛皮鞣制及製品加工

		1931 毛皮鞣制加工
		1932 毛皮服裝加工
		1939 其他毛皮製品加工
		194 羽毛（絨）加工及製品製造
		1941 羽毛（絨）加工
		1942 羽毛（絨）製品加工
	20 木材加工及木、竹、藤、棕、草製品業	201 鋸材、木片加工
		2011 鋸材加工
		2012 木片加工
		202 人造板製造
		2021 膠合板製造
		2022 纖維板製造
		2023 刨花板製造
		2029 其他人造板、材製造
		203 木製品製造
		2031 建築用木料及木材組件加工
		2032 木容器製造
		2039 軟木製品及其他木製品製造
		2040 竹、藤、棕、草製品製造
	21 家具製造業	2110 木質家具製造
		2120 竹、藤家具製造
		2130 金屬家具製造
		2140 塑膠家具製造
		2190 其他家具製造
	22 造紙及紙製品業	2210 紙漿製造
		222 造紙
		2221 機制紙及紙板製造
		2222 手工紙製造
		2223 加工紙製造
		223 紙製品製造
		2231 紙和紙板容器的製造
		2239 其他紙製品製造
	23 印刷業和記錄媒介的複製	**231 印刷**
		2311 書、報、刊印刷
		2312 本冊印製
		2319 包裝裝潢及其他印刷
		2320 裝訂及其他印刷服務活動
		2330 記錄媒介的複製

	24 文教體育用品製造業	241 **文化用品製造**
		2411 文具製造
		2412 筆的製造
		2413 教學用模型及教具製造
		2414 墨水、墨汁製造
		2419 其他文化用品製造
		242 **體育用品製造**
		2421 球類製造
		2422 體育器材及配件製造
		2423 訓練健身器材製造
		2424 運動防護用具製造
		2429 其他體育用品製造
		243 **樂器製造**
		2431 中樂器製造
		2432 西樂器製造
		2433 電子樂器製造
		2439 其他樂器及零件製造
		2440 玩具製造
		245 **遊藝器材及娛樂用品製造**
		2451 露天遊樂場所遊樂設備製造
		2452 遊藝用品及室內遊藝器材製造
	25 石油加工、煉焦及核燃料加工業	251 **精煉石油產品的製造**
		2511 原油加工及石油製品製造
		2512 人造原油生產
		2520 煉焦
		2530 核燃料加工
	26 化學原料及化學製品製造業	261 **基礎化學原料製造**
		2611 無機酸製造
		2612 無機城製造
		2613 無機鹽製造
		2614 有機化學原料製造
		2619 其他基礎化學原料製造
		262 **肥料製造**
		2621 氮肥製造
		2622 磷肥製造
		2623 鉀肥製造
		2624 複混肥料製造
		2625 有機肥料及微生物肥料製造

		2629 其他肥料製造
		263 農藥製造
		2631 化學農藥製造
		2632 生物化學農藥及微生物農藥製造
		264 塗料、油墨、顏料及類似產品製造
		2641 塗料製造
		2642 油墨及類似產品製造
		2643 顏料製造
		2644 染料製造
		2645 密封用填料及類似品製造
		265 合成材料製造
		2651 初級形態的塑膠及合成樹脂製造
		2652 合成橡膠製造
		2653 合成纖維單（聚合）體的製造
		2659 其他合成材料製造
		266 專用化學產品製造
		2661 化學試劑和助劑製造
		2662 專項化學用品製造
		2663 林產化學產品製造
		2664 炸藥及火工產品製造
		2665 資訊化學品製造
		2666 環境污染處理專用藥劑材料製造
		2667 動物膠製造
		2669 其他專用化學產品製造
		267 日用化學產品製造
		2671 肥皂及合成洗滌劑製造
		2672 化妝品製造
		2673 口腔清潔用品製造
		2674 香料、香精製造
		2679 其他日用化學產品製造
	27 醫藥製造業	2710 化學藥品原藥製造
		2720 化學藥品製劑製造
		2730 中藥飲片加工
		2740 中成藥製造
		2750 獸用藥品製造
		2760 生物、生化製品的製造
		2770 衛生材料及醫藥用品製造

	28 化學纖維製造業	**281 纖維素纖維原料及纖維製造** 2811 化纖漿粕製造 2812 人造纖維（纖維素纖維）製造 **282 合成纖維製造** 2821 錦綸纖維製造 2822 滌綸纖維製造 2823 腈綸纖維製造 2824 維綸纖維製造 2829 其他合成纖維製造
	29 橡膠製品業	**291 輪胎製造** 2911 車輛、飛機及工程機械輪胎製造 2912 力車胎製造 2913 輪胎翻新加工 2920 橡膠板、管、帶的製造 2930 橡膠零件製造 2940 再生橡膠製造 2950 日用及醫用橡膠製品製造 2960 橡膠靴鞋製造 2990 其他橡膠製品製造
	30 塑膠製品業	3010 塑膠薄膜製造 3020 塑膠板、管、型材的製造 3030 塑膠絲、繩及編織品的製造 3040 泡沫塑料製造 3050 塑膠人造革、合成革製造 3060 塑膠包裝箱及容器製造 3070 塑膠零件製造 **308 日用塑膠製造** 3081 塑膠鞋製造 3082 日用塑膠雜品製造 3090 其他塑膠製品製造
	31 非金屬礦物製品業	**311 水泥、石灰和石膏的製造** 3111 水泥製造 3112 石灰和石膏製造 **312 水泥及石膏製品製造** 3121 水泥製品製造 3122 砼結構構件製造 3123 石棉水泥製品製造 3124 輕質建築材料製造

		3129 其他水泥製品製造
		313 磚瓦、石材及其他建築材料製造
		3131 粘土磚瓦及建築砌塊製造
		3132 建築陶瓷製品製造
		3133 建築用石加工
		3134 防水建築材料製造
		3135 隔熱和隔音材料製造
		3139 其他建築材料製造
		314 玻璃及玻璃製品製造
		3141 平板玻璃製造
		3142 技術玻璃製品製造
		3143 光學玻璃製造
		3144 玻璃儀器製造
		3145 日用玻璃製品及玻璃包裝容器製造
		3146 玻璃保溫容器製造
		3147 玻璃纖維及製品製造
		3148 玻璃纖維增強塑膠製品製造
		3149 其他玻璃製品製造
		315 陶瓷製品製造
		3151 衛生陶瓷製品製造
		3152 特種陶瓷製品製造
		3153 日用陶瓷製品製造
		3159 園林、陳設藝術及其他陶瓷製品製造
		316 耐火材料製品製造
		3161 石棉製品製造
		3162 雲母製品製造
		3169 耐火陶瓷製品及其他耐火材料製造
		319 石墨及其他非金屬礦物製品製造
		3191 石墨及碳素製品製造
		3199 其他非金屬礦物製品製造
	32 黑色金屬冶煉及壓延加工業	3210 煉鐵
		3220 煉鋼
		3230 鋼壓延加工
		3240 鐵合金冶煉

	33 有色金屬冶煉及壓延加工業	**331 常用有色金屬冶煉** 3311 銅冶煉 3312 鉛鋅冶煉 3313 鎳鈷冶煉 3314 錫冶煉 3315 銻冶煉 3316 鋁冶煉 3317 鎂冶煉 3319 其他常用有色金屬冶煉 **332 貴金屬冶煉** 3321 金冶煉 3322 銀冶煉 3329 其他貴金屬冶煉 **333 稀有稀土金屬冶煉** 3331 鎢鉬冶煉 3332 稀土金屬冶煉 3339 其他稀有金屬冶煉 3340 有色金屬合金製造 **335 有色金屬壓延加工** 3351 常用有色金屬壓延加工 3352 貴金屬壓延加工 3353 稀有稀土金屬壓延加工
	34 金屬製品業	**341 結構性金屬製品製造** 3411 金屬結構製造 3412 金屬門窗製造 **342 金屬工具製造** 3421 切削工具製造 3422 手工具製造 3423 農用及園林用金屬工具製造 3424 刀剪及類似日用金屬工具製造 3429 其他金屬工具製造 **343 集裝箱及金屬包裝容器製造** 3431 集裝箱製造 3432 金屬壓力容器製造 3433 金屬包裝容器製造 3440 金屬絲繩及其製品的製造 **345 建築、安全用金屬製品製造** 3451 建築、家具用金屬配件製造

		3452 建築裝飾及水暖管道零件製造
		3453 安全、消防用金屬製品製造
		3459 其他建築、安全用金屬製品製造
		3460 金屬表面處理及熱處理加工
		347 搪瓷製品製造
		3471 工業生產配套用搪瓷製品製造
		3472 搪瓷衛生潔具製造
		3479 搪瓷日用品及其他搪瓷製品製造
		348 不銹鋼及類似日用金屬製品製造
		3481 金屬制廚房調理及衛生器具製造
		3482 金屬制廚用器皿及餐具製造
		3489 其他日用金屬製品製造
		349 其他金屬製品製造
		3491 鑄幣及貴金屬制實驗室用品製造
		3499 其他未列明的金屬製品製造
	35 通用設備製造業	**351 鍋爐及原動機製造**
		3511 鍋爐及輔助設備製造
		3512 內燃機及配件製造
		3513 汽輪機及輔機製造
		3514 水輪機及輔機製造
		3519 其他原動機製造
		352 金屬加工機械製造
		3521 金屬切削機床製造
		3522 金屬成形機床製造
		3523 鑄造機械製造
		3524 金屬切割及焊接設備製造
		3525 機床附件製造
		3529 其他金屬加工機械製造
		3530 起重運輸設備製造
		354 泵、閥門、壓縮機及類似機械的製造
		3541 泵及真空設備製造
		3542 氣體壓縮機械製造
		3543 閥門和旋塞的製造
		3544 液壓和氣壓動力機械及元件製造
		355 軸承、齒輪、傳動和驅動部件的製造
		3551 軸承製造

		3552 齒輪、傳動和驅動部件製造
		3560 烘爐、熔爐及電爐製造
		357 風機、衡器、包裝設備等通用設備製造
		3571 風機、風扇製造
		3572 氣體、液體分離及純淨設備製造
		3573 製冷、空調設備製造
		3574 風動和電動工具製造
		3575 噴槍及類似器具製造
		3576 包裝專用設備製造
		3577 衡器製造
		3579 其他通用設備製造
		358 通用零部件製造及機械修理
		3581 金屬密封件製造
		3582 緊固件、彈簧製造
		3583 機械零部件加工及設備修理
		3589 其他通用零部件製造
		359 金屬鑄、鍛加工
		3591 鋼鐵鑄件製造
		3592 鍛件及粉末冶金製品製造
	36 專用設備製造業	**361 礦山、冶金、建築專用設備製造**
		3611 採礦、採石設備製造
		3612 石油鑽採專用設備製造
		3613 建築工程用機械製造
		3614 建築材料生產專用機械製造
		3615 冶金專用設備製造
		362 化工、木材、非金屬加工專用設備製造
		3621 煉油、化工生產專用設備製造
		3622 橡膠加工專用設備製造
		3623 塑膠加工專用設備製造
		3624 木材加工機械製造
		3625 模具製造
		3629 其他非金屬加工專用設備製造
		363 食品、飲料、煙草及飼料生產專用設備製造
		3631 食品、飲料、煙草工業專用設備製造

		3632 農副食品加工專用設備製造
		3633 飼料生產專用設備製造
		364 印刷、製藥、日化生產專用設備製造
		3641 制漿和造紙專用設備製造
		3642 印刷專用設備製造
		3643 日用化工專用設備製造
		3644 製藥專用設備製造
		3645 照明器具生產專用設備製造
		3646 玻璃、陶瓷和搪瓷製品生產專用設備製造
		3649 其他日用品生產專用設備製造
		365 紡織、服裝和皮革工業專用設備製造
		3651 紡織專用設備製造
		3652 皮革、毛皮及其製品加工專用設備製造
		3653 縫紉機械製造
		3659 其他服裝加工專用設備製造
		366 電子和電工機械專用設備製造
		3661 電工機械專用設備製造
		3662 電子工業專用設備製造
		3663 武器彈藥製造
		3669 航空、航太及其他專用設備製造
		367 農、林、牧、漁專用機械製造
		3671 拖拉機製造
		3672 機械化農業及園藝機具製造
		3673 營林及木竹採伐機械製造
		3674 畜牧機械製造
		3675 漁業機械製造
		3676 農林牧漁機械配件製造
		3679 其他農林牧漁業機械製造及機械修理
		368 醫療儀器設備及器械製造
		3681 醫療診斷、監護及治療設備製造
		3682 口腔科用設備及器具製造
		3683 實驗室及醫用消毒設備和器具的製造

		3684 醫療、外科及獸醫用器械製造
		3685 機械治療及病房護理設備製造
		3686 假肢、人工器官及植（介）入器械製造
		3689 其他醫療設備及器械製造
		369 環保、社會公共安全及其他專用設備製造
		3691 環境污染防治專用設備製造
		3692 地質勘查專用設備製造
		3693 郵政專用機械及器材製造
		3694 商業、飲食、服務業專用設備製造
		3695 社會公共安全設備及器材製造
		3696 交通安全及管制專用設備製造
		3697 水資源專用機械製造
		3699 其他專用設備製造
	37 交通運輸設備製造業	**371 鐵路運輸設備製造**
		3711 鐵路機車車輛及動車組製造
		3712 工礦有軌專用車輛製造
		3713 鐵路機車車輛配件製造
		3714 鐵路專用設備及器材、配件製造
		3719 其他鐵路設備製造及設備修理
		372 汽車製造
		3721 汽車整車製造
		3722 改裝汽車製造
		3723 電車製造
		3724 汽車車身、掛車的製造
		3725 汽車零部件及配件製造
		3726 汽車修理
		373 摩托車製造
		3731 摩托車整車製造
		3732 摩托車零部件及配件製造
		374 自行車製造
		3741 腳踏自行車及殘疾人座車製造
		3742 助動自行車製造
		375 船舶及浮動裝置製造
		3751 金屬船舶製造
		3752 非金屬船舶製造
		3753 娛樂船和運動船的建造和修理

		3754 船用配套設備製造
		3755 船舶修理及拆船
		3759 航標器材及其他浮動裝置的製造
		376 航空航天器製造
		3761 飛機製造及修理
		3762 航天器製造
		3769 其他飛行器製造
		379 交通器材及其他交通運輸設備製造
		3791 潛水及水下救撈裝備製造
		3792 交通管理用金屬標誌及設施製造
		3799 其他交通運輸設備製造
39 電氣機械及器材製造業		391 **電機製造**
		3911 發電機及發電機組製造
		3912 電動機製造
		3919 微電機及其他電機製造
		392 **輸配電及控制設備製造**
		3921 變壓器、整流器和電感器製造
		3922 電容器及其配套設備製造
		3923 配電開關控制設備製造
		3924 電力電子元器件製造
		3929 其他輸配電及控制設備製造
		393 **電線、電纜、光纜及電工器材製造**
		3931 電線電纜製造
		3932 光纖、光纜製造
		3933 絕緣製品製造
		3939 其他電工器材製造
		3940 電池製造
		395 **家用電力器具製造**
		3951 家用製冷電器具製造
		3952 家用空氣調節器製造
		3953 家用通風電器具製造
		3954 家用廚房電器具製造
		3955 家用清潔衛生電器具製造
		3956 家用美容、保健電器具製造
		3957 家用電力器具專用配件製造
		3959 其他家用電力器具製造
		396 **非電力家用器具製造**
		3961 燃氣、太陽能及類似能源的器具製

		造
		3969 其他非電力家用器具製造
		397 照明器具製造
		3971 電光源製造
		3972 照明燈具製造
		3979 燈用電器附件及其他照明器具製造
		399 其他電氣機械及器材製造
		3991 車輛專用照明及電氣信號設備裝置製造
		3999 其他未列明的電氣機械製造
40	通信設備、電腦及其他電子設備製造業	**401 通信設備製造**
		4011 通信傳輸設備製造
		4012 通信交換設備製造
		4013 通信終端設備製造
		4014 移動通信及終端設備製造
		4019 其他通信設備製造
		4020 雷達及配套設備製造
		403 廣播電視設備製造
		4031 廣播電視節目製作及發射設備製造
		4032 廣播電視接收設備及器材製造
		4039 應用電視設備及其他廣播電視設備製造
		404 電子電腦製造
		4041 電子電腦整機製造
		4042 電腦網路設備製造
		4043 電子電腦外部設備製造
		405 電子器件製造
		4051 電子真空器件製造
		4052 半導體分立器件製造
		4053 積體電路製造
		4059 光電子器件及其他電子器件製造
		406 電子元件製造
		4061 電子元件及元件製造
		4062 印製電路板製造
		407 家用視聽設備製造
		4071 家用影視設備製造

		4072	家用音響設備製造
		4090	其他電子設備製造
	41 儀器儀錶及文化、辦公用機械製造業	411	**通用儀器儀錶製造**
		4111	工業自動控制系統裝置製造
		4112	電工儀器儀錶製造
		4113	繪圖、計算及測量儀器製造
		4114	實驗分析儀器製造
		4115	試驗機製造
		4119	供應用儀錶及其他通用儀器製造
		412	**專用儀器儀錶製造**
		4121	環境監測專用儀器儀錶製造
		4122	汽車及其他用計數儀錶製造
		4123	導航、氣象及海洋專用儀器製造
		4124	農林牧漁專用儀器儀錶製造
		4125	地質勘探和地震專用儀器製造
		4126	教學專用儀器製造
		4127	核子及核輻射測量儀器製造
		4128	電子測量儀器製造
		4129	其他專用儀器製造
		4130	鐘錶與計時儀器製造
		414	**光學儀器及眼鏡製造**
		4141	光學儀器製造
		4142	眼鏡製造
		415	**文化、辦公用機械製造**
		4151	電影機械製造
		4152	幻燈及投影設備製造
		4153	照相機及器材製造
		4154	複印和膠印設備製造
		4155	計算器及貨幣專用設備製造
		4159	其他文化、辦公用機械製造
		4190	其他儀器儀錶的製造及修理
	42 工藝品及其他製造業	421	**工藝美術品製造**
		4211	雕塑工藝品製造
		4212	金屬工藝品製造
		4213	漆器工藝品製造
		4214	花畫工藝品製造
		4215	天然植物纖維編織工藝品製造
		4216	抽紗刺繡工藝品製造

		4217 地毯、掛毯製造 4218 珠寶首飾及有關物品的製造 4219 其他工藝美術品製造 **422 日用雜品製造** 4221 制鏡及類似品加工 4222 鬃毛加工、制刷及清掃工具的製造 4229 其他日用雜品製造 4230 煤製品製造 4240 核輻射加工 4290 其他未列明的製造業
	43 廢棄資源和廢舊材料回收加工業	4310 金屬廢料和碎屑的加工處理 4320 非金屬廢料和碎屑的加工處理
D 電力、燃氣及水的生產和供應業		
E 建築業		
F 交通運輸、倉儲和郵政業		
G 資訊傳輸、電腦服務和軟體業		
H 批發和零售業		
I 住宿和餐飲業		
J 金融業		
L 租賃和商務服務業		
M 科學研究、技術服務和地質勘查業		

N 水利、環境和公共設施管理業		
O 居民服務和其他服務業		
P 教育		
Q 衛生、社會保障和社會福利業		
R 文化、體育和娛樂業		
S 公共管理和社會組織		
T 國際組織		

【注】本附錄僅以「C 製造業」為主，其餘門類詳細行業類別內容，參閱中國國家統局發佈《中國國民經濟核算中產業部門分類及與國際標準產業分類（ISIC）的比較》，統計局資訊網：http://www.oecd.org/dataoecd/32/25/33982328.pdf。

2. 《國民經濟行業分類》（GB/T4754-2002）與國際標準產業分類（ISIC/Rev3）框架結構比較表

框架結構比較表（1）

	GB/T4754-2002	ISIC/Rev3	差異
門類	20	17	3
大類	95	60	35
中類	396	157	239
小類	913	292	621

《國民經濟行業分類》（GB/T4754-2002）
與國際標準產業分類（ISIC/Rev3）框架結構比較表（2）

GB/T4754-2002				ISIC/Rev3			
門類	大類	中類	小類	門類	大類	中類	小類
A 農、林、牧、漁業	5	18	38	A 農業、狩獵和林業	2	6	9
B 採礦業	6	15	33	B 漁業	1	1	1
C 製造業	30	169	482	C 採礦及採石	5	10	12
D 電力、燃氣及水的生產和供應業	3	7	10	D 製造業	23	61	127
				E 電、煤氣及水的供應	2	2	4
E 建築業	4	7	11	F 建築	1	5	5
F 交通運輸、倉儲和郵政業	9	24	37	G 批發和零售貿易；機動車輛、摩托車和私人及家用商品的修理	3	17	29
G 資訊傳輸、電腦服務和軟體業	3	10	14				
H 批發和零售業	2	18	93	H 飯店和餐館	1	2	2
I 住宿和餐飲業	2	7	7	I 運輸、倉儲和通訊	5	10	17
J 金融業	4	16	16				
K 房地產業	1	4	4	J 金融媒介	3	5	12
L 租賃和商務服務業	2	11	27	K 房地產、租賃和商業活動	5	17	31
M 科學研究、技術服務和地質	4	19	23	L 公共管理和防衛；強制性社	1	3	8

勘查業				會保險			
N 水利、環境和公共設施管理業	3	8	18	M 教育	1	4	5
O 居民服務和其他服務業	2	12	16	N 衛生和社會工作	1	3	6
P 教育	1	5	13	O 社區、社會和私人的其他服務活動	4	9	22
Q 衛生、社會保障和社會福利業	3	11	17	P 有雇工的私人家庭	1	1	1
R 文化、體育和娛樂業	5	22	29	Q 域外組織和機構	1	1	1
S 公共管理和社會組織	5	12	24				
T 國際組織	1	1	1				
（合計）20	95	396	913	（合計）17	60	157	292

3.German Civil Code 節錄

Division 2
Drafting contractual obligations by means of standard business terms
Section 305
Incorporation of standard business terms into the contract

(1)   Standard business terms are all contract terms pre-formulated for more than two contracts which one party to the contract (the user) presents to the other party upon the entering into of the contract. It is irrelevant whether the provisions take the form of a physically separate part of a contract or are made part of the contractual document itself, what their volume is, what typeface or font is used for them and what form the contract takes. Contract terms do not become standard business terms to the extent that they have been negotiated in detail between the parties.

(2)   Standard business terms only become a part of a contract if the user, when entering into the contract,

   1. refers the other party to the contract to them explicitly or, where explicit reference, due to the way in which the contract is entered into, is possible only with disproportionate difficulty, by posting a clearly visible notice at the place where the contract is entered into, and

   2.gives the other party to the contract, in an acceptable manner, which also takes into reasonable account any physical handicap of the other party to the contract that is discernible to the user, the opportunity to take notice of their contents, and if the other party to the contract agrees to their applying.

(3) The parties to the contract may, while complying with the requirements set out in subsection (2) above, agree in advance that specific standard business terms are to govern a specific type of legal transaction.

Section 305a
Incorporation in special cases

Even without compliance with the requirements cited in section 305 (2) nos. 1 and 2, if the other party to the contract agrees to their applying the following are incorporated,

1. the tariffs and regulations of the railways issued with the approval of the competent transport authority or on the basis of international conventions, and the terms of transport approved under the Passenger Transport Act [Personenbeförderungsgesetz], of trams, trolley buses and motor vehicles in regular public transport services,

2. the standard business terms published in the gazette of the Federal Network Agency for Electricity, Gas, Telecommunications, Post and Railway [Bundesnetzagentur für Elektrizität, Gas, Telekommunikation, Post und Eisenbahnen] and kept available on the business premises of the user,

   a) into transport contracts entered into off business premises by the posting of items in postboxes,

   b) into contracts on telecommunications, information services and other services that are provided direct by the use of distance communication and at one time and without interruption during the supply of a telecommunications service, if it is disproportionately difficult to make the standard business terms available to the other party before the contract is entered into.

Section 305b
Priority of individually agreed terms

Individually agreed terms take priority over standard business terms.

Section 305c
Surprising and ambiguous clauses

(1) Provisions in standard business terms which in the circumstances, in particular with regard to the outward appearance of the contract, are so unusual that the other party to the contract with the user need not expect to encounter them, do not form part of the contract.

(2) Any doubts in the interpretation of standard business terms are resolved against the user.

Section 306
Legal consequences of non-incorporation and ineffectiveness

(1) If standard business terms in whole or in part have not become part of the contract or are ineffective, the remainder of the contract remains in effect.

(2) To the extent that the terms have not become part of the contract or are ineffective, the contents of the contract are determined by the statutory provisions.

(3) The contract is ineffective if upholding it, even taking into account

the alteration provided in subsection (2) above, would be an unreasonable hardship for one party.

Section 306a
Prohibition of circumvention

The rules in this division apply even if they are circumvented by other constructions.

Section 307
Test of reasonableness of contents

(1) Provisions in standard business terms are ineffective if, contrary to the requirement of good faith, they unreasonably disadvantage the other party to the contract with the user. An unreasonable disadvantage may also arise from the provision not being clear and comprehensible.

(2) An unreasonable disadvantage is, in case of doubt, to be assumed to exist if a provision

　1. is not compatible with essential principles of the statutory provision from which it deviates, or

　2. limits essential rights or duties inherent in the nature of the contract to such an extent that attainment of the purpose of the contract is jeopardised.

(3) Subsections (1) and (2) above, and sections 308 and 309 apply only to provisions in standard business terms on the basis of which arrangements derogating from legal provisions, or arrangements supplementing those legal provisions, are agreed. Other provisions may be ineffective under subsection (1) sentence 2 above, in

conjunction with subsection (1) sentence 1 above.

Section 308
Prohibited clauses with the possibility of evaluation

In standard business terms the following are in particular ineffective

1. (Period of time for acceptance and performance) a provision by which the user reserves to himself the right to unreasonably long or insufficiently specific periods of time for acceptance or rejection of an offer or for rendering performance; this does not include the reservation of the right not to perform until after the end of the period of time for revocation or return under sections 355 (1) and (2) and 356;

2. (Additional period of time) a provision by which the user, contrary to legal provisions, reserves to himself the right to an unreasonably long or insufficiently specific additional period of time for the performance he is to render;

3. (Reservation of the right to revoke) the agreement of a right of the user to free himself from his obligation to perform without any objectively justified reason indicated in the contract; this does not apply to continuing obligations;

4. (Reservation of the right to modify) the agreement of a right of the user to modify the performance promised or deviate from it, unless the agreement of the modification or deviation can reasonably be expected of the other party to the contract when the interests of the user are taken into account;

5. (Fictitious declarations) a provision by which a declaration by the other party to the contract with the user, made when

undertaking or omitting a specific act, is deemed to have been made or not made by the user unless

   a) the other party to the contract is granted a reasonable period of time to make an express declaration, and

   b) the user agrees to especially draw the attention of the other party to the contract to the intended significance of his behaviour at the beginning of the period of time;

6. (Fictitious receipt) a provision providing that a declaration by the user that is of special importance is deemed to have been received by the other party to the contract;

7. (Reversal of contracts) a provision by which the user, to provide for the event that a party to the contract revokes the contract or gives notice of termination of the contract, may demand

   a) unreasonably high remuneration for enjoyment or use of a thing or a right or for performance rendered, or

   b) unreasonably high reimbursement of expenses;

8. (Unavailability of performance) the agreement, admissible under no. 3, of the reservation by the user of a right to free himself from the duty to perform the contract in the absence of availability of performance, if the user does not agree to

   a) inform the other party to the contract without undue delay, of the unavailability, and

   b) reimburse the other party to the contract for consideration, without undue delay.

Section 309
Prohibited clauses without the possibility of evaluation

Even to the extent that a deviation from the statutory provisions is permissible, the following are ineffective in standard business terms:

1. (Price increases at short notice) a provision providing for an increase in payment for goods or services that are to be delivered or rendered within four months of the entering into of the contract; this does not apply to goods or services delivered or rendered in connection with continuing obligations;

2. (Right to refuse performance) a provision by which
   a) the right to refuse performance to which the other party to the contract with the user is entitled under section 320, is excluded or restricted, or
   b) a right of retention to which the other party to the contract with the user is entitled to the extent that it is based on the same contractual relationship, is excluded or restricted, in particular made dependent upon acknowledgement of defects by the user;

3. (Prohibition of set-off) a provision by which the other party to the contract with the user is deprived of the right to set off a claim that is uncontested or has been finally and non-appealably established;

4. (Warning notice, setting of a period of time) a provision by which the user is exempted from the statutory requirement of giving the other party to the contract a warning notice or setting a period of time for the latter to perform or cure;

5. (Lump-sum claims for damages) the agreement of a lump-sum

claim by the user for damages or for compensation of a decrease in value if

a) the lump sum, in the cases covered, exceeds the damage expected under normal circumstances or the customarily occurring decrease in value, or

b) the other party to the contract is not expressly permitted to show that damage or decrease in value has either not occurred or is substantially less than the lump sum;

6. (Contractual penalty) a provision by which the user is promised the payment of a contractual penalty in the event of non-acceptance or late acceptance of the performance, payment default or in the event that the other party to the contract frees himself from the contract;

7. (Exclusion of liability for injury to life, body or health and in case of gross fault)

a) (Injury to life, body or health) any exclusion or limitation of liability for damage from injury to life, body or health due to negligent breach of duty by the user or intentional or negligent breach of duty by a legal representative or a person used to perform an obligation of the user;

b) (Gross fault) any exclusion or limitation of liability for other damage arising from a grossly negligent breach of duty by the user or from an intentional or grossly negligent breach of duty by a legal representative of the user or a person used to perform an obligation of the user;

letters (a) and (b) do not apply to limitations of liability in terms of transport and tariff rules, authorised in accordance with the Passenger Transport Act [Personenbeförderungsgesetz], of trams, trolley buses and motor vehicles in regular public transport services, to the extent that they do not deviate to the disadvantage of the passenger from the Order on Standard Transport Terms for Tram and Trolley Bus Transport and Regular Public Transport Services with Motor Vehicles [Verordnung über die Allgemeinen Beförderungsbedingungen für den Straßenbahn- und Obusverkehr sowie den Linienverkehr mit Kraftfahrzeugen] of 27 February 1970; letter (b) does not apply to limitations on liability for state-approved lotteries and gaming contracts;

8. (Other exclusions of liability for breaches of duty)

   a) (Exclusion of the right to free oneself from the contract) a provision which, where there is a breach of duty for which the user is responsible and which does not consist in a defect of the thing sold or the work, excludes or restricts the right of the other party to free himself from the contract; this does not apply to the terms of transport and tariff rules referred to in No. 7 under the conditions set out there;

   b) (Defects) a provision by which in contracts relating to the supply of newly produced things and relating to the performance of work

      aa) (Exclusion and referral to third parties) the claims against the user due to defects in their entirety or in regard to individual parts are excluded, limited to the granting of claims against third parties or made dependent upon prior court action taken against third parties;

bb) (Limitation to cure) the claims against the user are limited in whole or in regard to individual parts to a right to cure, to the extent that the right is not expressly reserved for the other party to the contract to reduce the purchase price, if the cure should fail or, except where building work is the object of liability for defects, at its option to revoke the contract;

cc) (Expenses for cure) the duty of the user to bear the expenses necessary for the purpose of cure, in particular to bear transport, workmen's travel, work and materials costs, is excluded or limited;

dd) (Withholding cure) the user makes cure dependent upon prior payment of the entire fee or a portion of the fee that is disproportionate taking the defect into account;

ee) (Cut-off period for notice of defects) the user sets a cut-off period for the other party to the contract to give notice of non-obvious defects which is shorter than the permissible period of time under double letter (ff) below;

ff) (Making limitation easier) the limitation of claims against the user due to defects in the cases cited in section 438 (1) no. 2 and section 634a (1) no. 2 is made easier, or in other cases a limitation period of less than one year reckoned from the beginning of the statutory limitation period is attained;

9. (Duration of continuing obligations) in a contractual relationship the subject matter of which is the regular supply of goods or the regular rendering of services or work performance by the user,

a) a duration of the contract binding the other party to the contract for more than two years,

b) a tacit extension of the contractual relationship by more than one year in each case that is binding on the other party to the contract, or

c) a notice period longer than three months prior to the expiry of the duration of the contract as originally agreed or tacitly extended at the expense of the other party to the contract;

this does not apply to contracts relating to the supply of things sold as belonging together, to insurance contracts or to contracts between the holders of copyright rights and claims and copyright collecting societies within the meaning of the Act on the Administration of Copyright and Neighbouring Rights [Gesetz über die Wahrnehmung von Urheberrechten und verwandten Schutzrechten];

10. (Change of other party to contract) a provision according to which in the case of purchase, loan or service agreements or agreements to produce a result a third party enters into, or may enter into, the rights and duties under the contract in place of the user, unless, in that provision,

a) the third party is identified by name, or

b) the other party to the contract is granted the right to free himself from the contract;

11. (Liability of an agent with power to enter into a contract) a provision by which the user imposes on an agent who enters into a contract for the other party to the contract

a) a liability or duty of responsibility for the principal on the part of the agent himself, without any explicit and separate declaration to this effect, or

b) in the case of agency without authority, liability going beyond section 179;

12. (Burden of proof) a provision by which the user modifies the burden of proof to the disadvantage of the other party to the contract, in particular by

a) imposing on the latter the burden of proof for circumstances lying in the sphere of responsibility of the user, or

b) having the other party to the contract confirm certain facts; letter (b) does not apply to acknowledgements of receipt that are signed separately or provided with a separate qualified electronic signature;

13. (Form of notices and declarations) a provision by which notices or declarations that are to be made to the user or a third party are tied to a more stringent form than written form or tied to special receipt requirements.

Section 310
Scope of application

(1) Section 305 (2) and (3) and sections 308 and 309 do not apply to standard business terms which are used in contracts with an entrepreneur, a legal person under public law or a special fund under public law. Section 307 (1) and (2) nevertheless apply to these cases in sentence 1 to the extent that this leads to the ineffectiveness of the contract provisions set out in sections 308 and 309; reasonable account must be taken of the practices and customs that apply in business dealings. In cases coming under

sentence 1, section 307 (1) and (2) do not apply to contracts in which the entire Award Rules for Building Works, Part B [Vergabe-und Vertragsordnung für Bauleistungen Teil B - VOB/B] in the version applicable at the time of conclusion of the contract are included without deviation as to their content, relating to an examination of the content of individual provisions.

(2) Sections 308 and 309 do not apply to contracts of electricity, gas, district heating or water suppliers for the supply of electricity, gas, district heating or water from the supply grid to special customers to the extent that the conditions of supply do not derogate, to the disadvantage of the customer, from orders on general conditions for the supply of standard-rate customers with electricity, gas, district heating and water. Sentence 1 applies with the necessary modifications to contracts for the disposal of sewage.

(3) In the case of contracts between an entrepreneur and a consumer (consumer contracts) the rules in this division apply with the following provisos:

1. Standard business terms are deemed to have been presented by the entrepreneur, unless they were introduced into the contract by the consumer;

2. Section 305c (2) and sections 306 and 307 to 309 of this Code and Article 46b of the Introductory Act to the Civil Code [Einführungsgesetz zum Bürgerlichen Gesetzbuch] apply to preformulated contract terms even if the latter are intended only for non-recurrent use on one occasion, and to the extent that the consumer, by reason of the preformulation, had no influence on their contents;

in judging an unreasonable disadvantage under section 307 (1) and (2), the other circumstances attending the entering into of the contract must also be taken into account.

(4) This division does not apply to contracts in the field of the law of succession, family law and company law or to collective agreements and private-sector works agreements or public-sector establishment agreements. When it is applied to employment contracts, reasonable account must be taken of the special features that apply in labour law; section 305 (2) and (3) must not be applied. Collective agreements and private-sector works agreements or public-sector establishment agreements are equivalent to legal provisions within the meaning of section 307 (3).

新·座標49　PI0044

新鋭文創
INDEPENDENT & UNIQUE

國際代工合約解析
——藉大陸代工合同立法規範代工產業文化

作　　者	林家亨
責任編輯	杜國維
圖文排版	楊家齊
封面設計	蔡瑋筠

出版策劃	新鋭文創
發 行 人	宋政坤
法律顧問	毛國樑　律師
製作發行	秀威資訊科技股份有限公司
	114 台北市內湖區瑞光路76巷65號1樓
	電話：+886-2-2796-3638　傳真：+886-2-2796-1377
	服務信箱：service@showwe.com.tw
	http://www.showwe.com.tw
郵政劃撥	19563868　戶名：秀威資訊科技股份有限公司
展售門市	國家書店【松江門市】
	104 台北市中山區松江路209號1樓
	電話：+886-2-2518-0207　傳真：+886-2-2518-0778
網路訂購	秀威網路書店：http://www.bodbooks.com.tw
	國家網路書店：http://www.govbooks.com.tw

出版日期	2017年2月　BOD一版
定　　價	460元

國家圖書館出版品預行編目

國際代工合約解析：藉大陸代工合同立法規範代
工產業文化 / 林家亨著. -- 一版. -- 臺北市：
新銳文創, 2017.02
　　面；　公分
BOD版
ISBN 978-986-5716-87-5(平裝)

1. 買賣　2. 契約　3. 製造業　4. 國際貿易法規

587.19　　　　　　　　　　　　　105025617

讀者回函卡

感謝您購買本書，為提升服務品質，請填妥以下資料，將讀者回函卡直接寄回或傳真本公司，收到您的寶貴意見後，我們會收藏記錄及檢討，謝謝！如您需要了解本公司最新出版書目、購書優惠或企劃活動，歡迎您上網查詢或下載相關資料：http:// www.showwe.com.tw

您購買的書名：＿＿＿＿＿＿＿＿＿＿＿＿＿＿＿＿＿＿＿＿＿＿＿＿＿＿＿

出生日期：＿＿＿＿＿＿年＿＿＿＿＿＿月＿＿＿＿＿＿日

學歷：□高中 (含) 以下　　□大專　　□研究所 (含) 以上

職業：□製造業　□金融業　□資訊業　□軍警　□傳播業　□自由業
　　　□服務業　□公務員　□教職　　□學生　□家管　　□其它＿＿＿＿

購書地點：□網路書店　□實體書店　□書展　□郵購　□贈閱　□其他

您從何得知本書的消息？

　□網路書店　□實體書店　□網路搜尋　□電子報　□書訊　□雜誌

　□傳播媒體　□親友推薦　□網站推薦　□部落格　□其他＿＿＿＿＿＿

您對本書的評價：(請填代號　1.非常滿意　2.滿意　3.尚可　4.再改進)

　封面設計＿＿＿　版面編排＿＿＿　內容＿＿＿　文／譯筆＿＿＿　價格＿＿＿

讀完書後您覺得：

　□很有收穫　□有收穫　□收穫不多　□沒收穫

對我們的建議：＿＿＿＿＿＿＿＿＿＿＿＿＿＿＿＿＿＿＿＿＿＿＿＿＿＿

＿＿＿＿＿＿＿＿＿＿＿＿＿＿＿＿＿＿＿＿＿＿＿＿＿＿＿＿＿＿＿＿＿＿

＿＿＿＿＿＿＿＿＿＿＿＿＿＿＿＿＿＿＿＿＿＿＿＿＿＿＿＿＿＿＿＿＿＿

＿＿＿＿＿＿＿＿＿＿＿＿＿＿＿＿＿＿＿＿＿＿＿＿＿＿＿＿＿＿＿＿＿＿

11466
台北市內湖區瑞光路 76 巷 65 號 1 樓

秀威資訊科技股份有限公司 收

BOD 數位出版事業部

....

（請沿線對折寄回，謝謝！）

姓　　名：＿＿＿＿＿＿＿＿＿　　年齡：＿＿＿＿　　性別：□女　□男

郵遞區號：□□□□□

地　　址：＿＿＿＿＿＿＿＿＿＿＿＿＿＿＿＿＿＿＿＿＿＿＿

聯絡電話：(日)＿＿＿＿＿＿＿＿＿　(夜)＿＿＿＿＿＿＿＿＿

E-mail：＿＿＿＿＿＿＿＿＿＿＿＿＿＿＿＿＿＿＿＿＿